シリーズ◈世界の思想

マルクス 資本論

佐々木隆治

角川選書
1001

はじめに

『資本論』は、一九世紀のドイツの思想家、カール・マルクス（一八一八―一八八三）の主著です。経済学の古典のなかでも最も有名な著作の一つだと言えるでしょう。

ご存じのように、マルクスの思想は未曾有《みぞう》の成功を収め、二〇世紀の歴史を揺るがすほどの影響力を誇りました。マルクスの影響をうけた社会運動が活発に行われ、ソヴィエト連邦や中華人民共和国のように「マルクス主義」を掲げる国家さえ誕生したほどでした。このような現実的影響力を背景にして、アカデミックな領域でも、マルクスや『資本論』についての研究、論争がさまざまな分野でなされてきました。

ところが、一九七〇年代頃からソ連型「社会主義」の行き詰まりが明らかになっていくにつれ、「マルクス主義」は徐々に影響力をうしなっていきます。決定的な転機になったのは一九八九年に東西ドイツを隔てていた「ベルリンの壁」が崩壊し、続いて、ソ連や東欧の「社会主義国」が次々と解体していったことです。米国国務省のスタッフであったフランシス・フクヤマは「歴史の終わり」を唱え、自由な市場経済と自由民主主義的な政治体制こそが人類が到達しうる最終的な社会システムであると主張しました。多くの人々も、ソ連・東欧「社会主義」の崩壊と資本主義の繁栄をみて、資本主義の廃絶と社会主義の到来を「予言」したマルクスの理論的誤謬《ごびゅう》は明らかだと考えました。

このような状況のなか、「マルクス主義者」の多くは雪崩を打ったように「転向」します。日本でも、多くの「マルクス経済学者」が『資本論』を捨て、マルクスの「欠陥」や「限界」をあげつらいました。

とはいえ、すべての知識人がマルクスを捨てたわけではありません。むしろ、かつて「マルクス主義」を厳しく批判してきた二〇世紀の知的巨人たちは、それとは正反対の態度をとりました。たとえば、フランス現代思想を代表する存在であったジル・ドゥルーズは、最後の著書を『マルクスの偉大さ』というタイトルにするつもりであったといいます。彼は最晩年のインタビューで次のように語っています。「マルクスは間違っていたなどという主張を耳にする時、私には人が何を言いたいのか理解できません。マルクスは終ったなどと聞く時はなおさらです。現在急を要する仕事は、世界市場とは何なのか、その変化は何なのかを分析することです。そのためにはマルクスにもう一度立ち返らなければなりません」（「思い出すこと」、『批評空間』Ⅱ—9所収）。

「脱構築」の哲学者として名高い、ジャック・デリダもまた、次のように述べました。「マルクスを読まないこと、読み直さないこと、議論しないことは、つねに過失であることになるだろう。……それは今後ますます過失だということになり、ますます理論的、哲学的、政治的責任に対する違反だということになるだろう。「マルクス主義的」な（国家、党、支部、組合、そしてその他の教条生産的な場といった）教条機械やイデオロギー装置が消滅過程にある現在、この責任から目をそむけるときのわれわれに残されているのは、もはや弁明ではなく逃げ口上のみとなる。この責任なくして、未来はない。マルクスなくしてはない。マルクスなくして未来はないのである」（『マルクスの亡霊たち』）。

ドゥルーズやデリダがこれらのメッセージを残してから、二〇年以上の年月が経ちました。いまや、フクヤマや「転向者」たちではなく、ドゥルーズやデリダが正しかったことは明らかです。

じっさい、歴史は終わるどころか、むしろ近年、資本主義の「終焉《しゅうえん》」について語る研究者や評論家が増えてきています。利潤の最大化を目指し、ひたすらに経済規模を拡大させてきた資本主義は、いま、大きな転換点を迎えていると言ってよいでしょう。世界的に経済成長率が低下しているだけでなく、とくに「先進国」では経済が「長期停滞」から脱することができず、低金利が定着しているからです。このような「低成長」ないし「停滞」に直面して、規制緩和や財政支出の削減などの「改革」によって「経済成長」を追求する試みも盛んに行われましたが、経済格差を拡大させ、貧困層を増大させる結果を招いただけで、肝心の「成長」は実現されていません。日本でも政府の肝いりで「異次元の金融緩和」が大々的に打ち出されましたが、実質賃金は低下を続け、消費も落ち込んでおり、停滞状況から抜け出したとはとうてい言えません。

こうした状況のなか、富む者はますます富み、ふつうに働く人々の状態はますます悪くなってきています。いまや、「1％vs 99％」というアメリカの社会運動のスローガンがひろく人口に膾炙《かいしゃ》するまでになってきました。このような中間層の空洞化は、民主主義の空洞化をも招いています。各国の投票率は軒並み低下し、レイシズムやセクシズムを含むような扇情的な発言によって人気を集める「ポピュリズム」も猛威をふるっています。

このような経済の停滞と政治の空洞化を目にして、資本主義の「終焉」を予感する人々が増えてきているのです。近年、マルクスや彼の主著である『資本論』が再び注目を集めてきているのは、ある意味では当然だと言えましょう。

しかし、ドゥルーズやデリダの慧眼《けいがん》は、資本主義の行き詰まりを見通していた点にだけあったのではありません。彼らは冷戦終結後の状況のなかに、マルクスを再生する可能性をみていました。すなわち、既存の共産主義運動が破綻《はたん》し、人々が「マルクスは終った」と嘯《うそぶ》くような状況のなかに、逆説的に、教条的な「マルクス主義」から脱し、マルクスをマルクスその人の理論として読むことができる可能性をみたのです。

先に述べたように、マルクスの思想は一九世紀末から二〇世紀にかけて猛威をふるい、世界史を揺るがすほどの影響力を持ちました。しかし、この場合の「マルクスの思想」とは、マルクスの盟友であったエンゲルスがマルクスの死後に通俗化したものを、さらにその後の労働運動や共産主義運動の都合によって単純化、図式化したものであり、マルクスその人の思想や理論とはほど遠いものでした。本書では、このように図式化され、単純化された、俗流的なマルクス解釈の体系のことを「マルクス主義」と呼ぶことにします。

もちろん、「マルクス主義」にもとづく社会運動が行き詰まり、さまざまな矛盾が噴出するなかで、二〇世紀半ば頃から徐々に「マルクス主義」にたいする批判も強まっていきました。しかし、そのような批判者たちでさえ、依然として「マルクス主義者」が大きな政治的・学問的影響力をもっていた当時の時代状況に束縛され、「マルクス主義」から完全に抜け出すことは困難でした。ドゥルーズやデリダは、まさに冷戦構造の崩壊という状況の中に、その困難を突破する可能性を見いだしたのです。

しかし、この点は、まだ十分に実現されているとは言えません。近年の資本主義の矛盾の深まり（貧困や格差の拡大、金融恐慌、環境破壊など）によってマルクスの復権がなされたようにみえるときでさえも、多くの場合、依然としてマルクスは「マルクス主義」と混同され続けているからです。しかし、マルクスがかつての失敗におわった「マルクス主義」と混同されているかぎり、その「偉大さ」も、「未来」への可能性も摑《つか》み取ることはできません。すなわち、マルクスの資本主義批判の深さ、そのスケールの大きさを理解することはできません。もしマルクスに可能性があるとすれば、それは「マルクス主義」ではなく、マルクス自身のテキストのなかに見いださなければならないのです。資本主義の「終焉」の徴候が現れ、ポピュリズムが蔓延《まんえん》する現在ほど、マルクスを「マルクス主義」

としてではなく、マルクスその人のテキストとして読むことが求められている時代はないと言えるでしょう。

　本書では、マルクスの主著である『資本論』第一巻をマルクス自身のテキストとして読んでいきます。とはいえ、これは決して容易なことではありません。というのも、おそらく読者の方々がもっている予備知識の多くは無意識のうちに「マルクス主義」によって形作られており、「マルクス主義」的臆見《おっけん》が頑強に刷り込まれているからです。じっさい、既刊の『資本論』入門やマルクス入門の大半は、『資本論』やその他のマルクスの著作を「マルクス主義」のテキストとして理解し、解説してしまっています。

　もちろん、本書も一つの解釈にすぎないわけですから、これもまた絶対化してはなりませんが、著者の立場としては可能なかぎり、テキストに内在し、解説するように努めたいと思います。そうすることによって、皆さんが『資本論』をマルクスその人のテキストとして読むことができるようにお手伝いをするのが本書の目的です。およそ一五〇年まえに刊行されたこの古典がもつ生命力は、この著作をマルクス自身のテキストとして、虚心坦《たん》懐《かい》に読むことによって明らかになるでしょう。

目次

編集協力／斎藤哲也

人と作品

「はじめに」で、『資本論』を「マルクス主義」ではなく、マルクスのテキストとして読むためのガイドをするのが本書の目的だと申し上げましたが、いきなり『資本論』を読んでいったからといってスラスラとわかるものでもありません。そこで、本文に入るまえに、若干の予備知識を得ておくことにしましょう。

『資本論』までのマルクスの軌跡

まず、『資本論』の執筆にいたるまでのマルクスの軌跡を簡単にみておきましょう。マルクスは一八一八年、ドイツのトリーアでユダヤ人弁護士の子として生まれました。マルクスはギムナジウムで五年間学んだあと、一八三五年にボン大学に入学しましたが、一年で転学し、ベルリン大学に移りました。当初、マルクスは法学や文学に熱中していましたが、思うような成果を出すことができず、療養を余儀なくされます。ところが、ここで重要な転機が訪れます。いわゆる「ヘーゲル左派」の若い哲学者たちとの出会いです。彼らと交流することによって、哲学に傾倒し、政治的に左傾化していくのです。

しかし、当時、プロイセン政府は保守的な性格を強めており、マルクスをはじめとする「ヘーゲル左派」の若者たちが大学に教員として残ることは難しくなっていました。そのため、マルクスはジャーナリストとなり、一定の成功を収めます。ところが、今度は自分が編集長をつとめる『ライン新聞』が政府に圧力をかけられ、おもうような言論活動を行うことが難しくなります。そのため、マルクスは編集長を辞任し、一八四三年にはパリに転居します。そして、『独仏年誌』という雑誌を刊行しますが、ドイツでは発禁になり、フランスでは黙殺されるなど、失敗に終わりました。

しかし、このような紆余《うよ》曲折のなかで、マルクスは生涯にわたる盟友と出会うことになります。フリードリヒ・エンゲルス（一八二〇―一八九五）です。一八四四年、二人はパリの喫茶店で一〇日間にわたる話し合いをおこない、「すべての理論的分野においてわれわれの意見が完全に一致する」（エンゲルス）ことを確認しました。これ以降、エンゲルスは欠かすことのできないマルクスの協働者となり、理論的、経済的、政治的にマルクスを援助しました。もしエンゲルスがいなかったとすれば、おそらく『資本論』は存在しなかったでしょう。

カール・マルクス

その後、マルクスはパリからも追われ、一八四五年にブリュッセルに亡命します。マルクスはそこで『ドイツ・イデオロギー』という重要な著作をエンゲルスとともに執筆します。マルクスはこの著作のなかで「ヘーゲル左派」の哲学者たちと決別し、「新しい唯物論」という新たな理論的な構えのもとに、これまでのどんな左派ともことなる社会変革構想をつくりあげていきます。この成果は、『哲学の貧困』や『共産党宣言』といった著作において示されることになります。

フリードリヒ・エンゲルス

一八四八年革命のさいには、マルクスもエンゲルスもドイツに帰国し、革命のために奮闘しましたが、革命の沈静化とともにプロイセン政府にふたたび追放されてしまいます。こうして、マルクスは一八四九年にロンドンに移住するのです。

マルクスはこの後、ロンドンに定住し、基本的には経済学の研究に専念することになります。亡命生活は大変厳しく、なんども経済的に窮地に陥り、六人の子供のうち、三人を失うことになりました。こうしたなか、マルクスはジャーナリストとしての収入やエンゲルスの援助によってなんとか生活を維持し、研究活動を続けました。このような苦難の末に書き上げたのが『資本論』第一巻でした。完成直後、マルクスは「この著作のために私は健康もこの世の幸福も家族も犠牲にしてきた」と友人への手紙で漏らしていますが、けっして誇張ではなかったでしょう。

『資本論』の最終目的

では、困難な状況のなか、マルクスが渾身《こんしん》の力をこめて書き上げた『資本論』とは、どのような著作なのでしょうか。このことを理解するために重要なのは、『資本論』第一巻の冒頭に書かれている「序言」です。マルクスはここで次のように述べています。

> たとえ社会がその運動の自然法則を探り出したとしても――そして近代社会の経済的運動法則を暴露することがこの著作の最終目的である――その社会は自然的な発展の諸段階を飛び越えることも法令で取り除くこともできない。しかし、その社会は産みの苦しみを短くし、やわらげることはできる。

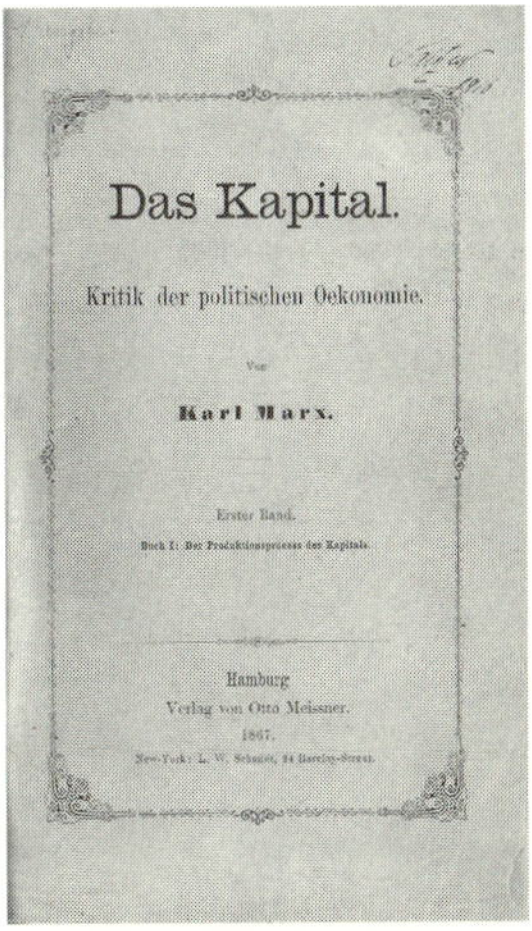

『資本論』第一巻

まず、この文章から読み取れるのは、「この著作」、すなわち『資本論』の最終目的が「近代社会の経済的運動法則を暴露すること」であるということです。ここでいう「近代社会」とは「資本主義社会」のことであり、より正確にいえば資本主義的生産様式が支配的である社会の「経済的運動法則」を明らかにすることが『資本論』の目的だということになります。

ここで、「資本主義的生産様式」とは一体何かということが気になるかもしれませんが、本文に入ってから明らかにされることなので、ひとまず一般的なイメージで捉《とら》えていただいてかまいません。市場経済のもとでお金儲《もう》けを目的として生産活動が行われる経済システムというくらいのイメージでよいでしょう。

次に気になるのが、おそらく「経済的運動法則」という言葉でしょう。これについても、さしあたり、「市場のメカニズム」くらいの意味で理解していただければ大丈夫です。マルクスによれば、市場経済においては、人々は自分の自由意志にもとづいて行為しますが、それらの行為が総体として作用し合うことによって、逆説的に、自分たちの意志によってはコントロールすることができないような市場メカニズム、あたかも人々から独立に運動するような市場メカニズムを生み出してしまいます。じじつ、私たちが「好景気」や「不景気」について語るとき、あたかも天候について語るときと同じように、それらを自分たちには制御することのできない所与のものであるかのように捉えています。

このように、人々の行為が人々によってはコントロールすることができない経済的なメカニズムを生み出し、人間たちにたいして商品や貨幣などのモノが重要な社会的意味をもつようになることをマルクスは「物象化」と呼びました。この「物象化」は『資本論』を理解するうえで非常に重要な視点になりますが、この点については後に詳論することにしましょう。

マルクスの歴史観

さて、以上から『資本論』の最終目的が市場経済のメカニズムを解明することであることが明らかになりました。しかし、マルクスは同時にこう書いています。「たとえ社会がその運動の自然法則を」、すなわち市場経済のメカニズムを「探り出したとしても」、「その社会は自然的な発展の諸段階を飛び越えることも法令で取り除くこともできない」。すなわち、市場経済のメカニズムを理解したとしても、そのことによってこの資本主義社会をただちに変革し、乗り越えることができるわけではないと、マルクスは言うのです。

なぜでしょうか。マルクスによれば、社会は「自然的な発展の諸段階」を飛び越えることはできないからです。マルクスは『資本論』第一巻を刊行する八年ほど前に『経済学批判』という『資本論』の商品論及び貨幣論の前身をなす著作を刊行しましたが、この著作の序言のなかで次のように述べています。

一つの社会構成は、すべての生産力がそのなかではもう発展の余地がないほどに発展しないうちには崩壊することはけっしてなく、また新しいより高度な生産諸関係は、その物質的な存在諸条件が古い社会の胎内で孵化しおわるまでは、古いものにとってかわることはけっしてない。

つまり、マルクスの歴史観によれば、人間は自分たちの意志によって恣意《しい》的に社会を変革することはできません。その社会の内部でもう発展の余地がないほどに生産力が発展し、新しい生産関係を生み出す物質的な条件が古い社会のなかで孵化《ふか》したとき、はじめて人間たちは社会を変革することができるというのです。なお、ここでいう「生産力」とは分業や機械の導入によって高めることができる「生産性」ないし「生産効率」のことだと考えておけばよいでしょう。他方、「生産関係」というのは、人間が生産活動において人や物にたいして取り結ぶ関係のことであり、さまざまな形態をとります。中世には領主と農奴の人格的依存関係にもとづく封建的な生産関係が典型でしたし、現在では生産物の分配や労働力配置を市場メカニズムによっておこなう資本主義的生産様式が典型的です。このような「生産関係」が「生産力」の発展によって変化していくというのが基本的なマルクスの歴史の見方となります。

たとえば、封建制から資本主義社会への転換を考えてみましょう。封建制の内部で生産力が発展し、剰余生産物（生産者自身の生活に必要とされる以上の生産物）が増大すると、それが商品として販売されるようになり、貨幣経済が浸透していきます。そうすると、より自由に商業活動を営みたいという要求が高まり、封建的規制の撤廃を求める政治運動が台頭します。そして、市民革命などの政治的変革をつうじて生産関係の変革が促進され、資本主義的生産関係が生まれてくるということになります。

マルクスは、自分たちが生活している資本主義社会においても、生産力の発展がやがて資本主義的生産関係を変革するための要素を生み出すと考えました。「ブルジョア社会の胎内で発展しつつある生産諸力は、同時にこの敵対関係の解決のための物質的諸条件をも作り出す」（『経済学批判』序言）というわけです。

資本主義社会がいかにして、どのような変革のための条件を生み出すのかについては、『資本論』の本文に譲ることにしますが、ここで重要なのはマルクスが以上のように考えたことの意味です。というのも、以上のようなマルクスの歴史の見方には「唯物史観」という名前がつけられ、マルクス自身の意図とはかかわりなく、「マルクス主義者」によって過度の単純化あるいは図式化がなされてきたからです。

たとえば、それは一方では、「生産力が発展すれば自動的に社会は進歩する」とか、「十分な生産力をもたない民族は遅れた民族であり、そのような民族の伝統的生活は資本主義によって破壊されてもかまわない」などといった近代主義的な進歩史観を生み出しました。また、他方では、複雑な社会的事象をすべて生産力と生産関係に還元して理解しようとする硬直的な思考様式も生み出してしまいました。いわゆる「経済還元論」です。

いうまでもなく、このような進歩史観も経済還元論もマルクスが意図したことではありません。進歩史観については『共産党宣言』（一八四八）を書いた頃までのマルクスはややそれに近い面がありましたが、研究を深め、現実の近代的植民地主義を目撃するにつれ、マルクスはむしろ前近代社会の共同体や伝統的生活を肯定的に評価するようになりました。また、一部にはマルクスが「経済還元論」者であったかのように誤解している人もいますが、マルクス自身の歴史分析、たとえば『ルイ・ボナパルトのブリュメール一八日』などを読めば、いかにマルクスが「経済還元論」と無縁であったかがわかります。

新しい唯物論

では、マルクスの歴史観の意図はどこにあったのでしょうか。これを理解するには、マルクスが以上のような歴史観を形成していった文脈を知る必要があります。この経緯についてここで詳しく述べる紙幅はありませんので（拙著『カール・マルクス』（ちくま新書）の

第一章において比較的くわしく書きました)、ポイントだけを指摘しておきましょう。

マルクスは『ドイツ・イデオロギー』(一八四五―四七)、『哲学の貧困』(一八四七)、『共産党宣言』において先に見たような歴史観を作り上げていくのですが、それ以前の若きマルクスの最大の論争相手は「ヘーゲル左派」などの「哲学者」たちでした。それらの哲学者たちはそれぞれに様々な考え方をもっていましたが、共通するのは何らかの理念の力で社会を変革できると考えていたということです。つまり、彼らはこれまで世の中がおかしなことになってしまっているのは、人間たちが人間たち自身で作り出した何らかの観念や理念に支配されてしまっているからだと考えました。これを哲学の力によって別の善き「理念」によって置き換えれば、旧来の理念の支配から解放され、社会を変革することができると考えたのです。

「ヘーゲル左派」の哲学者たちは、社会を支配している理念の典型を宗教にみいだしました。神という観念や宗教を生み出してきたのは、人間たちです。ところが、人間たちはこの自分たちが生み出した理念を崇拝し、それにひざまずくのです。「ヘーゲル左派」は、このように人々が生み出したものが人々にとって疎遠なものとして現れ、人々を支配してしまうことを「疎外」という概念で言い表しましたが、まさにこの「疎外」が宗教において端的に現れていると考えたのです。そこで「ヘーゲル左派」の哲学者たちは、「歴史を作るのは人間の自己意識である」とか、「宗教とは人間的本質が疎外されたものにすぎない」などという主張によって、人々を啓蒙《けいもう》することをつうじて社会を変革しようとしました。

学生時代、「ヘーゲル左派」に大きな影響を受け、左傾化したマルクスも卒業後しばらくは「ヘーゲル左派」の考え方を共有していました。しかし、ジャーナリストとして経済的利害がからむ様々な社会問題に触れるようになるにつれ、このような「ヘーゲル左派」の哲学から距離を取るようになり、むしろそれを厳しく批判するようになります。なぜでしょうか。それは、マルクスが現実に社会を支配しているのが理念ではないことに気づいたからです。あるいは、もし理念が支配しているようにみえたとしても、その理念の支配を生み出す力は理念そのものにはない、ということに気づいたからです。

たしかに、人間たちは高度な自己意識をもち、知性を発展させ、さまざまな理念を生み出してきました。その意味で人間は非常に特異な動物だと言えます。とはいえ、人間もやはり一つの生命体にすぎません。生命をつないでいくにはなんらかの食料を確保しなければなりませんし、子孫を残すためには生殖活動をしなければなりません。それゆえ、マルクスは、人間によるどんなに高尚な知的活動も、このような生命活動と切り離して考察することはできないと考えました。むしろ、人間たちは生命としての活動のなかでしか自己を意識し、思考し、他者とコミュニケートすることができないのですから、彼らの精神活動は彼らの社会的な生命活動に制約されているとも言えるでしょう。マルクスが端的に述べたように、「意識が存在を規定するのではなく、社会的存在が意識を規定する」（『経済学批判』）のです。

だとすれば、どれほど強力な力をもっているようにみえたとしても、理念それ自体が人々の生活から独立に力を持っているのではない、ということになります。むしろ、いま支配的な理念は、現実の生活から発生し、この現実の生活に支えられることによって、大きな力をもっているのです。

ですから、もし理念において何らかの「疎外」が起きているのであれば、それは現実の生活世界のなかに「疎外」があるからにほかなりません。たとえば、人々が宗教を信仰し、空想的な幸福を追求するのは、現実世界で苦しみ、現実的な幸福を実現できないからにほかなりません。その意味で宗教は人々の苦しみをやわらげる「民衆のアヘン」（「ヘーゲル法哲学批判序説」）なのです。だとすれば、宗教からの解放は、「ヘーゲル左派」のような宗教の批判によっては実現されないでしょう。それは、現実世界における「疎外」を克服することによって実現されるほかないのです。

このように、理念による世界の変革を否定し、現実世界の「疎外」の克服を志向するのであれば、この現実世界を変革する力も、理念にではなく、この「疎外」された現実世界のなかに見いださなければならないでしょう。マルクスは、このような自らの立場のことを「新しい唯物論」と呼びました（「フォイエルバッハ・テーゼ」）。マルクスは、現実の社会関係のラディカルな変革を志向するからこそ、たんなる理想主義者であることには満足せず、現実を直視し、なぜ、いかにしてそのような現実が成立しているのかを根本から捉え返そうとしたのです。以下の『ドイツ・イデオロギー』の文章は、このようなマルクスの立場を鮮明にあらわしています。

共産主義というのは、我々にとって、作り出されるべき一つの状態、それに従って現実がただされるべき一つの理想ではない。我々が共産主義と呼ぶのは、現在の状態を止揚する現実的運動である。この運動の諸条件は、いま存在する前提から生じる。

産みの苦しみをやわらげる

こうして、若きマルクスは、理念による意識の変革を志向した「ヘーゲル左派」の立場から離脱して、人々が生活する現実世界の変革を志向し、この変革の根拠をこの現実世界そのもののうちに見いだす「新しい唯物論」の立場に移行します。先に見たマルクスの唯物論的な歴史観は、以上のようなマルクスの「新しい唯物論」から生まれてきたものだったのです。

ですから、当然、この唯物論的な歴史観は、複雑な社会現象がすべて経済的利害によって決定されると主張するものでもありませんし、生産力が高い社会のほうが進歩的だと主張するものでもありません。むしろ、社会を変革する力を、理念にではなく、現実の人々の生活のうちに見いだそうとするものだったのです。だからこそ、マルクスは生産力と生産関係の矛盾に注目し、ここに社会変革の可能性と条件を見いだそうとしたのです。逆に言えば、生産力と生産関係の矛盾が成熟しないうちは、社会変革の可能性と条件が存在しないということになるでしょう。

新しい社会の諸要素が古い社会の内部で形成されていなければ、政治権力によってどんな「布告」を出そうとも、新しい社会を生み出すことはできません。マルクスが『資本論』の序言で用いているメタファーを借りれば、胎児が未成熟な段階では母親が子供を産むことができないのと同じです。では、『資本論』の最終目的である「近代社会の経済的運動法則」を理解することの意味はどこにあるのでしょうか。マルクス自身が書いているとおり、「産みの苦しみを短くし、やわらげる」ことにあります。

母親が胎児を産み落とすときに、「いきみ」が必要であるように、私たちが資本主義社会の内部で孕《はら》まれる新しい社会を実際に生み出すにあたっては人間たちの主体的な努力が必要とされます。そして、その際、母親が陣痛で苦しむように、格差や貧困の増大、恐慌の激化、環境破壊の進行などさまざまな「産みの苦しみ」に直面するでしょう。場合によっては、出産と同様に、流産の危険さえも存在します。

このとき、あたかも医学が陣痛の苦しみを和らげ、流産の危険を減少させることができるように、「社会の運動の自然法則」を理解する社会科学は社会変革にとって有効な諸実践を明らかにし、「産みの苦しみを短くし、やわらげ」、流産の危険を減少させることができます。いわば『資本論』は、あたらしい社会を産み落とすための医学だと言えるかもしれません。

経済学批判

以上から『資本論』が書かれた目的をおわかりいただけたかと思いますが、『資本論』を理解するために重要な点がもう一つあります。それは『資本論』の副題として掲げられている「経済学批判」という言葉の意味です。

『資本論』は一般に経済学の本だと考えられています。もちろん、そう言っても間違いではありませんが、一般にイメージされている経済学とはかなり違うものだということを理解しておく必要があります。それは、たんに著者のマルクスが共産主義者だからとか、政治的に左派の立場であるからという意味ではありません。『資本論』の理論的方法論そのものが、大学で習う「ミクロ経済学」や「マクロ経済学」などの主流の経済学とはまったく違うのです。

下手をすれば、大学で講義されている「マルクス経済学」とさえ、違うかもしれません。

現在の大学の経済学部で知的トレーニングをうけた「経済学者」たちは、たとえ政治的に左派であったとしても、主流派の経済学の方法論にもとづいて『資本論』を理解しようとすることが多いからです。そういう「マルクス経済学者」たちは、『資本論』を普通の経済学になじむように歪曲《わいきょく》して理解したうえで、結論だけ左派的なこと（「労働者は搾取されている」「経済格差が拡大している」「資本主義において恐慌が必然的に起こる」）が言えればよいと考えているようです。

しかし、このようなやり方では、少なくとも『資本論』を理解することはできません。繰り返しになりますが、『資本論』の理論的方法論は既存の経済学とは根本的に異なるからです。むしろ、それは既存の経済学の方法論を根本から批判するところから生まれてきたものなのです。

では、『資本論』はどのように既存の経済学とは異なり、どのようにそれを批判したのでしょうか。詳細は本文に譲るほかありませんが、次のことだけは申し上げておきましょう。それは、いまの経済システムやそれを構成する「商品」や「貨幣」という経済的形態を自明なものだと考えず、それらの経済的形態がなぜ、いかにして存在しているかを根本から問い直したということです。

たとえば、アダム・スミス（一七二三—一七九〇）は市場というメカニズムがどうして成り立ちうるのかを需要供給の関係から説明し、経済学の礎を築きました。いわゆる「神の見えざる手」です。しかしスミスは、市場は人間の本性から必然的に生まれてくるものであり、それこそが本来の自然な経済システムだと考えました。封建的な支配やギルドなどによる伝統的束縛があるところではたしかに市場は機能しないが、いったんそのような束縛がなくなり、人間が自由に行動できるようになるやいなや、人間たちはその本性にしたがって商品交換を行うのであり、そこでは必ず市場が成立する、というわけです。このような考え方は、いまでも非常に根強いと言えるでしょう。

しかし、マルクスはこのような考え方に痛烈な批判を加えました。市場というのは、けっして人間の本性に基づいたものなどではなく、ある一定の歴史的な条件のもとで成立するものであるにすぎない。したがって、市場が社会の全体を覆い尽くしている資本主義という経済システムもまた歴史的形成物にすぎない。だとすれば、いずれそれとは異なる経済システムへと移行するだろう。マルクスはこのように考えたのです。

商品や貨幣、資本などといった経済的形態は人間の本性から自然に生まれてきたものではなく、ある特定の条件のもとでの特殊な関係から生まれてきたものです。そうだとすれば、普通の経済学のように「商品」や「貨幣」を前提としたうえで経済的な因果関係を考察するのではなく、そもそも「なぜ、いかにして」それらの経済的形態が成立しているのかを考えなければならないということになるでしょう。これを明らかにすることによって、どのような条件のもとで、どのような関係によって資本主義が成立するのかが明らかになり、同時に資本主義を変革する条件も明らかにすることができるからです。

以上のような意味で、『資本論』はたんなる経済学の書ではありません。その副題が示すように、先行する経済学の成果を摂取しつつも、それらを徹底的に批判し、資本主義的生産様式を自明視する見方を根底から覆す経済学批判なのです。『資本論』は私たちが当然だと考えている経済活動の見方を根本から変えることを読者に要求する書物だと言えるでしょう。そこに、『資本論』の最大の魅力があり、難しさがあるのです。

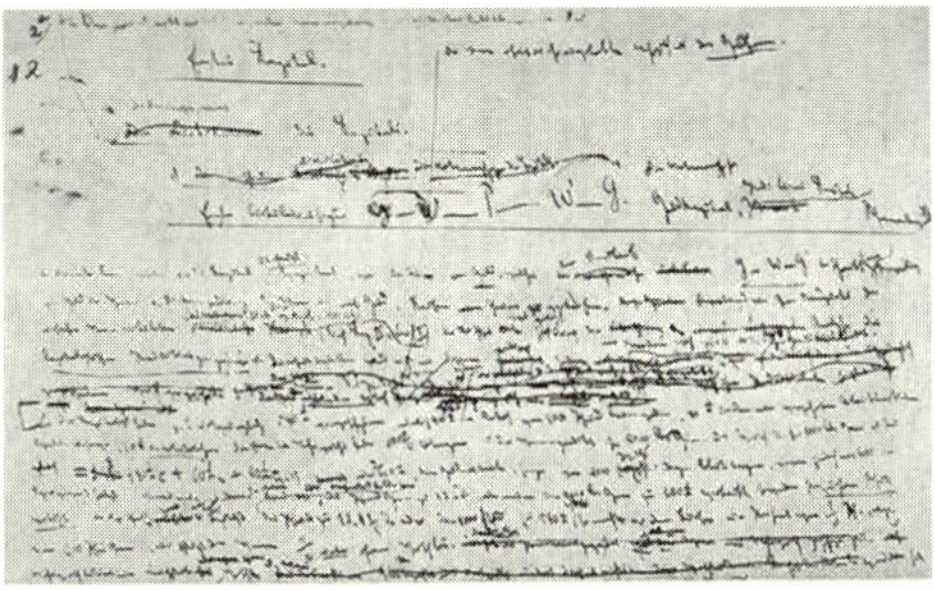

第二巻草稿

どの『資本論』を読むか

さて、予備知識を得たところで、『資本論』を読んでいきたいと思いますが、その前に、どの『資本論』を読むのかということについても、確認しておきましょう。

マルクスは『資本論』を三巻に分けて刊行しようとしていましたが、このうち実際に完成させることができたのは第一部「資本の生産過程」を収めた『資本論』第一巻だけです。第二部「資本の流通過程」と第三部「総過程の諸姿態」を収める予定であった第二巻、経済学の理論の歴史についての第三巻は未完におわりました（マルクスの死後、エンゲルスがマルクスの草稿を編集して、それぞれ第二部と第三部を収めた『資本論』第二巻および第三巻を刊行しました。詳細は31頁の表を参照してください）。

本書で扱うのは、マルクスが実際に完成させることができた『資本論』第一巻です。けれども、この『資本論』第一巻もいくつかのヴァージョンがあるので、注意が必要です。まず、マルクスが最初にドイツ語で刊行した『資本論』第一巻初版（一八六七）があります。次に、初版の商品論を大幅に修正するなどの改訂を加えた『資本論』第一巻第二版（一八七二）があります。また、フランス語版の『資本論』第一巻（一八七二―七五）も分冊で刊行されました。これもたんなるドイツ語版の翻訳ではなく、マルクスが新たな実証的な資料を追加し、叙述を大幅に改善したものでしたので、事実上の改訂版だと言えます。

ということで、マルクス自身が刊行した『資本論』第一巻には三つのヴァージョンがあります。しかし、現在、一般的に流通している『資本論』第一巻はこれらのヴァージョンではありません。いま私たちが普通に書店で入手できるのは、エンゲルスが『資本論』第一巻第二版とフランス語版『資本論』第一巻をさらに編集し統合したエンゲルス版『資本論』と言われるものです。さらに正確にいえば、流通しているものは、このエンゲルス版『資本論』にディーツ出版から刊行されたドイツ語版『マルクス・エンゲルス著作集』の編者によって手が加えられているものなので、「ディーツ版」と言われることもあります。

『資本論』の構成（案）	マルクスによる刊行（案）	現行版
第一部「資本の生産過程」	第一巻（独初版、独二版、仏版）	第一巻
第二部「資本の流通過程」	第二巻（未刊行）	第二巻
第三部「総過程の諸姿態」		第三巻
第四部「理論の歴史」	第三巻（未刊行）	『剰余価値学説史』

専門家がマルクスを研究する場合には、オリジナルの三つのヴァージョンをすべて読み、比較検討する必要があるのですが、初学者の場合にはもちろん入手しやすいディーツ版の翻訳を読めば十分でしょう。本書でも、このディーツ版の『資本論』第一巻を読んでいきます。以下では、ディーツ版『資本論』のことを現行版『資本論』と呼ぶことにします。また、以下で『資本論』第二巻ないし第三巻という場合には、ディーツ版のものを指すことにします。

現行版『資本論』第一巻の翻訳は数種類出ていますが、一番おすすめなのは、国民文庫から出ている岡崎次郎《おかざきじろう》訳の『資本論』第一巻（第一分冊から第三分冊まで）です。また、新日本出版から出ているものも『資本論』第一巻の部分については岡崎訳と同様に良い翻訳だと思います（第一分冊から第四分冊まで）。逆に、「読みやすさ」を売りにしている翻訳はあまりおすすめしません。いくら読みやすくても、原文の内容やニュアンスが失われてしまっていては元も子もないからです。

それでは、いよいよ『資本論』の本文に入っていきましょう。

凡例

・『資本論』の岡崎訳と新日本出版訳には、頁の上のほうに丸括弧でくくられた数字が書かれていますが、これは原本であるドイツ語の現行版『資本論』の頁数です。岡崎訳で読んでも、新日本出版訳で読んでもすぐに該当箇所がわかるように、本書では、引用の後にこの現行版の原本の頁数を掲げておくことにします。なお、場合によっては頁数のあとにfやffという記号が付されていますが、これらはそれぞれ、引用文が次頁に渡ること、引用文が三頁以上に渡ることを意味しています。
・引用されている訳文は基本的に岡崎訳ないし新日本出版訳を参照していますが、よりわかりやすくするために、あるいはより正確にするために、必要におうじて修正を加えています。
・必要におうじて『経済学批判』および『資本論』の準備草稿を引用しますが、その際には大月書店から刊行されている『資本論草稿集』の巻数、頁数を示します。
・『資本論草稿集』に収められていない「直接的生産過程の諸結果」については『資本論第一部草稿 直接的生産過程の諸結果』(光文社古典新訳文庫)の頁数を示します。
・その他のマルクスの著作については大月書店から刊行されている『マルクス＝エンゲルス全集』(Marx-Engels Werke の翻訳)の巻数、頁数を示します。

・本書では、基本的に原文を掲げ、それを解説するというスタイルで進めていきます。ただ、原文が明快であり、それだけで理解できると思われる場合には、解説は加えていません。
・原文に傍線が引かれていることがありますが、この傍線はポイントを明確にするためのものであり、すべて筆者によるものです。わかりやすくするために、引用したテキストを筆者が補ったり、補注を加えたりした場合には、［ ］でくくってあります。
・内容をわかりやすくするために、多くの場合、引用文のまえに筆者が見出しをつけています。この見出しはすべてゴシック体になっています。
・原則として節までは見出しを掲げるようにしていますが、項については掲げていない場合もあります。また、章の分量が少ないときには、節も省略している場合があります。
・注釈は、主としてやや発展的な内容に言及するさいにつけています。

第一篇　商品と貨幣

第一章　商品

なにごともはじめが難しいということは、どの科学にもあてはまる。それゆえ、第一章、ことに商品の分析を収める節[1]の理解はもっとも困難であろう。(11)

この文章は『資本論』第一巻初版の序文の一節ですが、ここでマルクス自身が述べているように、商品の分析にあてられた第一章は『資本論』第一巻のなかで最も難しい箇所となります。

そこで、初学者の場合、最初のあたりの理論的な議論をとばして、第八章「労働日」や第二四章「いわゆる本源的蓄積」などの歴史的事例が多く含まれる章から読み始めるという手もあります。とはいえ、『資本論』の内容をきちんと理解するには、やはり第一章から順に理解するしかありません。そこで、本書では、少し長くなってしまいますが、できるだけ丁寧に、できるだけかみ砕いて、この第一章を説明していくことにします。筆者の経験からいえば、商品章さえしっかり理解できれば、残りの部分はそれほど難しくはないでしょう。

1 『資本論』第一巻初版では現行版『資本論』の篇が章にあたり、章が節にあたります。

第一節　商品の二つの要因　使用価値と価値

なぜ商品から始めるのか

資本主義的生産様式が支配的である社会の富は、「商品の巨大な集まり」として現れ、個々の商品はその富の要素形態として現れる。それゆえ、われわれの研究は商品の分析から始まる。(49)

『資本論』第一巻はこの一文から始まります。私たちが生きる資本主義社会では、私たちが消費する様々な財は商品という形態をとっています。食料や衣服など、私たちが生活に必要とする物の大部分は商品として販売されており、私たちはそれを購買して生活を営んでいます。いっけん当たり前のことのように思えますが、人類史的な視点からこのことを考えてみると、けっして当然のことではありません。

じっさい、資本主義以前の社会においては、人間たちはなんらかの共同体のなかで自給自足の暮らしをすることが普通でした。共同体のあり方は時代や地域によって様々なかたちをとりましたが、自分たちが生産したものを分け合って生活するという点では共通していました。もちろん、商品として販売されているものもありましたが、その多くは貴重品であり、生活必需品のほとんどは商品になっていませんでした。江戸時代の米のように、生活必需品が商品として販売されている場合でも、人口の大半を占める農民の生活は商品には依存しておらず、やはり自給自足を基本としていました。

このように考えると、じつは、生活に必要なものの大半が商品になり、大半の人々が商品を買って生活するという、今では当たり前の社会のあり方は、資本主義以前には存在しなかったということがわかります。資本主義社会において、はじめて私たちは見知らぬ人々とのあいだで生活必需品を商品として売買しあい、生活を営むようになるのです。

このように、富の大半が商品化すると、人々の生活は一変します。人々の生活が共同体にもとづいて成立するものではなく、「他人」とのあいだでの商品の売買によって成立するものになるからです。一方では、前近代的共同体につきものの伝統や因習による束縛がなくなり、「自由競争」がおこなわれるので、生産力が飛躍的に増大し、人類が享受することができる物質的富が増大します。ところが、他方では、共同体のもとでの人間的な絆《きずな》が金銭関係に置き換えられていくので、人々の運命は経済の好不況に大きく左右されるようになり、不安定になってしまいます。たとえば、経済恐慌が周期的に発生し、大量の失業者が生まれる、などといった現象は資本主義以前の社会ではありえませんでした。

したがって、私たちが生産し、消費しているさまざまな富が商品という形態をとっていることが、資本主義社会に固有なさまざまな現象を生み出す根本原因になっていると言えるでしょう。だからこそ、マルクスは、私たちの生きる社会を特徴付けている、この商品という富の形態から考察を始めよう、というのです。

どういう商品を考察するのか

人間の解剖は、猿の解剖のための一つの鍵である。反対に、より低級な種類の動物のなかにあるより高級なものへの予兆は、このより高級なものじたいがすでに知られている場合にだけ、理解することができる。（『資本論草稿集』①58頁）

次に注意しなければならないのは、ここで考察されるのがどのような商品なのかということです。先に述べたことからもある程度わかると思いますが、『資本論』で考察される商品は基本的に「資本主義的生産様式が支配的である社会」における商品です。このことは第三節以降に登場する貨幣についても同様にあてはまります。

なぜこのことを確認しておく必要があるのかと言えば、すでに述べたように、商品や貨幣は資本主義社会が生まれる遥《はる》か昔から存在するものだからです。じっさい、『資本論』における商品や貨幣についての叙述があたかも前近代社会の商品や貨幣にもあてはまるものであるかのように誤解されるということがままあります。しかし、『資本論』における商品や貨幣についての考察は、あくまで資本主義的生産様式を明らかにするためのものであり、商品生産が全面化している社会での商品や貨幣を考察対象としていることは明らかです。

もちろん、資本主義における商品や貨幣と資本主義以前のそれらには多くの共通点があります。だからこそ、私たちはそれらを同じ言葉で呼ぶことができるわけです。『資本論』においても、資本主義における商品や貨幣を説明するための例として資本主義以前の社会の商品や貨幣について言及されることがよくあります。

しかし、資本主義以前の社会ではまだ商品や貨幣からなる市場メカニズムが経済社会の大半をカバーしていないために、市場メカニズムじたいが人間たちの手を離れて「自立化」し、独自の運動を行うというところにまではいたっていません。たとえば、中世社会でいっけん現在と同じような商品交換が行われていたとしても、そこでは今よりもずっと道徳や倫理が大きな役割を果たしており、「公正な価格」での売買が重視されていました。できるだけ安く買い、できるだけ高く売ることが当たり前になっている現在の市場経済とは、かなり異なる論理で動いていたといってよいでしょう。

つまり、共同体社会においては、伝統や道徳的観念が大きな役割を果たしていたために、市場メカニズムが全面的に作動せず、これからみるような商品や貨幣の性質が十全には現れていなかったということです。ですから、資本主義以前の商品や貨幣と資本主義の商品と貨幣を区別せず、十把《じっぱ》一絡《ひとから》げにして考察するのでは、資本主義社会を特徴付ける商品や貨幣の性質について理解するのは難しくなってしまうでしょう。

むしろ、マルクスは『経済学批判要綱』という『資本論』のための最初の草稿のなかで、「人間の解剖は、猿の解剖のための一つの鍵である」と述べています。より発展したものを理解することによってこそ、より未熟なものも理解できるようになるというのです。資本主義社会を理解する際にはもちろんのこと、資本主義以前の社会の商品や貨幣の性質について理解するにあたっても、何よりもまず、資本主義社会の商品や貨幣の性質について明らかにする必要があるとマルクスは考えたのです。

商品の使用価値

商品はさしあたり外的対象であり、その属性［物に属する性質］によって人間の何らかの種類の欲望を満足させる物である。この欲望の性質は、それがたとえば胃袋から生じようと空想から生じようと、少しも事柄を変えるものではない。（49）

では、資本主義社会において私たちが生産し、消費する富がとる基本形態である商品とはいったいどういうものなのでしょうか。

まず、商品はなんらかの人間の欲望を満たす物である、とマルクスは言います。[2] もちろん、その欲望がどんなものであろうとかまいません。食欲のような生理学的なものでもよいですし、あるいは所有欲や承認欲求のような観念的なものであってもかまいません。このように、物がもつ、人間の欲望をみたすことができる有用性のことを「使用価値」と言います。

ただし、注意しなければならないのは、引用文に続く箇所で、「この有用性は、商品体の諸属性に制約されて」おり、「商品体なしには存在しない」のだから、「商品体そのものが使用価値または財である」（50）と述べられていることです。たとえば、鉄は機械や建築物の材料として用いられるなど、さまざまな有用性を持っています。当然のことですが、鉄がそのように有用なのは、鉄自身にそれらの有用性をもたらすことができる物質的性質がそなわっているからです。そのため、マルクスは商品がもつ有用性だけでなく、「商品体」、すなわちその有用性を持っている物体それじたいのことも使用価値と呼ぶことがありますので、この点を忘れないようにしてください。

[2] なお、ここでは「物」と書かれていますが、いわゆる「サーヴィス」もまた商品となることができ、必要な修正をくわえれば、この章でのマルクスの議論がそのまま当てはまります。やや派生的な論点なのでここで詳論しませんが、気になる方は巻末の文献案内に掲げてある関連文献をご覧ください。

商品の交換価値

交換価値は、さしあたりある一種類の使用価値が他の種類の使用価値と交換される量的関係、すなわち比率として現れる。(50)

商品はただ使用価値をもっているだけではありません。私たちは商品を消費して、その有用性を享受したり、利用したりすることができるだけでなく、商品を交換することによって他の物を手に入れることができます。それゆえ、商品は「交換価値」をもっていると言うことができます。
このような交換価値は、私たちの日常的な世界では、貨幣との交換比率である「価格」として現れています。しかし、この段階では貨幣について何の説明もされておらず、ここではまだ貨幣を登場させることはできません。そこで、マルクスは商品どうしを交換する場合の交換価値について考えていきます。

あらゆる商品には「共通物」がある

さらに、二つの商品、たとえば小麦と鉄とをとってみよう。それらの交換比率がどうであろうと、この関係は、つねに与えられた量の小麦がどれだけかの量の鉄に等置されるという一つの等式で表すことができる。たとえば、一クォーター〔約二九〇リットル〕の小麦＝aツェントナー〔五〇キログラム〕の鉄、というように。この等式は何を意味しているのか？　同じ大きさのひとつの共通物が、ふたつの違った物のうちに、すなわち一クォーターの小麦のなかにもaツェントナーの鉄のなかにも存在するということである。（51）

この共通なものは、商品の幾何学的とか物理学的とか化学的などというような自然的な属性ではありえない。およそ商品の物体的な属性は、ただそれらが商品を有用にし、したがって使用価値にするかぎりでしか問題にならない。ところが、他方、諸商品の交換関係を明白に特徴付けているものは、まさに諸商品の使用価値の捨象なのである。この交換関係のなかでは、ある一つの使用価値は、それがただ適当な割合でそこにありさえすれば、ほかのどの使用価値ともまったく同じものとして通用する。(51f)

このあたりから、やや抽象的な論理が展開されていきますので、丁寧に議論を追っていきましょう。まず、ここでは小麦と鉄がある一定の比率で交換されるケースを考えています。この交換比率は、たとえば、「一クォーターの小麦＝aツェントナーの鉄」という等式で表すことができます。ここまでは全く問題ないでしょう。

マルクスはさらにこの等式がもつ意味を考えます。この等式が意味するのは、この二つの商品が何らかの意味で等しいものとして認められ、交換される、あるいは交換されたという事実です。逆に言えば、一クォーターの小麦とaツェントナーの鉄との交換が成立するとすれば、それは両者が何らかの点で等しいと認められたからにほかならない、ということになります。したがって、「同じ大きさのひとつの共通物が……一クォーターの小麦のなかにもaツェントナーの鉄のなかにも存在する」と考えることができるというわけです。

では、小麦のなかにも鉄のなかにも存在する、この「共通物」とは何でしょうか。まず、この共通なものは商品体の自然属性ではありません。たとえば、「一クォーターの小麦＝aツェントナーの鉄」という比率で交換が行われるとき、両辺の物体の重さや体積が同じだから、交換されるのではありません。商品交換においては、商品が物体としてもつ自然属性は、それが人間にとっての有用性、すなわち使用価値を生み出すかぎりでしか意味を持ちません。

では、商品の使用価値がここでいう「共通物」でしょうか。たしかに、小麦も鉄も使用価値をもっており、私たちは商品の使用価値を求めて商品交換を行います。その意味で、商品がもつ使用価値は私たちが行う交換の動機をなしていると言えます。

しかし、この使用価値もやはり「共通物」ではありません。たとえば、鉄がもつ使用価値と小麦がもつ使用価値はまったく違うものであり、互いに量的に比較できるようなものではありません。じっさい、小麦がもっているパンやお菓子の材料になるという性質は、どんなに大量の鉄によっても代替することはできません。むしろ、このような使用価値の違いにもかかわらず、その違いが度外視され、それぞれの商品が「まったく同じものとして通用する」、すなわち同じものとして扱われ、量的に比較されるということに商品交換の特徴がある、とマルクスは考えます。つまり、ここでは、互いに異なる使用価値をもつ商品が、使用価値とは全く異なる、なんらかの共通の性質をもつ物として扱われるのです。

こうして、商品交換においてそれぞれの商品がもつ「共通物」は、商品の自然属性でも、そこから生まれる使用価値でもない、ということになります。そこでマルクスはさらに以下のように推論を展開していきます。

商品の「共通物」とは

そこで商品体の使用価値を度外視すれば、商品体に残っているものは、ただ労働生産物という属性だけである。しかし、この労働生産物もわれわれの手ですでに変えられている。労働生産物の使用価値を捨象するならば、それを使用価値にしている物体的な諸成分や諸形態をも捨象することになる。それは、もはや机や家や糸やその他の有用物ではない。労働生産物の感性的性質はすべて消し去られている。それはまた、もはや指物労働や建築労働や紡績労働やその他の一定の生産的労働の生産物でもない。労働生産物の有用性といっしょに、労働生産物に表されている労働の有用性は消え去り、したがってまたこれらの労働のさまざまな具体的形態も消え去り、これらの労働はもはや互いに区別されることなく、すべてことごとく同じ人間的労働に、抽象的人間的労働に還元されているのである。(52)

ここの部分の叙述は『資本論』の最初の難所であると同時に、もっとも評判の悪い箇所の一つです。少なくとも一読して直ちに意味が了解できるような箇所ではないことは確実でしょう。「商品体の使用価値を度外視すれば、商品体に残っているものは、ただ労働生産物という属性だけである」という最初の文章から、面食らう読者もいるかもしれません。しかし、次の三点を理解しておけば、それほど難しい内容ではありません。

一つは、第一章「商品」においては、資本主義社会において典型的に現れる商品、すなわち日々人間たちの労働によって再生産（生産をたえず繰り返し行うこと）されている商品を対象としているということです。ですから、資本主義社会では、株式や国債などの有価証券や土地なども商品として売買されていますが、これは第一章での考察の対象とはなりません。あるいは、偉大な芸術家の絵画なども商品として大変な高値で売買されていますが、このような再生産がおこなわれない商品もまたここでの対象とはなりません。

二つ目は、第一章においては、ほんらい生産活動に必要とされる生産手段（原料や道具、機械など）の存在は基本的に無視されており、生産活動に必要なのはもっぱら生産者の労働だと想定されていることです。言い換えれば、商品生産をおこなう際に費やさなければならないものは労働だけだということになります。生産手段はのちに資本による生産活動を扱う際にはじめて本格的に登場します。

三つ目は、ここではあくまでも資本主義社会の商品を考察しているということです。この前提をふまえずに、たんなる物々交換を考えるのなら、まったく別の話になってしまいます。はじめにみたように、ここでは、前近代的な共同体に依存して生活を営むことができず、バラバラにされてしまっている個人が「他人」とのあいだでおこなう商品交換が問題になっているのです。このような商品交換においては、前近代の物々交換とは違い、「公正さ」などの倫理的要素や共同体の慣習などの伝統的要素は問題になりません。そこでは、もっぱら商品の生産に費やされたコストだけが問題となるのです。

以上の三点を前提とすれば、引用文は次のように理解できるでしょう。すでにみたように、商品の使用価値やそれを生み出す商品の自然属性は商品の「共通物」とはなりません。そこで、商品から使用価値という属性（使用価値を生み出す自然属性を含む）を取り除いてみると、商品にはそれが労働によって生産された物であるという性質しか残っていません。とはいえ、ここでは使用価値を捨象してしまっているのですから、なんらかの使用価値を生み出す具体的な労働の産物であるという性質も、もはや残っていません。たとえば、鉄から鉄の使用価値を取り除けば、それが製鉄労働の産物であるという性質もまた消えてしまいます。

ではいったい何が残っているのでしょうか。具体的な労働の種類を問わず、とにかく人間によってなんらかの労働が支出されて生産されたものであるという性質です。『資本論』では、労働から具体的形態を捨象した労働のことを「人間的労働」または「抽象的人間的労働」と呼んでいます。家具をつくる指物労働であろうと、小麦をつくる農業労働であろうと、一定の人間の労力が支出されていることには変わりありません。このように、どんな労働であれ、それが人間の活動として行われることによってもっている共通の性格が「人間的労働」ないし「抽象的人間的労働」なのです。端的にいえば、それは労働の種類ではなく、労働量だけが問題になる概念だといえるでしょう。マルクスは、どんな商品も、このような抽象的人間的労働の産物であるという性質を共通にもっていると考えたのです。

きわめて抽象的な推論ですので、現実味がないように感じられるかもしれません。実際、このような抽象的な論の運びには多くの批判がなされてきました。しかし、すでにあげたような前提のもとで、アトム化された互いに疎遠な人間たちが労働のみを費やして生産された物を交換しあうという場面を想定すれば、その交換において生産に費やされた労働量しか交換の基準となりえないという議論は妥当な推論だと言えるでしょう。

抽象的人間的労働の凝固物としての価値

そこで今度はこれらの労働生産物に残っているものを考察しよう。それらに残っているものは、同じまぼろしのような対象性のほかにはなにもなく、無差別な人間的労働の、すなわちそれの支出の形態にかかわりのない人間的労働力の支出の、たんなる凝固物のほかにはなにもない。これらの物が表しているのは、ただ、その生産に人間の労働力が支出されており、人間的労働が積み上げられているということだけである。このようなそれらに共通な社会的実体の結晶として、これらのものは価値――商品価値なのである。(52)

これまでの考察から、どんな商品も抽象的人間的労働の産物であるという性質を共通にもっていることがわかりました。そして、この段落をみていただければわかるように、マルクスはこの共通物を「価値」と定義しています。

とはいえ、ここには注意しなければならない重要なポイントがあります。それは、あらゆる商品がもっている「共通物」＝「価値」は、「抽象的人間的労働」そのものではない、ということです。これは専門のマルクス経済学者でさえも勘違いしていることがありますから、とくに念入りな理解が必要です。

ここで注目していただきたいのが、傍線を引いた部分です。マルクスは抽象的人間的労働そのものが「労働生産物に残っているもの」、すなわち商品から使用価値を取り除いた後に残っている「共通物」であるとは述べていません。そうではなく、「無差別な人間的労働の、すなわちそれの支出の形態にかかわりのない人間的労働の支出の、たんなる凝固物」、すなわち、抽象的人間的労働の「凝固物」が労働生産物に残っている「共通物」である、というのです。

この抽象的人間的労働の「凝固物」とは何でしょうか。まず、明らかなことですが、抽象的人間的労働がじっさいに物理的に凝固するということはありえません。もちろん、現実の具体的な労働は、その具体的な労働の種類におうじて何らかの物質的な生産物を形成します。製鉄労働は鉄鉱石を鉄に変えるでしょうし、指物労働は木材などをもちいて家具を作り上げるでしょう。しかし、抽象的人間的労働はそうではありません。それはもはや労働の具体的形態が取り除かれた、たんなる人間の労働力の支出という意味での労働であり、生産物には何の痕跡《こんせき》も残しません。じっさい、私たちは小麦や鉄を見ても、それの生産にいったいどれだけの労働が支出されているのかはわかりません。

では、「凝固物」という表現を用いた意味はどこにあるのでしょうか。ここで手がかりとなるのは、「凝固物」の言い換えである「まぼろしのような対象性」という表現です。同じ箇所がフランス語版では「まぼろしのような実在性」という表現になっており、こちらの方が少しわかりやすいかもしれません。「まぼろし」と「実在性」というのは一見矛盾する概念なので奇妙に感じられるかもしれませんが、マルクスが言いたいことは、あたかも「まぼろし」のように物理的な実体をもたないものが実在する労働生産物の属性になっているということです。ですから、抽象的人間的労働の「凝固物」という表現が意味するところは、抽象的人間的労働、すなわちその生産物の生産にどれだけの労働が支出されているのかという「まぼろし」のように目に見えないものが、労働生産物という実在的なものがもつ属性になっているという事態にほかなりません。「社会的実体の結晶」という表現が同じ意味であることも容易にわかるでしょう。人間の労働力がどれだけ支出されているのかという「社会的実体」（このような言い方をするのは、労働量はほんらい生産物にとってではなく、人間にとって意味をもつものだからです）が「結晶」化し、労働生産物の属性になっているということになります。

　このような抽象的人間的労働の凝固物こそが、どの商品にも存在する「共通物」＝「価値」なのです。どの商品もその生産に支出された労力に対応する「価値」をもっており、この「価値」の大きさがどれだけかで商品の交換比率、すなわち交換価値が決定されるということになります。ですから、「価値」とは、目には見えませんが、商品がもつ交換力であり、この「価値」がじっさいに目に見えるような商品の交換比率として現れたものが交換価値であると言えるでしょう。[3]

　以上のことを具体例で確認しておきましょう。ある商品の生産に抽象的人間的労働がどれだけ支出されたかは、後でみる事情を度外視すれば、労働時間で計ることができます。かりに小麦一〇キログラムを生産するのに一〇時間の労働時間が支出されたとすれば、この一〇時間分の抽象的人間的労働が小麦一〇キログラムのもつ属性となります。すなわち、小麦一〇キログラムはその一〇時間分の労働時間に対応する交換力、すなわち「価値」をもっているということになります。同様に、鉄一〇キログラムを生産するのに二〇時間の労働時間を必要とするとすれば、鉄一〇キログラムはその二〇時間分の労働時間に対応する「価値」をもっているということになります。それゆえ、鉄一〇キログラムは小麦一〇キログラムの二倍の価値を持つということになり、「小麦一〇キログラム＝鉄五キログラム」という等式が成立します。ここでは「小麦一〇キログラムの交換価値は鉄五キログラムである」ということになるでしょう。

説明が長くなってしまいましたが、以上のように「価値」が抽象的人間的労働そのものではなく、抽象的人間的労働が労働生産物の属性になったものであるということを理解しておくことは『資本論』を理解するうえで非常に重要なポイントになります。というのも、先行研究のなかには抽象的人間的労働という概念をやたらにこねくり回して、難しく考えたがるものが少なからずあり、このような議論の影響で『資本論』の理解が混乱させられてしまっているからです。

じっさいには、第四節でマルクスが明言しているように、「抽象的人間的労働」ないし「人間的労働」という概念にはどこにも難しいところはありません。それは、人間が日々行っている労働を、その労働の具体的形態を度外視して、たんなる労力の支出という側面から把握したものにすぎません。私たちが労働の種類を問題にせず、「今日は昨日より働いたなあ」とか、「私は君より多く働いたよ」という場合には、意識せずとも抽象的人間的労働について語っているのです。たしかに、抽象的人間的労働は具体的な物質的形姿をとって現れるものではありませんが、労力の支出や時間の消費というかたちで生理的ないし物理的に感知することができるものであり、言葉が難しいだけで、内容的にはとくに学習せずとも誰にでも理解できるものです。

むしろ、難しいのは、商品生産の場合には、この抽象的人間的労働が「凝固」、あるいは「結晶」し、労働生産物じしんがもつ性質になるという事態です。こうなると、途端に話が込み入ってきます。しかし、第一節ではマルクスはこの話には踏み込みません。これはいわゆる「商品の物神的性格」をめぐる問題であり、第四節で詳論されることになります。なお、これまでは「凝固」とか「結晶」という表現を用いてきましたが、これ以降はむしろ「対象化」とか「物質化」という表現が使われるようになります。「したがって、ある使用価値または財が価値をもつのは、そのうちに抽象的人間的労働が対象化または物質化されているからにほかならない」（53）という具合です。もちろん、意味は「凝固」や「結晶」と同じです。

ともかく、以上から商品がもつ二つの要因が明らかになりました。それは「使用価値」[4]と「価値」です。また、この「価値」は抽象的人間的労働が生産物のもつ属性に転化したものであり、その意味で「価値を形成する実体」（53）は抽象的人間的労働であることも明らかになりました。ここでいう「実体」は、価値の内容というくらいの意味で良いでしょう。マルクスは、内容としての抽象的人間的労働が価値という「形態」をとるという言い方もしばしばしています。いずれにせよ、これまでの考察から、商品とはさしあたり使用価値と価値をもつものだと言うことができるでしょう。

とはいえ、ここではまだ商品がもつ二つの要因とは「何か」が明らかにされただけであり、商品についての本格的な考察はまだなされていない、ということにご注意ください。マルクスは資本主義社会においては商品が富の基本形態となっているという事実から出発し、この商品を抽象的思考力によって解析するという作業を行ってきました。しかし、そもそも資本主義社会においてなぜ商品が富の基本形態となっているのか、さらには商品が富の基本形態となることはどのような意味をもっているのか、ということはまだ一切考察されていません。また、価値が抽象的人間的労働の対象化であるということは明らかにされましたが、そもそもなぜ抽象的人間的労働は価値として対象化されるのか、ということもまだ考察されていません。

解説書のなかには、第一節の部分の叙述によってマルクスが商品や価値について説明しきっているかのように理解するものもありますが、正確な解説とはいえません。むしろ、ここで解析された商品の使用価値と価値の理解を前提した上で、第二節以降で本格的な解明がなされていくのです。

3 なお、第二章以降では、ところどころで価値というべきところが交換価値になっています。『資本論』第一巻初版においては価値と交換価値の区別を第一章以外では厳格にしておらず、マルクスは第二版やフランス語版である程度の修正をしたのですが、それでも修正しきれなかったところが残ってしまっているからです。ですから、第二章以降では、交換価値と書いてあっても、実は価値のことを指していることがあるので注意が必要です。

[4] 厳密にいえば、商品がもっているのは価値と「社会的使用価値」です。共同体の生産物の使用価値が同じ共同体に属す人々の欲望をみたすのとは異なり、商品の使用価値は互いに疎遠な「他人」の欲望をみたします。マルクスは、このような商品の使用価値がもつ特殊な性質を指して「社会的使用価値」と呼びました。「商品を生産するには、彼は、使用価値を生産するだけでなく、他人のための使用価値を、社会的使用価値を生産しなければならない」(55)。このように考えると、エンゲルスがこの引用文につづいて挿入した補足の文章は不要であるばかりか、不適切であることがわかります。

価値の大きさ

一商品の価値がその生産中に支出される労働の量によって規定されているとすれば、ある人が怠惰または不熟練であればあるほど、彼はその商品を完成させるのにそれだけ多くの時間を必要とするので、彼の商品はそれだけ価値が大きいと思われるかもしれない。

しかし、価値の実体をなしている労働は、同じ人間的労働であり、同じ人間的労働力の支出である。商品世界の諸価値となって現れる、社会の総労働力は、無数の個別的労働力からなっているのではあるが、ここでは同一の人間的労働力として通用する。これらの個別的労働力のおのおのは、それが社会的平均労働力という性格をもち、このような社会的平均労働力として作用し、したがって一商品の生産においてもただ平均的に必要な、または社会的に必要な労働時間だけを必要とするかぎり、他の労働力と同じ人間的労働力なのである。社会的必要労働時間とは、現存の社会的に標準的な生産条件と、労働の熟練および強度の社会的平均度をもって、なんらかの使用価値を生産するために必要な労働時間である。（53）

すでにみたように、価値の大きさは抽象的人間的労働の量で計られ、抽象的人間的労働の量は労働時間で計られます。とはいえ、この労働時間は個々の具体的ケースの労働時間のことではなく、その社会のなかで平均的に必要とされる労働時間でなければなりません。すなわち、「現存の社会的に標準的な生産条件と、労働の熟練および強度［労働の密度］の社会的平均度をもって、なんらかの使用価値を生産するために必要な労働時間」です。このような労働時間のことを「社会的必要労働時間」とマルクスは呼んでいます。

この「社会的必要労働時間」はさまざまな要因によって変化しますが、重要なのは生産力の変化によってもたらされる変化です。『資本論』においては「生産力」という概念は、いわゆる「生産効率」と同じような意味で用いられます。すなわち、ある一定の労働量にたいして、どれだけの量の使用価値が生み出されたかということを意味する概念です。一般に生産力が上昇すると、それだけ商品の生産に必要な「社会的必要労働時間」が減少するので、商品一個あたり、あるいは一単位あたりの価値が低下するということになります。これ以降、とくに説明がない場合には、たんに「労働時間」と言うことによって「社会的必要労働時間」のことを意味することにします。

第二節　商品に表される労働の二重性

使用価値と有用労働

上着は、ある特殊な欲望を満足させる使用価値である。それを生産するためには、一定種類の生産的活動が必要である。この活動は、その目的、作業様式、対象、手段、結果によって規定されている。このようにその有用性がその生産物の使用価値に、またはその生産物が使用価値であるということに表される労働を、われわれは簡単に有用労働と呼ぶ。この観点のもとでは、労働はつねにその有用効果に関連して考察される。(56)

いろいろに違った使用価値または商品体の総体のうちには、同種の多種多様な、属や種や科や亜種や変種を異にする有用労働の総体——社会的分業が現れている。社会的分業は商品生産の存在条件である。といっても、商品生産が逆に社会的分業の存在条件なのではない。古代インドの共同体では、社会的分業がおこなわれているが、生産物が商品になるということはない。あるいはまた、もっと手近な例をとってみれば、どの工場でも体系的な分業が行われているが、この分業は労働者たちが彼らの個別的生産物を交換することによって媒介されていない。ただ、自立的な、たがいに独立な私的労働の生産物だけがたがいに商品として相対するのである。（56f）

これまでみてきたように、商品は使用価値と価値という二つの要因をもっていますが、商品を生産する労働の側もこれに対応する二つの側面をもっているということができます。まず使用価値を形成する労働の側面についてみてみましょう。一つ目の引用文は非常にわかりやすい文章ですので、とくに問題はないと思います。たとえば、上着とリンネル（亜麻布）という質的に違う使用価値は、それぞれ裁縫と織布という質的に異なる有用労働によって生産されるということになります。

資本主義社会ではさまざまな使用価値が商品として交換されています。そのようにさまざまな使用価値が存在するのはもちろん、社会のなかにそれに対応するさまざまな有用労働が存在し、これらの有用労働によって社会的分業が形成されているからにほかなりません。ですから、「社会的分業は商品生産の存在条件である」(56)ということが言えるでしょう。

しかし、二つ目の引用文でマルクスが述べているように、その逆は真ではありません。つまり、社会的分業が存在したとしても、必ずしもそれらの生産物を商品として交換するわけではないということです。じっさい、古代インドの共同体のように、社会的分業がおこなわれながらも、それらの生産物の分配が共同体によって行われるという社会も存在しました。

では、どのような場合に社会的分業は商品生産として行われるのでしょうか。「ただ、自立的な、たがいに独立な私的労働の生産物だけがたがいに商品として相対する」とマルクスは言います。すなわち、共同体のような人格的依存関係のもとで共同労働をするのではなく、バラバラになっている独立の私的個人が私的におこなう労働によって社会的分業が形成されている場合にだけ、労働生産物は商品となるのです。これだけではわかりにくいかもしれませんが、この点については第四節で本格的に扱われていますので、後で詳しくみることにしましょう。

複雑労働と単純労働

裁縫と織布とは、質的に違った生産活動であるとはいえ、両方とも人間の脳や筋肉や神経や手などの生産的支出であり、この意味で両方とも人間的労働である。それらは、ただ、人間の労働力を支出するための二つの異なる形態でしかない。もちろん、人間の労働力そのものは、あの形態やこの形態で支出されるためには、多少とも発達していなければならない。しかし、商品の価値は、もっぱら人間的労働だけを、すなわち人間的労働一般の支出だけを表している。……それ〔抽象的人間的労働〕は、平均的にだれでも普通の人間が、特別の発達なしに、自分の肉体のうちにもっている単純な労働力の支出である。もちろん、単純な平均労働そのものも、国が違い文化段階が違えばその性格は違うのであるが、しかし、現にある一つの社会では与えられている。より複雑な労働は、ただ、単純な労働が何乗かされたもの、またはむしろ数倍されたものとしてのみ通用し、したがって、より小さい量の複雑労働がより大きい量の単純労働に等しいということになる。……いろいろな労働種類がその度量単位としての単純労働に換算されるいろいろな比率は、一つの社会的過程によって生産者の背後で確定され、したがって生産者たちにとっては慣習によって与えられたもののように思われる。簡単にするために、以下では各種の労働力を直接に単純労働力とみなすのであるが、それはただ換算の労を省くた

めにすぎない。（58f）

社会的平均労働に比べてより高度な、より複雑な労働として通用する労働は、単純な労働力に比べてより高い養成費のかかる、その生産により多くの労働時間が費やされる、したがってより高い価値をもつ労働力の発現である。もし労働力の価値がより高いのであれば、それゆえにこそ、この労働力はより高度な労働として発現し、したがってまた同じ時間内に比較的より高い価値に対象化される。（211f）

次に価値を形成する抽象的人間的労働についてマルクスは論じています。とはいえ、前節の議論が詳論されている部分がほとんどなので、ここでは、新たに登場する「複雑労働」と「単純労働」の問題についてだけみておきましょう。

すでにみたように、どんな労働も「人間的労働」、すなわち「抽象的人間的労働」としての側面をもっています。この面からみれば、裁縫であれ、織布であれ、「人間の脳や筋肉や神経や手などの生産的支出」であり、それらは「人間の労働力を支出するための二つの異なる形態」でしかありません。とはいえ、裁縫や織布などという有用労働を現実におこなうには、たんに労働力一般を支出するだけでは不十分です。実際にそれらの労働を遂行するためにはある種のトレーニングを、実地であれ、学校においてであれ、積んでいる必要があります。すなわち、「人間の労働力そのものは、あの形態やこの形態で支出されるためには、多少とも発達していなければならない」ということになります。

マルクスが文中で「複雑労働」と呼んでいるのは、このような「特別に発達」した労働力によって行われる労働のことです。それにたいし、そのような特別なトレーニングなしにおこなうことができる労働を「単純労働」と呼んでいます。裁縫であれ、織布であれ、それらが手作業ではなく、高度な機械やロボットによって行われるようになり、人間がその補助をすれば済むようになるのであれば、特別なトレーニング、あるいはそれにかかる費用である「養成費」がほとんど必要とされない、「単純労働」となるでしょう。

とはいえ、価値に表されるのは「抽象的人間的労働」の量、すなわち「人間の脳や筋肉や神経や手などの生産的支出」がどれほどなされたかということでしかありません。ですから、労働がより「複雑」か、あるいはより「単純」かといった事情を直接に価値に表すことはできません。

では、「複雑労働」も「単純労働」も支出された労力が同じであれば、生産物に同じ価値を対象化することになるのでしょうか。もしそうだとすれば、特別なトレーニングやそのための費用を必要とする労働を行う人が激減してしまうでしょう。トレーニングに必要なコストを商品交換によってまかなうことができないからです。それゆえ、マルクスは、「複雑労働」は、おなじ労力の支出であるとしても、「単純労働」の何倍かされたものとして、価値に表されると考えたのです。おなじ労力の支出によって行われる「複雑労働」が「単純労働」よりどれほど大きいものとして通用するかは、その「複雑労働」を遂行するための職業的トレーニングに必要とされるコストの大小によって左右されるということになるでしょう。

生産力の変化と労働の二重性

つまり、商品に含まれる労働は、使用価値との関連ではただ質的にのみ認められるとすれば、価値量との関連では、もはやそれ以外には質を持たない人間的労働に還元されていて、ただ量的にのみ認められる。前のほうの場合には労働がどのように行われるか、どんな労働がおこなわれるかが問題であり、後のほうの場合にはどれだけの労働がおこなわれるか、すなわち労働の継続時間が問題なのである。（60）

第二節においてもう一点重要なのは、有用労働と抽象的人間的労働という労働の二重性と生産力の関係についての議論です。

まず、一着の上着を生産するのに二時間の労働時間が社会的に必要だと仮定しましょう。このとき、生産力が上昇し、一時間の労働で一着の上着を生産できるようになり、上着の価値が半減するとします。

このケースにおいて、上着一着を生産する労働に注目してみましょう。まず、抽象的人間的労働という観点からみると、上着一着に必要とされる労働時間は二時間から一時間になり、半分の大きさになっています。しかし、有用労働という観点から見ると、「どちらの場合にも上着は相変わらず同じ役立ち方をするのであり、上着に含まれている有用労働も相変わらず同じ品質のもの」(60)です。つまり、生産力が二倍になると、上着一着を生産する労働は、抽象的人間的労働としては半分になり、上着の価値も半減しますが、有用労働としては、すなわち上着という使用価値を生産する労働としては同じものだということになります。

つぎに、二時間の労働のほうに着目してみましょう。有用労働の観点から見ると、生産力が上がる前は一着の上着しか生産できませんでしたが、生産力が上がった後では二着の上着を生産できるようになっています。ところが、抽象的人間的労働の観点からみると、生産力が上がる前であろうと、上がった後であろうと、いずれも二時間の労働であることには変わりはなく、何の変化もありません。「生産力は労働の具体的な有用形態に属するから、労働の具体的な有用形態が捨象されるやいなや、もちろん生産力はもはや労働に影響を与えることはできない」(61)のです。したがって、たとえ生産力が上昇しようとも、この二時間の労働によって生み出される価値は変化しないということになります。

このように、生産力との関係でみると、労働の二面的性格を把握することの必要性が浮き彫りになります。もしこれを「労働」という一つの概念で考えようとすれば、混乱してしまうでしょう。じっさい、マルクスも指摘しているように、この労働の二面的性格の重要性を理解することができなかったために謬論に陥っている経済学者も少なくありません。

第二節までのまとめ

あらゆる労働は、一面では、生理学的意味での人間の労働力の支出であり、そしてこの同等な人間的労働あるいは抽象的人間的労働という属性においてそれは価値を形成する。あらゆる労働は、他面では、特殊な、目的を規定された形態での人間の労働力の支出であり、そしてこの具体的な有用労働という属性においてそれは使用価値を生産する。（61）

この引用文でマルクスは第二節までの議論をまとめています。わかりやすい文章ですが、一点だけ注意が必要です。それは、労働の抽象的人間的労働としての側面がつねに価値を形成するわけではないということです。たしかに、「あらゆる労働は、一面では、生理学的意味での人間の労働力の支出」であるわけですから、つねに抽象的人間的労働としての側面をもっており、この「抽象的人間的労働という属性」によって労働は価値を形成します。しかし、抽象的人間的労働がつねに価値を形成するわけではありません。すでに指摘したように、抽象的人間的労働はそれが対象化され、生産物の属性となったときにはじめて価値を形成するのであり、抽象的人間的労働がおこなわれただけでは価値にはならないのです。

では、抽象的人間的労働はどのような条件の下で労働生産物に対象化され、価値になるのでしょうか。これについてもすでにみたとおり、労働が「自立的な、たがいに独立な私的労働」として行われる場合だと答えることができます。ただ、このことの意味は第四節で本格的に展開されるので、ここでは注意を促しておくだけにしましょう。

第三節　価値形態または交換価値

「価値形態論」の課題

商品の価値対象性は、どうにもつかまえようのない代物だということによって、マダム・クィックリ〔シェイクスピア『ヘンリー四世』の登場人物〕とは違っている。商品体の感性的に粗雑な対象性とは正反対に、商品の価値対象性には一原子も自然素材は入っていない。それゆえ、ある一つの商品をどんなにいじりまわしてみても、価値物としては相変わらずつかまえようがないものである。とはいえ、商品は、ただそれらが人間的労働という同じ社会的単位の表現であるかぎりでのみ、価値対象性をもっているのだということ、したがって商品の価値対象性は純粋に社会的なものであるということを思い出すならば、価値対象性は商品と商品との社会的関係のうちにしか現れえないということも、おのずから明らかである。(62)

諸商品はそれらの使用価値の雑多な現物形態とは著しい対照をなしている一つの共通の価値形態——貨幣形態をもっているということだけは、誰でも、他のことは何も知っていなくても、よく知っている。しかし、いまここでなされなければならないことは、ブルジョア経済学によって試みられたことさえないこと、すなわち、この貨幣形態の生成を示すことであり、したがって、諸商品の価値関係に含まれている価値表現の発展をその最も単純な最も目立たない姿から光まばゆい貨幣形態にいたるまで追跡することである。これによって同時に貨幣の謎も消えるのである。(62)

第三節のテーマは「価値形態論」です。「価値形態論」は『資本論』第一巻の白眉《はくび》であるとともに、最大の難所だと言えるでしょう。

もっとも多いタイプの誤読は、そもそもこの節でマルクスが取り組んでいる課題を理解していないというものです。「マルクス経済学者」や「マルクス研究者」のなかにさえ「価値形態論」の課題を理解していない人が散見されるほどです。彼らの多くは、「価値形態論」を、商品交換からいかに貨幣が発生するかを説明するものだと考えています。しかし、これは間違いです。というのも、商品交換をめぐる議論は、第一章の議論にもとづいて第二章でなされるからです。

では、何が「価値形態論」の課題なのでしょうか。文字通り、「価値形態」です。より具体的に言えば、「価値」を表現するさいの「形態」を解明することが課題になっていると言えるでしょう。

誰でも知っていることですが、たんなる物々交換と違い、商品を売るさいには商品に「価格」をつけなければなりません。値札を貼るか、口で言うかはともかく、「価格」をつけることなしに商品を販売することはできません。逆に、「価格」が示されなければ、私たちは商品を買うことはできません。したがって、私たちが互いに商品を売買し合うには、あらかじめ何らかのかたちで商品に「価格」がつけられていなければならない、ということになります。この「価格」こそが、資本主義社会において商品がもっている「価値形態」なのです。

では、なぜ商品を交換するには「価格」をつけなければならないのでしょうか。それは、商品の価値というものが「どうにもつかまえようのない代物」だからです。なぜ「つかまえよう」がないかと言えば、すでに詳論したように、商品の「価値」というものは「まぼろしのような対象性」であり、目に見えるような物質的なあり方では存在していないからです。

じっさい、価値は抽象的人間的労働の対象化にほかなりませんが、いかなる商品からもそれに「対象化」されている労働量を見て取ることはできません。引用した段落においても述べられているように、「商品の価値対象性」（価値対象性というのは、労働生産物という対象の属性になっている「価値」の性質だと考えてよいでしょう）は「純粋に社会的なもの」であり、そこには「一原子の自然素材」も入っていません。ここでマルクスが「純粋に社会的なもの」と言っているのは、商品のもつ価値が、使用価値のようにその商品体の自然属性から発生するものではなく、あくまでも人間たちの側が労働生産物を、価値をもつものとして、すなわち抽象的人間的労働に対応する交換力をもつものとして扱うことによって発生するものだからです。

第三節のテーマである「価値形態」とは、まさにこのように目で見ることができない、「純粋に社会的なもの」である「価値」を目に見えるように表現する「形態」にほかなりません。「価値形態」こそは、価値を可視化し、価値にもとづく商品交換を可能にするのです。この「価値形態」がいかにして成立しているか、言い換えれば、いかにして商品の価値表現が可能になっているかということこそが「価値形態論」の課題にほかなりません。

現実の資本主義社会では、この価値形態は「価格形態」をとっています。価格形態はたとえば「この上着一着は一〇〇〇円に値する」というふうに貨幣で商品の価値を表していますから、貨幣による価値の表現、すなわち「貨幣形態」と言うこともできます。ですから、マルクスは、この「貨幣形態」がいかにして成立しているのかを解き明かし、貨幣の謎を明らかにするというのです。

ただし、マルクスはいきなり「貨幣形態」そのものを考察するのではなく、「諸商品の価値関係に含まれている価値表現の発展をその最も単純な最も目立たない姿から光まばゆい貨幣形態にいたるまで追跡する」と言います。というのも、「光まばゆい貨幣形態」から出発して価値形態を考察するのでは、価値形態の本質がみえづらくなってしまうからです。じっさい、私たちの日常的な感覚では商品の価値が貨幣によって直接的に表現されることは当然のことだと考えられており、とくに考察の必要は感じられないでしょう。

しかし、貨幣形態の場合でも、商品の価値はけっして直接に貨幣によって表現されているのではありません。「インフレ」や「デフレ」という言葉が示しているように、商品の「価値」が変化しなくても、価格は上がったり、下がったりします。その逆もしかりです。マルクスが述べているように、価値が重量や体積などの自然属性ではなく、「純粋に社会的なもの」である以上、ある商品の価値は、価値という同じ属性をもつ商品と取り結ぶ社会的関係のなかで、相対的に表現することしかできません。だとすれば、価格形態においても商品の価値を表現している貨幣もまた、ほんらい商品でなければならないのです。したがって、貨幣形態について明らかにするには、貨幣を前提するのではなく、むしろ貨幣が商品どうしの関係からどのように発生したのかを考察しなければならない、ということになります。

そこでマルクスは、一商品の価値をそれとは別の一商品によって表現するという単純な価値形態から考察を開始します。

A　単純な、個別的な、または偶然的な価値形態

x量の商品A＝y量の商品B　すなわち、x量の商品Aはy量の商品Bに値する。

（二〇エレ［一エレは約六六・七センチメートル］のリンネル＝一着の上着　すなわち、二〇エレのリンネルは一着の上着に値する）（63）

ここで注意しなければならないのは、すでに登場した「一クォーターの小麦＝aツェントナーの鉄」という等式とは、等式の意味が異なっているということです。「一クォーターの小麦＝aツェントナーの鉄」は、たんに商品交換のさいの交換比率を示しているだけですが、「二〇エレのリンネル＝一着の上着」は違います。後者は、二〇エレのリンネルの価値を一着の上着によって表現するという価値表現を示しているのです。わかりやすく

言えば、二〇エレのリンネルに値札が貼り付けられ、この値札に「一着の上着」と書かれているという状態です。もちろん、この価値表現どおりに商品交換が当事者間で行われれば、「二〇エレのリンネル＝一着の上着」という価値表現は交換比率となります。

相対的価値形態と等価形態

すべての価値形態の秘密は、この単純な価値形態のうちにひそんでいる。それゆえ、この価値形態の分析には真の困難がある。

ここでは二つの異種の商品AとB、われわれの例ではリンネルと上着は、明らかに二つの違った役割を演じている。リンネルは自分の価値を上着で表しており、上着はこの価値表現の材料として役立っている。第一の商品は能動的な、第二の商品は受動的な役割を演じている。第一の商品の価値は相対的価値として表される。言い換えれば、その商品は相対的価値形態にある。第二の商品は等価物として機能している。言い換えれば、その商品は等価形態にある。（63）

すでに述べたように、「二〇エレのリンネル＝一着の上着」という等式においては、二〇エレのリンネルの価値が、一着の上着によって、相対的に表現されています。このように他商品によって相対的に価値が表現される側の商品（ここではリンネル）は「相対的価値形態」にあると言います。他方、価値表現の材料となる側の商品（ここでは上着）は、価値を表現される側の商品（リンネル）に「値するもの」としてその商品（リンネル）に等置されているので、「等価形態」にあると言います。そして、この「等価形態」にある商品（上着）のことを「等価物」と言います。わかりやすくいえば、値札が貼られている側の商品が「相対的価値形態」にあり、値札に書き込まれている側の商品が「等価形態」にあるということです。

商品の価値表現においては、主役はあくまでも相対的価値形態にある商品（リンネル）であり、この商品の価値が等価形態にある商品（上着）によって表現されています。「第一の商品は能動的な、第二の商品は受動的な役割を演じている」と言われるゆえんです。たんなる交換比率としてみた場合、「二〇エレのリンネル＝一着の上着」であろうと、「一着の上着＝二〇エレのリンネル」であろうと、意味は変わりませんが、価値表現としてみた場合、前者と後者ではまったく意味が違ってきます。前者はリンネルが自分の価値を上着で表現するという価値表現を示していますが、後者は上着が自分の価値をリンネルによって表現するという価値表現を示しているからです。

ここで二点だけ注意を促しておきましょう。一つは、「リンネルは自分の価値を上着で表しており」というような擬人的な表現についてです。この後、マルクスはこのような擬人的な表現を頻繁に使用しますが、けっして気まぐれにそうした表現を用いているのではありません。というのも、何と何を交換するのかということを考える場合には、人間の意志や欲望が直接にそれを決定しているわけですが、価値表現がどういうかたち（形態）をとるのかという問題だけを切り離して考えるのであれば、人間の意志や欲望は直接には関与しないからです。じっさい、これから見ていくような価値形態は人間の恣意《しい》とはかかわりなく、価値を表現するさいにはかならず必要になるものです。それゆえ、価値形態について論じるときにはあたかも人間ではなく、商品自身が自分の価値を表現しているかのように語ることができます。この点については簡単ではないので、後に詳論しましょう。

もう一つは、価値形態論の課題は商品交換ではなく、価値表現のさいの形態であるということを確認しましたが、だからといって、価値形態論のなかで商品交換がまったく考慮されないわけではない、ということです。当たり前のことですが、価値表現は労働生産物を商品として交換するために必要とされるものですから、価値形態と商品交換は密接に関連しています。

たとえば、「二〇エレのリンネル＝一着の上着」という価値表現は、二〇エレのリンネルと一着の上着を交換するために必要とされるものですから、この意味では商品交換と密接に関連しています。他方で、たんに二〇エレのリンネルと一着の上着を交換するというだけならば、上着とリンネルが果たす役割がまったく違っている「一着の上着＝二〇エレのリンネル」という別の価値表現によっても両者の交換は可能です。それゆえ、価値形態と商品交換は密接に関連していますが、互いに区別されなければならない、ということになります。

引用文の少し後でマルクスは「二〇エレのリンネル＝一着の上着……という表現は一着の上着＝二〇エレのリンネル……という逆の連関を含んでいる」(63)と述べていますが、この文章でマルクスが言いたいことをより正確にパラフレーズすれば、「二〇エレのリンネル＝一着の上着」という価値表現を必要とする二〇エレのリンネルと一着の上着との交換は、「一着の上着＝二〇エレのリンネル」という、商品の役割が逆転された、別の価値表現によっても可能である、ということになります。かつて、この「逆の連関」に注目して小難しい議論を展開する学者が大勢いましたが、このように整理してみれば非常に単純なことを言っていることがわかります。

価値表現のメカニズム

しかし、質的に等置された二つの商品［リンネル＝上着］は同じ役割を果たすのではない。ただリンネルの価値だけが表現される。では、どのようにしてか？　リンネルが上着にたいしてそれを自分の「等価物」、あるいは自分と「交換できるもの」とするようにして関わることによってである。この関係のなかでは、上着は価値の存在形態として、価値物として通用する。なぜならば、そのようなものとしてのみ、上着はリンネルと同じものだからである。他面では、リンネルそれ自身が価値であるということが現れてくる。すなわち、一つの自立的な表現を受け取る。なぜならば、ただ価値としてのみ、リンネルは等価値のものとしての、自分と交換可能なものとしての上着に関連しているからである。(64)

リンネルの価値関係のなかで上着がリンネルと質的に等しいもの、同じ性質のものとして通用するのは、上着が価値であるからである。だからこそ、上着はここでは、価値がそれにおいて現れる物、あるいは、その手でつかめる現物形態で価値を表している物として通用するのである。ところで、たしかに上着は、上着商品の身体は一つのたんなる使用価値である。一着の上着が価値を表していないことは、有り合わせのリンネルの一片が価値を表していないのと同じである。このことは、ただ、上着がリンネルとの価値関係のなかではそのそとでよりも多くの意味をもつということを示しているだけである。ちょうど、多くの人間は金モールのついた上着のなかではそのそとでよりも多くの意味をもつように。(66)

> こうして、価値関係の媒介によって商品Bの現物形態は商品Aの価値形態になる。言い換えれば、商品Bの身体は商品Aの価値鏡になる。商品Aが、商品Bにたいしてそれを価値体、すなわち人間的労働の物質化とするようにして関わることによって、商品Aは使用価値Bを自分自身の価値表現の材料にする。商品Aの価値は、このように商品Bの使用価値で表現されて、相対的価値の形態をもつのである。（67）

この部分は難解な価値形態論のなかでも最難関の箇所です。そのため、あまり細部にこだわりすぎるとかえって本筋を見失ってしまいますので、ここではできるだけシンプルに説明したいと思います。

まず、マルクスは「相対的価値形態の内実」という項目の冒頭で、価値形態のメカニズムについて理解するには、「二〇エレのリンネル＝一着の上着」か、それとも「二〇エレのリンネル＝二着の上着」かという量的比率は問題ではなく、むしろ左辺（相対的価値形態）にある商品と右辺（等価形態）にある商品との質的関係が問題だと述べています（64）。それゆえ、両辺の量的比率を捨象し、「リンネル＝上着」という等式にもとづいて考察を行っていくことになります。

さて、この「リンネル＝上着」という関係において、リンネルはどのように自分の価値を表現しているのでしょうか。「リンネルが上着にたいしてそれを自分の「等価物」、あるいは自分と「交換できるもの」とするようにして関わることによって」です。

抽象的な言い方なので難しく感じられると思いますが、先ほど述べた値札をイメージすればそれほど難しくはありません。「リンネル＝上着」という価値表現においては、リンネルは自分の価値を表現するために自分に値札をはり、この値札に「上着」と書き込みます。このような価値表現は、あくまでリンネルの側が能動的におこなうものであり、実際の上着がそこに存在しなくても、値札に「上着」とペンで書きこみさえすればおこなうことができます。けれども、そのことをつうじてリンネルは「上着」にたいしてある一定の性質をあたえていることになります。それは、「自分（リンネル）の等価物」であり、それゆえ「自分（リンネル）と交換できるもの」であるという性質です。

じっさい、リンネルに貼り付けられた値札に「上着」と書かれているケースを想定すれば、上着によってこのリンネルを入手することができるということは直感的に理解できると思います。このことをより論理的に捉《とら》え直してみると、リンネルは自らの価値を表現するために値札に「上着」と書き入れることによって、上着に「自分（リンネル）と交換できるもの」という性質を与えていることになるのです。

続いて、このような価値表現が行われているのであれば、上着は価値を持っている物、すなわち「価値物」として通用することができるとマルクスは述べています。これはどういうことでしょうか。

一般的に、商品はそのままの物質的な姿では価値として通用することはできません。すでに述べたように、商品がもっている価値は「純粋に社会的なもの」であり、目には見えないからです。それこそがまさに、価値表現が必要となるゆえんでした。

しかし、価値表現において値札に書き込まれた側の商品、この場合で言えば上着にはこのことはあてはまりません。この場合、上着は自らに値札を貼ることなく、その物質的な姿のままで、いきなり価値物として通用することができます。いいかえれば、値札を貼ることなく上着がもっている価値の力を用いて、リンネルを手に入れることができます。というのも、この価値表現においては、上着はすでにリンネルによって「リンネルと交換できるもの」という性質を与えられているからです。すなわち、ここでは、上着はリンネルにたいしてその交換力、すなわち上着がもつ価値の力を直接に発揮することを認められています。これによって上着は自らに値札を貼ることなく、「価値の存在形態として、価値物として通用する」ことができるのです。

したがって、「リンネル＝上着」という価値表現においては、上着はその物質的な姿、すなわちその現物形態のままでいきなり価値として通用することができるわけですから、「上着はここでは、価値がそれにおいて現れる物、あるいは、その手でつかめる現物形態で価値を表している物として通用する」ということになります。マルクスは、ここでの上着のように、その現物形態のままで価値を体現する存在になったもののことを「価値体」

(66)と呼んでいます。リンネルは、まさにこの「価値体」によって自らの価値を表現しているのです。つまり、リンネルは、価値を体現するものとなった上着の現物形態、上着の使用価値によって自らの価値を表現しているということになります。

ここでいう「価値体」のニュアンスをよりわかりやすく理解するには、少し後の「等価形態」の項目に書かれている棒砂糖の重さを鉄で量るという例を参照するのがよいでしょう(71)。棒砂糖だけをみても重さは判然としないので、棒砂糖と鉄をはかりにのせ、棒砂糖の重さを量ることができますが、このとき鉄は砂糖の重さを自らの物質的な量で表示するという役割を果たしています。ですから、ここでは鉄はその物質的な姿のままで重さを代表し、体現するものになっていると言えるでしょう。同様に、これまで見てきた価値表現において、上着はその物質的な姿のままで価値を代表し、体現するものになっているのです。

以上をまとめて言えば、リンネルは自らに貼った値札に上着と書き込み、上着に自分の「等価物」としての性質、すなわち自分と「交換できるもの」という性質を与え、これによって上着を価値体にし、この価値を体現する上着の使用価値(現物形態)によって自らの価値を表現する、ということになります。

なお、ここの項目で「商品語」(66)という言葉がでてきますが、これは価値形態論の理論的意義を理解するうえで非常に重要なポイントとなりますので、一通り価値形態論について見た後に解説したいと思います。

5　とりわけ、以下では価値形態論における労働をめぐる議論については部分的にしか触れません。とはいえ、本節の解説を全体として理解できれば、おのずとこの議論も理解できるでしょう。労働をめぐる議論も含む、より詳細な解説をお読みになりたい方は拙著『マルクスの物象化論』（社会評論社）の第四章をご覧ください。

等価物の直接的交換可能性

すでにみたように、商品A（リンネル）は、その価値を異種の商品B（上着）の使用価値で表すことによって、商品Bそのものに、一つの独特な価値形態、等価物という価値形態を押しつける。リンネル商品はそれ自身が価値であるということを顕わにするが、それは、上着がその物体形態とは違った価値形態をとることなしにリンネル商品にたいして等しいものとして通用するということによってである。したがって、リンネルは実際に自らが価値であるということを、上着が直接にリンネルと交換されうるものであるということによって、表現するのである。それゆえ、一商品の等価形態は、その商品の他の商品との直接的交換可能性の形態である。（70）

すでにみたように、リンネルは上着を値札に書き込み、自らの等価物であり、自らと交換できるものであるという性格を上着に与え、それを「価値体」にすることによって自分の価値を表現するわけですが、このとき、上着は自らに値札を貼ることなく、いきなり自らがもつ価値という力を発揮することができるという特別な性質を獲得します。この特別な性質のことを、マルクスは「直接的交換可能性」と呼びます。

この「直接的交換可能性」は等価形態にある商品（値札に書き込まれた商品）、すなわち等価物だけがもつことができる性質です。逆に、相対的価値形態にある商品、この場合でいえば、リンネルは直接的交換可能性をもっていません。「リンネル＝上着」という価値表現においては、上着によってリンネルを手に入れるということは必ず可能ですが、リンネルによって上着を手に入れることは必ずしも可能ではありません。この価値表現においては、上着の持ち主がそれによってリンネルを手に入れようとしたときにだけ交換が成立するからです。このことは、私たちが日常的に目にしている価値表現において、たとえば「おにぎり一個＝一〇〇円」という価値表現がなされている場合に、一〇〇円によっておにぎりを買うことは必ずできるが、逆におにぎりによって一〇〇円を手に入れる、すなわちおにぎりを売るということが必ずできるわけではない、ということを思い起こせば、容易に理解できるでしょう。

ですから、等価形態にある商品、すなわち等価物は、ふつうの商品のようにたんに価値という交換力をもっているというだけではなく、その交換力を直接に発揮することができるという特別の力、すなわち直接的交換可能性をもっているということになります。逆に、相対的価値形態の側にある商品は、価値という交換力を持っていますが、この価値を等価物によって表現することによってしか交換可能な形態をとることができないので、この交換力を直接に発揮することはできません。あくまでも、等価物の持ち主が相対的価値形態にある商品を入手しようとしたときだけ、その交換力を発揮することができる、ということになります。

等価形態の第一の独自性

等価形態の考察にさいして目につく第一の独自性は、使用価値がその反対物の、価値の現象形態になるということである。(70)

等価形態は、ある商品体、たとえば上着が、このあるがままの姿の物が価値を表現しており、したがって生まれながらに価値形態をもっているということ、まさにこのことによって成り立っている。たしかに、このことはリンネル商品が等価物としての上着商品に関係している価値形態のなかで認められているだけである。しかし、ある物の属性は、他の物との関係から生ずるのではなく、むしろこのような関係のなかではただ作用するにすぎないのだから、上着もまた、その等価形態を、直接的交換可能性というその属性を、重さがあるとか寒さを防ぐとかいうその属性と同じように、生まれながらにもっているかのように見える。それだからこそ、等価形態の不可解さが感ぜられるのであるが、この不可解さは、この形態が完成されて貨幣となって経済学者の前に現れるとき、はじめて彼のブルジョア的に粗雑な目を驚かせるのである。(71f)

マルクスは「等価形態」という項目のなかで、等価形態の三つの独自性について述べています。まず、「使用価値がその反対物の、価値の現象形態になる」という第一の独自性から見ていきましょう。

ここで新たに述べられているのは、等価形態の「不可解さ」です。すなわち、等価形態にある商品、すなわち等価物が「直接的交換可能性」を「生まれながらにもっているかのように見える」[6]、という問題です。経済学者たちはこの「不可解さ」を、等価形態が完成され、貨幣になったときにはじめて感知するが、この不可解さはすでに「リンネル＝上着」という最も単純な価値表現において見て取れるのだ、とマルクスは言います。

「リンネル＝上着」という価値表現において上着がリンネルにたいする直接的交換可能性

をもつのは、この価値表現においてリンネルが上着にたいしてそれを自分と「交換できるもの」とするようにして関わっているからにほかなりません。ですから、上着はあくまでこの価値表現の内部でだけ直接的交換可能性を持ちます。しかし、そうであるにもかかわらず、生まれながらにして直接的交換可能性をもっているように見えてしまうのです。なぜでしょうか。

リンネルの側は自らの価値を表現するために上着を必要としますが、上着の側は、いったんこの価値表現が成立しさえすれば、自分に値札を貼ることなく、「生まれながらの姿」で直接的交換可能性という力を発揮することができます。しかも、このとき、直接的交換可能性をもつ等価物として「作用」する上着の「生まれながらの姿」はリンネルとの関係から生じるわけではありません。だからこそ、上着が価値表現のなかで「生まれながらの姿」で発揮する力を、上着の「生まれながらの姿」と区別することが困難になるのです。マルクスはここで後に述べる「貨幣物神」が発生する根拠について事実上説明していることになります。

6　『資本論』において頻出する「見える scheinen」と「現れる erscheinen」という二つの表現は、似てはいますが、内容的には別の事柄を示しています。後者の「現れる」は、「資本主義的生産様式が支配的である社会の富は、「商品の巨大な集まり」として現れる」

という冒頭の文章のように、あるものがなんらかの「形態」をとって人間たちにたいして現れるという意味合いで用いられます。このような「現れ」方は、もちろん人間なしには存在しないものですが、だからといって、それぞれの個人の認識のあり方によって変えることができるようなものではありません。じっさい、私たちがどんな思想や哲学を持っていようと、資本主義社会においては富の大部分が「商品」という形態をとり、値札をつけられて交換されるという事実は変わりません。ところが、「見える」のほうは事情が異なります。本文の例からもわかるように、ほんらい上着は直接的交換可能性をもっておらず、等価形態をとることによってはじめてそれを獲得するにすぎないわけですが、それにもかかわらず、上着が生まれながらに直接的交換可能性をもっているように「見える」、すなわちそのように錯覚してしまうという事態を表現しているのです。この「見える」という言葉で表現される錯覚は、個々の人間が事態を正しく理解することによって解消することができます。とはいえ、このような錯覚は資本主義的生産関係から、ある必然性をもって発生してくるものであり、そこから脱却することは容易ではありません。

等価形態の第二および第三の独自性

裁縫の形態でも、織布の形態でも、人間の労働力が支出される。それゆえ、どちらも人間的労働という一般的属性を持っているのであり、また、それゆえ、一定の場合には、たとえば価値生産の場合には、どちらもただこの観点のもとでのみ考察されうるのである。こういうことは、なにも神秘的なことではない。ところが、商品の価値表現においては、事態がねじ曲げられてしまうのである。たとえば、織布はその織布としての具体的形態においてではなく、人間的労働としての一般的属性においてリンネル価値を形成するのだということを表現するためには、織布にたいして、裁縫が、すなわちリンネルの等価物を生産する具体的労働が、抽象的人間的労働の手でつかめる実現形態として対置されるのである。

だから、具体的労働がその反対物である抽象的人間的労働の現象形態になるということは、等価形態の第二の独自性である。

しかし、この具体的労働、裁縫が、無差別な人間的労働のたんなる表現として通用するということによって、それは、他の労働との、すなわちリンネルに含まれている労働との、同等性の形態をもつのであり、したがってまた、それは、すべての他の商品生産労働と同じように私的労働でありながら、しかもなお直接に社会的な形態にある労働なのである。それだからこそ、この労働は他の商品と直接に交換されうる生産物となって現れているのである。だから、私的労働がその反対物の形態すなわち直接に社会的な形態にある労働になるということは、等価形態の第三の独自性である。(72f)

次に第二の独自性及び第三の独自性についてみてみましょう。なお、ここのところは、第四節を読んでいない現段階ではかなり理解しづらい内容なので、さしあたり飛ばしていただいてもかまいません。

第一節および第二節で見たように、どんな種類の労働も抽象的人間的労働という共通の性質をもっており、この抽象的人間的労働が商品のもつ共通の性質、すなわち価値の実体をなしていました。このこと自体は特に難しいことではありません。ところが、「商品の価値表現においては、事態がねじ曲げられてしまう」とマルクスは言います。

ここでは、リンネルが上着を価値体とすることによって自らの価値を表現するわけですから、これを労働の側からみれば、織布が抽象的人間的労働という一般的属性において価値を形成するということを示すためには、まず、上着を生産する裁縫という具体的労働を「抽象的人間的労働の手でつかめる実現形態」、すなわち裁縫というその具体的形態のままで抽象的人間的労働を具現する存在にしなければならない、ということになります。すなわち上着が価値体となったように、それを生産する裁縫労働もまたその具体的形態のままで抽象的人間的労働としての意味しかもたないものとなるということです。これが等価形態の第二の独自性です。

たしかに何かややこしいことになっているということはわかりますが、この叙述だけでは、マルクスが言いたいことはなかなか判然としません。同様の叙述は『資本論』の「相対的価値形態の内実」という項目にもあるので、そこで疑問に思った方もいたことでしょう。

ところが、第三の独自性のところを読むとその意味がはっきりしてきます。というのも、裁縫という「具体的労働がその反対物である抽象的人間的労働の現象形態になる」ということは、つまるところ、裁縫という「私的労働がその反対物の形態すなわち直接に社会的な形態にある労働になる」ということに他ならないからです。

私的労働については次節で扱いますので、ここでは詳論しませんが、さしあたり資本主義社会のなかでバラバラになってしまっている私的個人、あるいは私的団体（企業）などによって行われる労働だと考えていただいてかまいません。私的個人がおこなう労働ですので当然、そのままでは社会的な形態にはありません。たとえば、私が私的個人として何か本を刊行したとして、その本にたいする社会的需要が本当にあるかどうかは市場にもっていってみなければわかりません。まったく需要がなく、私の労働は無駄になってしまうかもしれません。

ところが、「具体的労働がその反対物である抽象的人間的労働の現象形態」になっている裁縫労働の場合には、事情が違います。たしかに、商品を生産する労働であるかぎり、織布と同じように、裁縫もまた私的労働であることには変わりありません。しかし、この場合、その生産物である上着が直接的交換可能性をもっているので、それを生産した裁縫労働もまた、「直接に社会的な形態にある労働」だということになります。すなわち、「リンネル＝上着」という価値表現がなされていることを前提するなら、裁縫は私的労働でありながら、直接に社会的に通用することができ、無駄になることはけっしてありません。なぜなら、その生産物である上着は直接的交換可能性をもっており、その価値の力を発揮して、かならずリンネルを手に入れることができるからです。

ですから、裁縫という具体的労働が「抽象的人間的労働の手でつかめる実現形態」となるということの意味をより具体的に把握すれば、この価値形態のなかでは裁縫は直接に抽象的人間的労働を代表するものとして通用し、それゆえ直接に社会的に通用することができる形態を獲得しているということに他なりません。

もちろん、リンネルを織る織布労働も抽象的人間的労働という属性をもっていますが、織布という具体的な形態のままでは抽象的人間的労働として社会的に通用することはできません。織布にかぎらず、私的労働であるかぎり、一般に、どんな種類の具体的労働もその現物形態のままでは社会的なものとして認められません。先に述べたように、資本主義社会では、私的労働の生産物を市場にもっていき、交換することによってしか、その私的労働が社会的に通用することができるかどうかを確かめる術《すべ》はないのです。ですから、私的労働は生産物がもつ交換力、すなわち「生産物に対象化された抽象的人間的労働＝価値」においてはじめて社会的に通用する形態を獲得することができます。

しかし、この価値もまた、そのままでは社会的に通用することができず、価値形態をとらなければなりません。これまでの例で言えば、リンネルの価値は上着の現物形態によって表現されなければなりません。この価値表現によって、ようやく織布労働は、間接的（価値および価値形態という媒介をつうじて）であるとはいえ、社会的に通用することができる形態を与えられるのです。マルクスはこのとき、等価物を生産する裁縫労働が、相対的価値形態にある商品を生産する労働と同じように私的労働でありながら、直接に抽象的人間的労働として、直接に社会的なものとして通用するという独自性をもっているのだ、と述べていることになります。とはいえ、ここで裁縫労働が直接的に社会的に通用するといっても、それはあくまで上着が等価形態を獲得した結果にすぎず、裁縫じしんは依然として私的労働であることには注意が必要です。

やや複雑な議論ですが、価値形態論と第四節の物神性論のつながりを理解するためには必要な議論ですので解説しました。ただ、ここが理解できないからといって先が理解できないわけではありませんので、ここに拘泥するのではなく、多少不明瞭《ふめいりょう》でも先の方に（少なくとも第四節までは）進んでから、後に戻ってくるというやり方をおすすめします。

使用価値と価値との対立

商品Bにたいする価値関係に含まれている商品Aの価値表現のいっそう詳しい考察は、この価値関係のなかでは商品Aの現物形態はただ使用価値の姿として、商品Bの現物形態はただ価値形態または価値姿態としてのみ通用するということを示した。つまり、商品のうちに包み込まれている使用価値と価値の内的な対立は、ひとつの外的な対立によって、すなわち二つの商品の関係によって表されるのであるが、この関係の中では自分の価値が表現されるべき一方の商品は直接にはただ使用価値として通用し、これにたいして、それで価値が表現される他方の商品は直接にはただ交換価値として通用するのである。つまり、一商品の単純な価値形態は、その商品に含まれている使用価値と価値との対立の単純な現象形態なのである。(75f)

いっけん形而上学《けいじじょう》的な響きをもっているようにみえる議論ですが、これまでの内容を思い起こしてみれば、難しい内容ではありません。まず、商品の内部における使用価値と価値の対立についてですが、これは単独ではたんなる一つの物体、あるいは使用価値でしかない生産物が同時に「純粋に社会的なもの」である価値という属性をもたなければならない、という対立のことを指しています。ところが、価値表現においては、この対立がいわば外化し、相対的価値形態の側の商品（リンネル）の現物形態がただ使用価値としてのみ認められ、他方、等価形態の側の商品（上着）の現物形態がただ価値としてのみ認められるということになります。後者については、言うまでもなく、この価値表現において上着は価値体となっており、その物体的な姿のままで価値であるからです。また、前者については、リンネルはそれじたいとしてはたんなる使用価値でしかなく、価値体である上着によって自分が価値であるということを示す形態を獲得しているにすぎないからです。

このように価値表現においては、等価物が端的に価値を体現するものとなり、相対的価値形態の側の商品は、たしかに価値をもち、それを等価物によって表現しているのですが、それじたいとしては端的に価値ではないということが重要なポイントとなります。この視点は後に貨幣の機能についてみるときに生きてきます。

展開された価値形態への移行

ある一つの商品Bでの表現は、商品Aの価値をただ商品A自身の使用価値から区別するだけであり、したがってまた、商品Aをそれ自身とは違ったなんらかの一つの商品種類にたいする交換関係におくだけであって、ほかのすべての商品との商品Aの質的な同等性と量的な比率とを表すものではない。……

とはいえ、個別的な価値形態はおのずからもっと完全な形態に移行する。個別的な価値形態によっては、一商品Aの価値はただ一つの別種の商品で表現されるだけである。しかし、この第二の商品がどんな種類のものであるか、上着や鉄や小麦などのどれであるかは、まったくどうでもよいのである。つまり、商品Aが他のどんな商品種類にたいして価値関係にはいるかにしたがって、同じ一つの商品のいろいろな単純な価値表現が生じるのである。商品Aの可能な価値表現の数は、ただ商品Aとは違った商品種類の数によって制限されているだけである。それゆえ、商品Aの個別的な価値表現は、商品Aのいろいろな単純な価値表現のいくらでも引き延ばせる列に転化する。(76)

「リンネル＝上着」という価値表現では、リンネルを上着と交換することしかできません。これでは、現実の資本主義社会に存在する多種多様な商品との交換はできません。

そのため、この個別的な価値形態は「もっと完全な形態」に移行せざるをえません。これまではリンネルの価値を上着によって表現していましたが、上着で表現する必然性はどこにもありません。リンネル以外の商品であれば、鉄であれ、小麦であれ、何でもかまいません。そこで、リンネルの価値を様々な商品によって表現する、より発展した価値形態に移行します。

B　全体的な、または展開された価値形態

z量の商品A＝u量の商品B　または＝v量の商品C　または＝w量の商品D　または＝x量の商品E　または＝etc.

（二〇エレのリンネル＝一着の上着　または＝一〇ポンド［一ポンド＝五〇〇グラム］の茶　または＝四〇ポンドのコーヒー　または＝一クォーターの小麦　または＝二オンス［一オンス＝約三一・一グラム］の金　または＝1/2トンの鉄　または＝その他）

……いまではリンネルはその価値形態によって、ただ一つの他の商品種類にたいしてだけではなく、商品世界にたいして社会的な関係にある。商品として、リンネルはこの世界の市民である。同時に商品世界の諸表現の無限の列のうちに、商品価値はそれが現れる使用価値の特殊な形態には無関係だということが示されている。(77)

この展開された価値形態においては、リンネルの価値がリンネル以外のさまざまな、無数の種類の商品によって表現されているので、もはや上着だけでなく、ありとあらゆる商品とリンネルを交換することが可能になっています。それゆえ、ここでは、リンネルは商品世界にたいして社会的な関係を持ち、商品世界の「市民」となっています。

この価値形態においては、リンネルの値札に書き込まれる商品の種類が増えただけなので、本質的な変化は起きておらず、単純な価値形態の議論がそのままあてはまります。違いは、リンネルの価値が無数の商品種類によって表現されるので、リンネルの価値がそれを表現する使用価値の種類には関わりないということが明確化されるということです。

展開された価値形態の欠陥

第一に、商品の相対的価値表現は未完成である。というのは、その表示の列は完結することがないからである。一つの価値等式が他の等式につながってつくる連鎖は、新たな価値表現の材料をあたえる新たな商品種類が現れるごとに、相変わらずいくらでも引き延ばされるものである。第二に、この連鎖はばらばらな雑多な価値表現の多彩な寄木細工をなしている。最後に、それぞれの商品の相対的価値が、当然そうならざるをえないこととして、この展開された形態で表現されるならば、どの商品の相対的価値形態も、他のどの商品の相対的価値形態とも違った無限の価値表現列である。(78)

ここで指摘されている三つの欠陥の要点を一言で言えば、展開された価値形態においては統一的な価値表現がなされていない、ということです。たしかに、ここでは最初に見た単純な価値形態とは違い、リンネルは商品世界の市民となることができます。しかし、この展開された価値形態という価値表現の仕方では、それぞれの商品は別々に異なる価値表現を行っているにすぎません。

この展開された価値形態の問題点は、そもそも価値表現とは何かという基本に立ち返るといっそうはっきりします。そもそも価値とは、使用価値の違いにもかかわらず、市場で交換される商品がもっている共通の属性でした。どの商品もこの共通の属性をもっているからこそ、それぞれの使用価値の違いにもかかわらず、互いに交換することができるのです。ところが、この共通の属性は抽象的人間的労働の凝固ないし対象化であり、そのままでは目に見えず、捉えようがないものです。だからこそ、それを価値形態によって表現する必要があったのです。

このように、価値表現が商品の共通の性格を表現するものであるとすれば、展開された価値形態が価値表現としてはまったく不適合であることは明らかです。というのも、そこでは、等価物が無数の雑多な商品からなり、しかも、それぞれの商品ごとに異なる価値表現が必要となり、それぞれの商品の価値を共通なものとして表現するような価値形態にはなっていないからです。実際、展開された価値形態によって商品の価値を表現するという仕方では、人々がそれぞれの商品の価値を互いに比較し、衡量《こうりょう》して交換することは極めて困難です。商品の価値を共通なものとして表現し、広範な商品交換を可能にするには、統一的な価値表現が必要となります。

一般的価値形態への移行

とはいえ、展開された相対的価値形態は、単純な相対的価値表現すなわち第一の形態の諸等式の総計からなっているにすぎない。たとえば、

二〇エレのリンネル＝一着の上着
二〇エレのリンネル＝一〇ポンドの茶

などの総計からである。

しかし、これらの等式はそれぞれ、逆にすれば、また次のような同じ等式も含んでいる。すなわち、

一着の上着＝二〇エレのリンネル
一〇ポンドの茶＝二〇エレのリンネル

などを含んでいる。

じっさい、ある人が彼のリンネルを他の多くの商品と交換し、したがってまたリンネルの価値を一連の他の商品で表現するならば、必然的に他の多くの商品所持者もまた彼らの商品をリンネルと交換しなければならず、したがってまた彼らのいろいろな商品の

価値を同じ第三の商品で、すなわちリンネルで表現しなければならない。――そこで、二〇エレのリンネル＝一着の上着　または＝一〇ポンドの茶　または＝etc. という列を逆にすれば、すなわち事実上すでにこの列に含まれている逆の連関を言い表してみれば、次のような形態が与えられる。(79)

すでにみたように、「リンネル＝上着」はリンネルと上着の商品交換の際に行われる価値表現ですが、このようなリンネルと上着の商品交換は「上着＝リンネル」という価値表現によっても可能であり、この意味で「リンネル＝上着」は「上着＝リンネル」という逆の連関を含んでいると言えます。

このことは、もちろん、「二〇エレのリンネル＝一〇ポンドの茶」や「二〇エレのリンネル＝四〇ポンドのコーヒー」にも当てはまりますから、それらの価値表現は、「一〇ポンドの茶＝二〇エレのリンネル」や「四〇ポンドのコーヒー＝二〇エレのリンネル」という逆の連関を含んでいるということになります。そこで、展開された価値形態を構成しているそれぞれの価値表現が含んでいる逆の連関を総合すると、一般的価値形態に移行します。

C　一般的価値形態

一着の上着 ＝
一〇ポンドの茶 ＝
四〇ポンドのコーヒー ＝
一クォーターの小麦 ＝
二オンスの金 ＝
1/2トンの鉄 ＝
x量の商品A ＝
等々の商品 ＝
（以上すべて）二〇エレのリンネル

いまや、いろいろな商品はそれぞれの価値を（一）ただ一つの商品で表しているのだから、単純に表しており、（二）同じ商品で表しているのだから、統一的に表している。

(79)

新たに得られた形態は、商品世界の価値を、商品世界から分離された一つの商品種類、たとえばリンネルで表現し、こうして、すべての商品の価値を、その商品とリンネルとの同等性によって表す。リンネルと等しいものとして、どの商品の価値も、いまではその商品自身の使用価値から区別されるだけではなく、いっさいの使用価値から区別され、まさにそのことによって、その商品とあらゆる商品に共通なものとして表現されるのである。それだからこそ、この形態がはじめて現実に諸商品を互いに価値として関係させるのであり、言い換えれば諸商品を互いに交換価値として現象させるのである。

　前のほうの二つの形態は、商品の価値を、ただ一つの異種の商品によってであれ、その商品とは別の一連の多数の商品によってであれ、一つの商品ごとに表現する。どちらの場合にも、自分に一つの価値形態を与えることは、いわば個々の商品の私事であって、個々の商品は他の商品の助力なしにこれをなしとげるのである。他の商品は、その商品にたいして、等価物というたんに受動的な役割を演じる。これにたいして、一般的価値形態は、ただ商品世界の共同事業としてのみ成立する。一つの商品が一般的価値形態を得るのは、同時に他のすべての商品が自分たちの価値を同じ等価物で表現するからにほかならない。そして、新たに現れるどの商品種類もこれにならわなければならない。

(80)

商品世界の一般的な相対的価値形態は、それから除外された等価物商品、リンネルに、一般的等価物という性格を押しつける。リンネル自身の現物形態がこの世界の共通な価

値姿態なのであり、それだから、リンネルは他のすべての商品と直接に交換されうるのである。（81）

この一般的価値形態においては、展開された価値形態の欠陥は克服され、「単純」かつ「統一的」な価値表現が成立しています。もはや、それぞれの商品は個々別々に価値表現を行うのではありません。どの商品も、同じ一つの商品（この例ではリンネル）を等価物にするという、この一つの統一的な価値形態において、自らの価値を表現します。いまや、商品が持つ価値という共通の属性は、共通の価値体である商品によって表現されているのです。だからこそ、「この形態がはじめて現実に諸商品を互いに価値として関係させる」ことができるのです。

このことを別の視点から捉えると、一般的価値形態は、個別的な価値形態や展開された価値形態とは違い、商品の「共同事業」としてのみ成立することができるという点に特徴があります。個別的な価値形態や展開された価値形態は、相対的価値形態の側の商品が一つなので、その商品の「私事」によって成立します。ところが、一般的価値形態はそうではありません。あらゆる商品が同じ一つの商品、この例ではリンネルにたいしてそれを自分の等価物とするようにして関わることによって、一つの統一的な商品世界を形成するのです。

このような一般的価値形態においては、等価物となる商品は、自分以外のあらゆる商品の等価物となるわけですから、「一般的等価物」と呼ばれます。また、それはあらゆる商品の値札に書き込まれるわけですから、あらゆる商品にたいする直接的交換可能性をもつことになります。一般的等価物となる商品は、必要な量さえあれば、あらゆる商品をいつでも入手することができるという極めて強力な性質を獲得することになります。

プルードン批判

じっさいには、一般的直接的交換可能性の形態を見ても、それが一つの対立的な商品形態であって、ちょうど一方の磁極の陽性が他方の磁極の陰性と不可分であるように非直接的交換可能性の形態と不可分であるということは、けっしてわからない。それだからこそ、すべての商品に同時に直接的交換可能性の刻印を押すことができるかのように妄想することもできるのであって、それはちょうど、すべてのカトリック教徒を教皇にすることができると妄想することができるようなものである。商品生産に人間の自由と個人の独立の頂点を見る小市民にとっては、この形態につきもののいろいろな不都合、ことにまた諸商品の非直接的交換可能性から免れるということは、もちろんまったく望ましいことであろう。この俗物的ユートピアを描いたのがプルードンの社会主義なのである……。プルードンの学派ほど「科学」という言葉を乱用した学派はかつてなかった。というのも、「概念が欠けているところに、うまく言葉がやってくる」からである。(82f)

これによって、小ブルジョア社会主義のずるさを判断せよ。それは、商品生産を永遠化しようとしながら、同時に「貨幣と商品との対立」を、したがってまた貨幣そのものを――というのは、貨幣はただこの対立においてのみ存在するのだから――廃止しようとするのである。それができるなら、教皇を廃止してカトリック教を存続させることもできるであろう。(102)

マルクスは『資本論』においてアナーキズムの始祖として知られるプルードン(一八〇九―一八六五)を繰り返し批判しています。プルードンはフランスの著名な社会主義者であり、市場を人間の自由を基礎付けるものとして捉え、市場秩序を維持しつつ、「人民銀行」などによってその攪乱《かくらん》的作用を取り除こうとしました。そのため、マルクスはプルードンの思想を「保守的社会主義」あるいは「小ブルジョア社会主義」と呼び、厳しく批判しました。一つ目の引用文は『資本論』において最初に登場するプルードン批判です。二つ目は次章の文章ですが、価値形態論にもとづく議論ですので、ここに並べて引用しておきました。

さて、ここでマルクスが批判するのは、商品生産を残しながら、貨幣を廃絶しようとするプルードンの議論です。「一商品、リンネルが他のすべての商品との直接的交換可能性の形態または直接的に社会的な形態にあるのは、他のすべての商品がこの形態をとっていないからであり、またそのかぎり」(82)においてであるということは、価値形態の分析によってはじめてわかることであり、分析なしに一般的等価物となる商品(現実には貨幣)だけをみても、理解できることではありません。それゆえ、小生産者たちの商品生産を理想化し、そこにユートピアを見いだそうとする、プルードンのような社会主義者は、どんな商品にも貨幣と同じ直接的交換可能性を与えることができると錯覚してしまいます。

つまり、プルードンは商品生産を行いながら、貨幣を廃止し、それによってあらゆる商品に直接的交換可能性を与えることができるという妄想にもとづいて理想の社会を構想するのです。たしかに、貨幣が直接的交換可能性を独占せず、あらゆる商品が直接的交換可能性をもつのであれば、生産した商品が必ず売れるわけですから、誰も生活に困らず、不況になることもありません。もちろん、これは不可能です。商品生産を行うかぎり、その商品の価値を表現しなければならず、その価値を適切に表現するためには、商品に一般的価値形態を与えなければならず、一般的価値形態においてはある一つの商品だけが「一般的直接的交換可能性の形態」を独占するからです。他のあらゆる商品は、「一般的直接的交換可能性の形態」から排除され、非直接的交換可能性の形態をとることになります。プルードンのような小ブルジョア社会主義の批判は、価値形態論の隠れた主題の一つをなしているといえるでしょう。

一般的価値形態から貨幣形態への移行

一般的等価形態は、価値一般の一つの形態である。だから、それはどの商品にでも付着することができる。他方、ある商品が一般的等価形態(形態Ⅲ)にあるのは、ただ、それが他のすべての商品によって等価物として排除されるからであり、また排除される限りでのことである。そして、この排除が最終的に一つの独自な商品種類に限定された瞬間から、はじめて商品世界の統一的な相対的価値形態は客観的な固定性と一般的な社会的妥当性をかちえたのである。

そこで、その現物形態に等価形態が社会的に癒着する特殊な商品種類は、貨幣商品となる。言い換えれば、貨幣として機能する。商品世界のなかで一般的等価物の役割を演じるということが、その商品の独自な社会的機能となり、したがってまたその商品の社会的独占となる。このような特権的な地位を、形態Ⅱ[展開された価値形態]ではリンネルの特殊的等価物の役を演じ、形態Ⅲでは自分たちの相対的価値を共通にリンネルで表現しているいろいろな商品のなかで、ある一定の商品が歴史的にかちとった。すなわち、金である。そこで、形態Ⅲのなかで商品リンネルを商品金に取り替えれば、次のような形態が得られる。（83f）

みてきたように、商品の価値は一般的等価形態によってのみ適切に表現されますが、それだけではまだ価値表現として十分ではありません。商品の価値表現が「客観的な固定性と一般的な社会的妥当性」を獲得するには、一般的等価形態をとる商品が「一つの独自な商品種類」に限定される必要があります。じっさい、一般的等価形態をとる商品が限定されず、刻々と変化しているのであれば、商品の価値表現は「客観的な固定性と一般的な社会的妥当性」をもっておらず、商品交換は困難になります。

このように、一般的等価物の役割を独占し、一般的等価形態と「癒着」するにいたった商品のことを貨幣と呼びます。現実に一般的等価物の役割を独占した商品は「金《きん》」ですので、金が貨幣として機能することになります。現実に機能している貨幣がもつ、あらゆる商品にたいする直接的交換可能性という力は、まさに商品の価値表現において必然的に必要とされる一般的価値形態から発生しているのです。

D　貨幣形態

二〇エレのリンネル　＝
一着の上着　＝
一〇ポンドの茶　＝
四〇ポンドのコーヒー　＝
一クォーターの小麦　＝
1/2トンの鉄　＝
x量の商品A　＝
　　　　　　　　　　二オンスの金

形態Ⅰ［単純な価値形態］から形態Ⅱへの、また形態Ⅱから形態Ⅲへの移行では、本質的な変化が生じている。これに反して、形態Ⅳ［貨幣形態］は、いまではリンネルに代わって金が一般的等価形態をもっているということのほかには、形態Ⅲと違うところはなにもない。形態Ⅳでは金はやはり、リンネルが形態Ⅲでそれだったもの――一般的等価物である。前進は、ただ直接的な一般的交換可能性の形態または一般的等価形態がいまでは社会的習慣によって最終的に商品金の独自な現物形態と癒着しているということだけである。（84）

価格形態

すでに貨幣商品として機能している商品での、たとえば金での、一商品たとえばリンネルの単純な相対的価値表現は、価格形態である。それゆえ、リンネルの「価格形態」は、

二〇エレのリンネル＝二オンスの金

または、もし二ポンド・スターリングというのが二オンスの金の鋳貨の名前であるならば、

二〇エレのリンネル＝二ポンド・スターリング

である。（84）

ようやく、私たちが日常的に目にしている「価格形態」にまでたどり着きました。貨幣形態には、あらゆる商品が金によって自分たちの価値を表現することの結果として、金が一般的等価形態の役割を独占的に担っているということが示されています。ところが、「価格形態」ではこの痕跡は消え失《う》せてしまっています。[7] それどころか、ポンド・スターリングという「鋳貨の名前」が直接に価値を表示しているかのような外観すら帯びていま

す。だからこそ、私たちはそのような外観からほど遠い、「リンネル＝上着」という最も単純な価値形態から出発して、価値形態を詳細に分析する必要があったのです。

これまでの分析を振り返ってみてわかるのは、商品は自分たちの「共同事業」によって貨幣という特別な力をもった商品を作り出すことなしには、自分たちの価値を表現することができないということです。つまり、商品は自分たちの値札に共通の等価物として金を書き入れ、金にあらゆる商品に対する直接的交換可能性を付与し、価値体とすることによってしか自分たちの価値を表現することができないのです。ですから、生産者たちが労働生産物を商品として取り扱うかぎり、人間たちの意志とは関わりなく、価格による価値表現がどうしても必要になると言えるでしょう。

じっさい、人間たちが一般的に労働生産物を商品として交換している社会では、その社会がどんな文化を持とうと、どんな気候条件のもとでどんな言語を用いていようと、かならず価格形態によって商品の価値を表現しています。価値形態というのは、人間が人為的に作り上げたものではなく、いわば商品の内的本性にしたがって人間たちが無自覚のうちに生み出したものなのです。だからこそ、それを理解するためには、これほどまでに込み入った考察が必要だったのです。

マルクスは「相対的価値形態の内実」の項目のなかで「商品語」という比喩《ひゆ》を用いて、

このような商品がもつ内的本性、あるいは内的論理を表現しています。

上述のように、商品価値の分析がさきにわれわれに語ったいっさいのことを、リンネルが他の商品、上着と交わりを結ぶやいなや、リンネル自身が語る。ただ、リンネルは、自分だけに通じる言葉で、商品語で、その思いを打ち明けるのである。(66)

リンネルはまさに、人間たちが直接感知することのない、商品に内在する固有の論理によって価値表現を行うのです。人間たちは、無意識のうちにこの商品語の論理に従い、結果として成立した価値形態をみて商品交換を行うだけであり、普通、この価値形態についてあらためて考察することはありません。

これは、私たちが日常的に日本語を使いこなしているにもかかわらず、日本語の文法を正確に知っていないということに似ています。私たちは無自覚のうちに文法を使いこなしているのであり、日本語の文法体系がどういうものであるかを知るには、やはり日本語にたいする立ち入った考察が必要です。このように考えると、価値形態論はいわば「商品語」の文法についての解説であったと言うことができるでしょう。

7　マルクスはこのような事態をヘーゲル（一七七〇―一八三一）の「反省規定」という

概念を参照して説明しています。「およそこのような反省規定というものは独自なものである。たとえば、この人が王であるのは、他の人々が臣下として彼に関わるからにほかならない。ところが、彼らは、彼が王であるから、自分たちは臣下であると思うのである」(72)。

第四節　商品の物神的性格とその秘密

物神性論の課題

商品は、一見、自明で平凡なものにみえる。商品の分析は、商品が形而上学的な小理屈や神学的な小言とに満ちた非常に厄介な代物であることを示す。(85)

これまでの商品の分析をつうじて、「一見、自明で平凡なものにみえる」商品がじつは「形而上学的な小理屈や神学的な小言とに満ちた非常に厄介な代物」であることをよくご理解いただけたと思います。日常的に商品を購買したり、販売したりするだけであれば、とくに難しいことは何もありません。ところが、あらためて「商品とはなにか」と問い直すやいなや、途端に商品は理解しがたい、神秘的なものとして現れてきます。この節では、この商品の神秘的性格（これは本節のなかで物神的性格として特徴付けられます）が「どこから」発生したものであるか、さらにはそれが「なぜ」発生したかを解き明かすことが課題となります。

『資本論』全体を適切に理解するには、この二つの問い、すなわちそのような神秘的な性格をもつ商品が「どこから」発生したのか、「なぜ」発生したのかという点を理解することがきわめて重要になります。というのも、商品は人類史の一定の段階で発生したものであり、しかもこの商品の生産が生産活動の大部分を占めるようになったのが資本主義社会だからです。ですから、この問いを理解することによってはじめて、商品やその属性である価値について、ひいては資本主義社会を根本から理解できるようになると言えるでしょう。

じじつ、従来の『資本論』研究においては、この問いの重要性を理解することができなかったために、教条的な「マルクス主義」的解釈に陥ってしまった例も少なくありません。そういうわけで、この問いを念頭に置きながらこの節を読んでいきましょう。

商品の神秘的性格は商品の使用価値からは出てこない

商品が使用価値であるかぎりでは、その属性によって人間の欲望を満足させるものだという観点からみても、あるいは人間の労働の生産物としてはじめてこれらの属性を得るものだという観点からみても、商品には少しも神秘的なところはない。人間が自分の活動によって自然素材の形態を人間にとって有用な仕方で変化させるということは、わかりきったことである。たとえば、材木で机を作れば、材木の形は変えられる。それにもかかわらず、机はやはり材木であり、ありふれた感性的なものである。ところが机が商品として現れるやいなや、それは感性的で超感性的なものになってしまうのである。(85)

この節でマルクスがはじめに考察するのは、商品の神秘的性格は「どこから」発生したのか、という問いです。引用文にあるように、この神秘的性格はあきらかに商品の使用価値から発生したものではありません。使用価値という観点からみるかぎり、商品はありふれた、五感で把握できる感性的なものに過ぎないからです。

商品の神秘的性格は価値規定の内容からも出てこない

商品の神秘的性格は価値規定の内容からも出てこない。というのは、第一に、有用労働または生産的活動が互いにどんなに異なっていても、それらが人間的有機体の諸機能であること、そして、そのような機能は、その内容や形態がどうであろうと、どれも、本質的には人間の脳髄、神経、筋肉、感覚器官などの支出であるということは、ひとつの生理学的真理だからである。第二に、価値の大きさの規定の基礎にあるもの、すなわち前述のような支出の継続時間または労働の量について言えば、この量は労働の質から感覚的にも区別されうるものである。どんな状態のもとでも、人間は――発展段階の相違によって一様ではないが――生活手段の生産に費やされる労働時間に関心をもたざるをえなかった。最後に、人間がなんらかの様式で互いのために労働するようになるやいなや、彼らの労働もまた一つの社会的形態を受け取る。（85f）

つぎに、マルクスは、商品の神秘的性格は「価値規定の内容」からも出てこない、と言います。ここでいう「価値規定の内容」という表現は、価値の実体をなす抽象的人間的労働のことを意味しています。とはいえ、別の箇所では、たんに「価値規定」という表現で同様の内容を意味していますので、注意が必要です。

ともかく、ここでマルクスが言いたいのは、商品の神秘的性格はその価値の実体をなす抽象的人間的労働から出てくるのではない、ということです。もう少し別の言い方をすれば、抽象的人間的労働それじたいには少しも神秘的なところはない、ということです。マルクスはこのことを三つの面から説明しています。

まず、マルクスは抽象的人間的労働の質的な面に注目します。どんな種類の労働であろうと、「どれも、本質的には人間の脳髄、神経、筋肉、感覚器官などの支出であるということは、ひとつの生理学的真理」であり、この限りで人間にとって等しい意義をもちます。たとえば、ある人が机を生産しようが、あるいは上着を生産しようが、それがある一定の労力の支出であるかぎり、その人にとっては同じように時間を費やし、疲労を与えることには変わりありません。

次に、量的な面についてみると、抽象的人間的労働の量は労働時間として現れるわけですから、「この量は労働の質から感覚的にも区別されうるもの」だと言えます。このような抽象的人間的労働の量は、それぞれの生産者にとっては時間をどれだけ費やすのか、その生産者にどれだけの疲労を与えるのかを決めるわけですから、「どんな状態のもとでも、人間は――発展段階の相違によって一様ではないが――生活手段の生産に費やされる労働時間に関心をもたざるをえなかった」のです。

最後に、抽象的人間的労働の社会的意義についてマルクスは指摘しています。ここの引用文だけでは少しわかりづらいと思いますが、先にみたような抽象的人間的労働の質的および量的性格は、個々の人間たちにとってだけでなく、それらの人間たちが構成する社会にとっても意義をもっているということです。

マルクスは以上の三点からみて価値の実体をなす抽象的人間的労働にはどこにも神秘的

なところはない、と言います。とはいえ、以上の説明だけではまだマルクスが言わんとすることを明瞭に理解できない方も多いと思います。そこで、これに関連してマルクスが挙げている「ロビンソン物語」と「自由な人々の連合体」という二つの例について見てみましょう。

「ロビンソン物語」と「自由な人々の連合体」

経済学はロビンソン物語を愛好するから、まず島上のロビンソンに出てきてもらうことにしよう。生来質素な彼ではあるが、彼はさまざまな欲望を満たさなければならず、したがって道具をつくり、家具をこしらえ、ラマを馴らし、漁猟をするなど、さまざまな種類の有用労働をしなければならない。……ロビンソンの生産的機能は様々に異なっているけれども、彼は、それらの機能が同じロビンソンの様々な活動形態にほかならず、したがって、人間的労働の様々な様式に他ならないことを知っている。彼は必要そのものに迫られて、彼の時間を彼のさまざまな機能のあいだに正確に配分しなければならない。彼の全活動のなかでどの機能がより大きい範囲を占め、どの機能がより小さい範囲を占めるかは、所期の有用効果の達成のために克服されなければならない困難の大小によって決まる。経験が彼にそれを教える。そして、わがロビンソンは、時計と帳簿とインクとペンとを難破船から救い出しているので、立派なイングランド人らしく、やがて自分自身のことを帳簿につけ始める。彼の財産目録には彼が所持する諸使用対象と、それらの生産に必要とされるさまざまな作業と、最後に、これらのさまざまな生産物の一定分量のために彼が平均的に費やす労働時間との一覧表が含まれている。ロビンソンと彼の手製の富である諸物とのあいだのすべての関連は、ここではきわめて簡単明瞭であって、M・ヴィルト氏［ドイツのジャーナリスト、経済学者（一八二二―一九〇〇）］でさえ、とりたてて頭を痛めることなしに理解できたほどである。にもかかわらず、そこには、価値のすべての本質的規定が含まれているのである。（90f）

最後に、気分を変えるために、共同的生産手段で労働し、自分たちの多くの個人的労働力を自覚的に一つの社会的労働力として支出する自由な人々の連合体を考えてみよう。ここでは、ロビンソンの労働のすべての規定が再現されるが、ただし、個人的にではなく、社会的に、である。ロビンソンのすべての生産物はもっぱら彼自身の生産物であり、それゆえまた、直接的に彼にとっての使用対象であった。この連合体の総生産物は一つの社会的生産物である。この生産物の一部分は、ふたたび生産手段として役立つ。この部分は依然として社会的なものである。しかし、もう一つの部分は、生活手段として、連合体の成員によって消費される。この部分は、だから、彼らのあいだで分配されなければならない。この分配の仕方は、社会的生産有機体そのものの特殊な種類と、これに照応する生産者たちの歴史的発展程度に応じて変化するであろう。もっぱら商品生産と対比するためだけに、各生産者の生活手段の分け前は、彼の労働時間によって規定されるものと前提しよう。そうすると、労働時間は二重の役割を果たすことになるだろう。労働時間の社会的計画的配分は、さまざまな欲望に対する様々な労働機能の正しい割合を規制する。他面では、労働時間は、同時に、共同労働にたいする生産者たちの個人的関与の尺度として役立ち、それゆえまた、共同生産物のうち個人的に消費されうる部分に対する生産者たちの個人的分け前の尺度として役立つ。人々が彼らの労働および労働生産物にたいしてもつ社会的連関は、ここでは、生産においても分配においても簡単明瞭である。（92f）

この二つの引用文は、現行版『資本論』では前の引用文と離れた位置にありますので、相互の関連が把握しづらくなっていますが、じつは初版では前の引用文の直後にこの二つの引用文とほとんど同じパラグラフが置かれていました。それゆえ、価値の実体をなす抽象的人間的労働には神秘的なところはないということについて、わかりやすく説明するための例示でもあると考えることができるでしょう。そして、じつはマルクスの価値概念を理解する上でこの二つの段落は決定的に重要となります。

まず、ロビンソンの例から見ていきましょう。このロビンソンは、言うまでもなく、ダニエル・デフォー『ロビンソン・クルーソー』の主人公です。無人島に漂着したロビンソンは独力で自給自足の生活を営みます。彼は質素ではありますが、それでも一七世紀のイングランド人としての自分の欲望を満足させるためにさまざまな労働をおこなわなければなりません。

とはいえ、これらのさまざまな労働もやはり、抽象的人間的労働としては、すなわち時間と労力を費やすものとしては彼にとって同じ意義をもっています。ロビンソンはこの抽象的人間的労働を、「さまざまな機能のあいだに正確に配分」しなければなりません。ロビンソンにとっては、どんな形態の有用労働であれ、自分の時間と労力を費やす人間的労働であることにはかわりなく、したがってそれらの総量には限度があり、この有限な労働を適切に配分することによってしか、自分の生活に必要なものを手に入れることができないからです。

以上にみたような、ロビンソンの生産物とロビンソンの労働との関係、すなわち生活に必要な使用価値を生産するには、有限な労働を適切に配分しなければならないという関係は、非常に簡単明瞭です。しかし、そうであるにもかかわらず、「そこには、価値のすべての本質的規定が含まれている」とマルクスは述べています。

どういうことでしょうか。原書の52ページでマルクスが抽象的人間的労働のことを「社会的実体」と述べていたことを覚えているかと思いますが、マルクスは価値の実体をなす抽象的人間的労働をたんに生理学的なものとして捉えていたのではない、ということがここでの叙述を理解するうえでのポイントとなります。とはいえ、一部のマルクス研究者が誤解しているように、マルクスは抽象的人間的労働が生理学的なものであることを否定したのでもありません。

マルクスがここで言いたいことは、こういうことです。抽象的人間的労働それじたいは労働を「人間の脳髄、神経、筋肉、感覚器官などの支出」として捉えたものであり、生理学的なものでしかありません。しかし、抽象的人間的労働は、人間にとっては、どんな種類の労働であれ、限りのある総労働、限りのある総労働時間の一部を費やして行われたものであるという意味で、等しい意義をもっています。たとえば、ロビンソンにとって、漁猟をおこなう三時間であれ、家具をこしらえる三時間であれ、自分の限りある労働時間を費やしたという意味では、すなわち抽象的人間的労働としては同じ意義を持っています。ですから、私たちが買い物をするときに限られた予算を適切に配分して生活に必要な物品を入手しなければならないのと同じように、ロビンソンは、限られた労働時間、限られた労働量を適切に配分して生活に必要な物品を生産しなければならないのです。このような意味で、それ自体としては生理学的なものでしかない抽象的人間的労働は、人間にとって社会的な意義を持つのです。じつは、このような抽象的人間的労働がもつ社会的な意義が生産物に対象化され、表示されたものこそが価値に他ならないのです。

このことは次の「自由な人々の連合体」の例をみると、よりはっきりします。この「自由な人々の連合体」とは、マルクスが「アソシエーション」と呼ぶことが多い、自由な人間たちによる自由な結社のことを意味しています。マルクスがポスト資本主義社会の基本的な社会原理になると考えていたものです。この「自由な人々の連合体」においては、「ロビンソンの労働のすべての規定が」「社会的に」「再現される」とマルクスは言います。なぜなら、ここでは、人々が自由意志によって連合体を形成しており、人々の意志にもとづいて社会全体の総労働の配分と総生産物の分配が行われるからです。

ここでは、先にはロビンソンにたいしてしか意義をもたなかった抽象的人間的労働が、社会全体にとって意義のあるものとして現れてきます。なぜなら、どんな成員のどんな形態での有用労働も、抽象的人間的労働としては、有限な社会的総労働の一部分を費やして行われるという意味では同じだからです。じっさい、ロビンソン個人の場合とまったく同じように、自由な人々の連合体もやはり、社会のなかの有限な総労働、有限な総労働時間を適切に配分しなければ、生活に必要な物品を生産することはできません。このような抽象的人間的労働としての社会的意義が、商品生産社会においては、労働生産物に対象化されて価値になるとマルクスは考えたのです。

「価値規定の内容」は簡単か

どんな国民でも、一年はおろか、二、三週間でも労働を停止しようものなら、くたばってしまうことは、どんな子供でも知っています。同じように、次のことはどんな子供でも知っています。すなわち、それぞれの欲望の量に対応した生産物の量には、社会的総労働のそれぞれ一定の量が必要だ、ということです。社会的労働をこのように一定の割合で配分することの必要性は、社会的生産の一定の形態によってなくなるものではまったくなく、ただその現れ方を変えることができるだけだということは自明です。自然諸法則はおよそなくすことができないものです。歴史的に異なった状態において変わることができるものは、それらの法則が貫徹される形態だけなのです。そして社会的労働の連関が個々人の労働生産物の私的交換としてあらわれる社会状態においては、この一定割合での労働の配分が貫徹される形態こそが、これらの生産物の交換価値にほかならないのです。（『マルクス＝エンゲルス全集』㉜、四五四頁）

ロートベルトゥス［ドイツの経済学者、国家社会主義者（一八〇五―一八七五）］がさらにすすんで価値を調べたとすれば、彼はさらに、価値においては物、「使用価値」は人間的労働のたんなる対象化、同じ人間的労働力の支出として通用し、したがってこの内容が物象の対象的性格として、商品自身に物象的にそなわった性格として表示されているということ、もっともこの対象性は商品の現物形態には現れないということ（そして、このことが特別な価値形態を必要にするのである）、こういうことを発見したであろう。したがって、商品の「価値」は、他のすべての歴史的社会形態にも、別の形態においてではあるが、同様に実在するもの、すなわち労働が「社会的」労働力の支出として実在する限りでの労働の社会的性格を、ただ歴史的に発展した一形態で表現するだけだということを発見したであろう。このように商品の「価値」があらゆる社会形態に実在するものの特定の歴史的形態にすぎぬとすれば、商品の「使用価値」を特徴付ける「社会的使用価値」もやはりそうである。ロートベルトゥス氏は、価値の大きさの尺度をリカード［（一七七二―一八二三）］から取り入れた。しかし、リカードと同じように、価値そのものの実体を研究しなかったし、あるいは理解しなかったのである。たとえば、互いに結合した労働力の共同有機体としての原始共同社会における「共同的」性格を、したがってまた彼らの労働、すなわちこれらの力の支出の「共同的」性格を、研究しなかったし、あるいは理解しなかったのである。（『マルクス＝エンゲルス全集』⑲、三七六―七頁）

これまでみてきたように、丁寧に考えていけば、労働が、人間たちの欲望を満たす使用価値を生産するという意味での有用労働としての社会的性格だけではなく、有限な総労働の一部を費やすという意味での抽象的人間的労働としての社会的性格をもっているということは、それほど難しいことではないでしょう。少なくともマルクスがそう考えていたことは、一つ目の引用文（クーゲルマン宛の手紙）からわかります。

しかし、じつはこのことを理解するのは意外と難しいことだったのかもしれません。というのは、後でみるように、資本主義社会では社会的総労働の配分は商品交換を媒介として無自覚的に行われるので、商品の交換比率に目を奪われ、それを規制している社会的総労働の配分の重要性に気づくことは簡単ではないからです。じっさい『資本論』の多くの読者、あるいは「マルクス経済学者」でさえ、このことを理解することができず、冒頭の第一節の価値の導出論だけを読んでマルクスに論難をくわえることが少なくありませんでした。

マルクスもこのことに気づいたのか、二つ目の引用文である晩年に書いた研究ノート（「ヴァーグナー評注」）では、ロートベルトゥスやリカードが「価値そのものの実体を研究しなかった」と述べています。ここでは、マルクスは従来の経済学者の誤謬《ごびゅう》の原因が、次節でみるような商品の物神的性格の無理解にとどまらず、いまみたような「価値規定の内容」の理解不足にもあることを明確に指摘しています。ここに書いたような内容を『資本論』においても強調すれば、価値論はいっそうわかりやすくなったかもしれません。[8]

8 マルクスは『資本論』ではむしろ、資本主義社会においては商品生産が全面化することにより、あらゆる人間の労働が抽象的人間的労働としては同等であることが認識できるようになるという事情を重視しています。「価値表現の秘密、すなわち、人間的労働一般であるがゆえの、またその限りでの、すべての労働の同等性および同等な妥当性は、人間の平等の概念がすでに民衆の先入見にまで定着するようになるとき、はじめて解明することができる」(74)。ここでマルクスが指摘しているような、労働の同等性にたいする認識が古典派経済学のいわゆる「労働価値説」の前提となったことは間違いないでしょう。とはいえ、労働の同等性の認識だけでは、マルクスが展開しているような「価値規定の内容」を十全に理解することはできません。マルクスが「ヴァーグナー評注」で指摘しているように、共同体社会における「[労働]力の支出の「共同的」性格」を研究し、理解しなければ、抽象的人間的労働の社会的性格を理解するのは難しいのです。

商品の神秘的性格は商品形態そのものから生じる

それでは、労働生産物が商品形態をとるとき、その謎のような性格はどこから生じるのか？　明らかにこの形態そのものからである。さまざまな人間の労働の同等性はさまざまな労働生産物の同等な価値対象性という物象的形態を受け取り、その継続時間による人間的労働力の支出の計測は労働生産物の価値量という形態を受け取り、最後に、生産者たちの労働の前述の社会的規定がそのなかで実証されるところの彼らの関係は、いろいろな労働生産物の社会的関係という形態を受け取るのである。

だから、商品形態の秘密はたんに次のことのうちにある。すなわち、商品形態は、人間たちにたいして、彼ら自身の労働の社会的性格を労働生産物そのものの対象的性格として、これらの物の社会的な自然属性として反映し、したがってまた、総労働にたいする生産者たちの社会的関係をも彼らの外部に存在する諸対象の社会的関係として反映するということである。このような置き換えによって労働生産物は商品になり、感性的で超感性的な物、または社会的な物になるのである。……ここで人間たちにとって物の関係という幻影的な形態をとるものは、ただ人間たち自身の特定の社会的関係でしかない。それゆえ、その類例を見いだすためには、われわれは宗教的世界の夢幻境に逃げ込まなければならない。ここでは、人間の頭の産物が、それ自身の生命を与えられて、それら自身のあいだでも人間とのあいだでも関係を結ぶ自立的な姿に見える。同様に、商品世界では人間の手の生産物がそう見える。これを私は物神崇拝と呼ぶのであるが、それは、労働生産物が商品として生産されるやいなや、これに付着するものであり、したがって商品生産と不可分なものである。（86f）

さて、これまでみてきたように、商品の神秘的性格は、その使用価値から生まれてくるものでも、その価値規定の内容である抽象的人間的労働から生まれてくるものでもありません。では、どこから生じるのでしょうか。

それは「商品形態」から生まれるのだ、とマルクスは言います。というのは、労働生産物が商品形態をとる社会では、先ほどみた抽象的人間的労働の社会的性格が、価値として、すなわち労働生産物じしんの属性として現象することによって、人間たちの認識を幻惑するからです。先に見た、ロビンソンの自給自足の生活や自由な人々の連合体においては、抽象的人間的労働と生産物との関係、あるいは抽象的人間的労働の社会的意義は直接的なかたちで現れていました。ところが、商品生産が大部分を占める資本主義社会においてはそうではありません。商品形態においては、人間たち自身の活動である労働力の支出が、あるいはその労働力の支出がもつ社会的意義が、労働生産物がもつ価値という社会的属性として現れるという「置き換え」によって、抽象的人間的労働の社会的性格は直接的に現れるものではなくなり、むしろ生産物じしんが「それ自身の生命を与えられて、それら自身のあいだでも人間とのあいだでも関係を結ぶ自立的な姿に見える」のです。

このように、労働生産物が商品形態をとり、抽象的人間的労働の社会的性格が労働生産物の社会的属性となることから発生する錯覚のことを「物神崇拝（フェティシズム）」と呼びます。労働生産物の大半が商品の形態をとる資本主義社会においては、この物神崇拝が必然的に発生します。ここでは、自分たちが労働の社会的性格を生産物の交換力として表示し、商品交換を行うからこそ、生産物が価値という力を持っているのだということがわからなくなり、むしろ、生産物がうまれつき「価値」をもっているからこそ、それらは商品として交換できるのだと人々は考えるようになります。

なぜ商品の物神的性格が生じるのか

このような商品世界の物神的性格は、前の分析がすでに示したように、商品を生産する労働の特有な社会的性格から生じるものである。

使用対象が一般に商品になるのは、それらが互いに独立に営まれる私的労働の生産物であるからにほかならない。これらの私的労働の複合体は社会的総労働をなしている。生産者たちは自分たちの労働生産物の交換をつうじてはじめて社会的に接触するのだから、彼らの私的労働の独自な社会的性格もまたこの交換においてはじめて現れるのである。言い換えれば、私的諸労働は、交換によって労働生産物が、労働生産物を介して生産者たちが結ばれるところの諸関係によって、はじめて実際に社会的総労働の諸分肢として実証されるのである。それだから、生産者たちにとっては、彼らの私的諸労働の社会的関係は、いまあるがままのものとして現れるのである。すなわち、人格と人格とが自分たちの労働そのものにおいて結ぶ直接に社会的な諸関係としてではなく、むしろ人格と人格との物象的な諸関係および物象と物象との社会的な諸関係として現れるのである。(87)

これまでの考察から、商品の神秘的性格は、商品形態そのものから発生することがわかりました。では、そもそもなぜ、労働生産物は商品形態をとるのでしょうか。これが、マルクスが本節で扱っているもう一つの大きな問題です。

たとえば、ロビンソンのように単独で自給自足の生活をしていれば、当然、労働生産物は商品形態をとりません。また、第二節でみたように、たんに社会的分業が存在するだけでも、労働生産物は商品とはなりません。先に見た「自由な人々の連合体」においても、分業は行われていましたが、労働生産物は商品になっていませんでした。あるいは、「連合体」の例とならんでマルクスが挙げている「自分たちの必要のために穀物や家畜や糸やリンネルや衣類などを生産する農民家族」(92)の場合にも、分業がおこなわれていますが、やはり生産物は商品になっていません。もう少し規模を大きくして、前近代的な封建的共同体の場合を考えても、基本的には同じです。そこでも封建的身分制度にもとづいて分業が行われていますが、労働生産物の大半はやはり商品になっていません。

上記のケースにおいては、総労働の配分と生産物の分配を人間たちの意志によって解決することができるので、労働の社会的性格を価値というかたちで考慮する必要がありませんでした。つまり、これらのケースでは、人間たちが労働の社会的性格を直接に考慮しているのです。

では、どのようなケースに労働生産物は商品となるのでしょうか。「使用対象が一般に商品になるのは、それらが互いに独立に営まれる私的労働の生産物である」場合にほかなりません。もちろん、ここでいう私的労働とは、なんの社会的接触もなしに行われるロビンソンのような労働ではありません。封建的共同体の伝統や「連合体」の取り決めなどに縛られることなく、私的個人が勝手におこなう労働でありながら、社会的分業の一部を構成している労働のことです。

このように、私的生産者たちが私的労働をおこなう社会状態のもとでは、共同体的秩序は存在せず、人々はバラバラの私的個人になってしまっています。ここで彼らを結びつけるのは、互いの生産物の使用価値にたいする欲望でしかありません。「生産者たちは自分たちの労働生産物の交換をつうじてはじめて社会的に接触」することができるのです。

では、このとき、私的生産者は何を基準として商品を交換するのでしょうか。

私的生産者たちは互いに疎遠であり、彼らの間には何の利害の共通性もありません。彼らは人格的なつながりがあるから交換したのではなく、交換によって生産物を手に入れる必要があるから相手と関係を取り結んだのです。私的生産者たちを取り結ぶものは生産物と生産物との関係にすぎません。彼らは相手のことは考えず、できるだけ有利な比率で欲しい物を手に入れたいと思っています。また、自分が労働力を支出して生産した物を交換に出すのだから、その労働量に見合う適正な比率で交換することができなければ、生きていくことができません。それゆえ、私的生産者たちが私的労働をおこない、交換をする場合には、かならず値踏みをして交換しなければならないのです。

このように値踏みをして交換するときには、私的生産者たちは生産物にたいして、その生産物がもつ使用価値とは区別される、ある独自な社会的な力を認めていることになります。これこそが、抽象的人間的労働の対象化としての「価値」にほかなりません。私的生産者たちは生産物を比較して値踏みして交換することによって、異なる様々な生産物を「価値」という共通の社会的力をもつ生産物として、すなわち「商品」として扱っているのです。「商品生産者の一般的な社会的生産関係は、彼らの生産物にたいしてそれを商品とするようにして、したがって価値とするようにして関わることにある」（93）とマルクスが述べるゆえんです。

しかもこのとき、商品交換の基準となる「価値」は、同時に、抽象的人間的労働の社会的性格を表示しています。バラバラの私的生産者が私的労働を行う社会では、もはや直接に抽象的人間的労働の社会的性格を考慮し、人間たちの意志によって自覚的に社会的総労働の配分を行うことはできません。しかし、抽象的人間的労働の社会的性格を商品の価値に表示することによって、この社会的総労働の配分を無自覚のうちに行っているのです。ですから、ここでは、「連合体」の例における労働時間と同様に、価値は総労働の配分と生産物の分配（交換）を規制するという「二重の役割」を果たしていることになります。

じっさい、もし価値とまったく無関係に交換比率（価格）が決まってしまうのであれば、有利な交換比率（価格）をもつ産業部門に労働が集中し、逆に不利な交換比率（価格）をもつ産業部門では労働が不足し、総労働の配分はうまくいかなくなってしまうでしょう。現実の市場ではたえず商品の交換比率（価格）は変動していますが、商品生産者たちが価値を基準として有利な交換比率（価格）を追求して行動することにより、さまざまな摩擦をともないながらも、結果として総労働の配分を行うことが可能になっているのです。

このように、資本主義社会では、人々がとりむすぶ社会関係は「人格と人格とが自分たちの労働そのものにおいて結ぶ直接に社会的な諸関係としてではなく、むしろ人格と人格との物象的な諸関係および物象と物象との社会的な諸関係として現れる」ことになります。ここで登場する「物象 Sache」は、「人格 Person」と対比的に用いられる概念であり、商品や貨幣のように社会的な意味を持つ物のことを指します。そのため、ここで見たような人格的関係が物象的関係として現れる事態のことを「物象化」と呼びます。マルクス自身は物象化という言葉をあまり使用していませんが、資本主義社会における人格と物象の転倒した関係を一言で表現できる便利な概念なので、以下では積極的に使用したいと思います。

知らないが、それを行う

> だから、人間が彼らの労働生産物を互いに価値として関係させるのは、これらの物象が彼らにとっては一様な人間的労働の単に物象的な外皮として認められるからではない。逆である。彼らは、彼らの異種の諸生産物を互いに交換において価値として等置することによって、彼らのいろいろに違った労働を互いに人間的労働として等置するのである。彼らはそれを知らないが、しかし、それを行なう。それゆえ、価値の額に価値とはなんであるかが書いてあるのではない。価値は、むしろ、それぞれの労働生産物を一つの社会的な象形文字にするのである。あとになって、人間は象形文字の意味を解いて彼ら自身の社会的な産物の秘密を探りだそうとする。なぜならば、使用対象の価値としての規定は、言語と同じように、人間の社会的な産物だからである。(88)

ここで注意しておかなければならないことがあります。それは、私的生産者たちは、自覚的に抽象的人間的労働の社会的性格を価値に表しているのではない、ということです。むしろ、私的生産者たちは値踏みをして商品を交換することにより、無意識のうちに、自分たちのさまざまに違った労働を、抽象的人間的労働としては同じものであり、同じ社会的意義をもっているのだ、というふうに等置しているのです。そもそも自覚的にこれをやっているのであれば、これまでの考察は不要でした。それゆえ、人間たちはあとになって、「価値という象形文字の意味を解いて彼ら自身の社会的な産物の秘密を探りだそうとする」のです。

物象化とその克服

この価値量は、交換者たちの意志や予知や行為にはかかわりなく、絶えず変動する。交換者たち自身の社会的運動が彼らにとっては物象の運動の形態をもつのであって、彼らはこの運動を制御するのではなく、これによって制御されるのである。互いに独立に営まれながらしかも社会的分業の自然発生的な諸分肢として全面的に互いに依存しあう私的諸労働が、絶えずそれらの社会的に均衡のとれた限度に還元されるのは、私的諸労働の生産物の偶然的な絶えず変動する交換比率をつうじて、それらの生産物の生産に社会的に必要な労働時間が、たとえばだれかの頭上に家が倒れてくるときの重力の法則のように、規制的な自然法則として強力的に貫徹するからである、という科学的認識が経験そのものから生まれてくるまでには、十分に発展した商品生産が必要なのである。それだから、労働時間による価値量の規定は、相対的な商品価値の現象的な運動の下に隠れている秘密なのである。それの発見は、労働生産物の価値量の単に偶然的な規定という外観を解消させるが、しかしけっしてその物象的な形態を解消させはしない。(89)

このような諸形態こそはまさにブルジョア経済学のカテゴリーをなしているのである。それらの形態こそは、この歴史的に規定された社会的生産様式の、商品生産の、生産関係について社会的に通用する、したがって客観的な思考形態なのである。それゆえ、商品世界のいっさいの神秘、商品生産の基礎の上で労働生産物を霧のなかに包み込むいっさいの奇怪事は、われわれが他の生産形態に逃げ込めばたちまち消えてしまう。(90)

先に見た物象化が発生している社会では、人々は直接に労働の社会的性格を考慮して、総労働を配分したり、その生産物を分配したりすることはできません。商品の価値において、あるいはその現象形態である価格において、抽象的人間的労働の社会的性格を間接的に、しかも事後的に考慮し、それにしたがって自らの生産活動をどうするかを決めなければならないのです。それゆえ、「交換者たち自身の社会的運動が彼らにとっては物象の運動の形態をもつのであって、彼らはこの運動を制御するのではなく、これによって制御される」ということになります。

一部の研究者は「物象化」という概念で、たんに人格の関係が物象の関係によって「覆い隠される」という事態だけを想定していますが、それは一面的な理解です。物象化という事態においては、人間に代わって物象が社会的力をもち、物象の運動――言い換えれば市場メカニズムの運動――によって人間たちが制御されるという転倒が現実に成立しています。すなわち、私的生産者たちの行為の総体が生み出した物象の運動が、個々の私的生産者の行為を制御するという逆説的な関係が現実に成立しているのです。

この物象化は、『資本論』全体のモチーフを理解する上で非常に重要な視点になります。物象化による転倒が、労働問題や貧困、環境破壊、経済恐慌などさまざまな矛盾を生み出すことは、のちに詳しく見ていくことになるでしょう。

では、この物象化を克服するにはどうしたらよいのでしょうか。マルクスはたんに「相対的な商品価値の現象的な運動の下に隠れている秘密」を発見するだけでは、物象化は克服できないと言います。たとえ「労働時間による価値量の規定」を「発見」したとしても、「それの発見は、労働生産物の価値量の単に偶然的な規定という外観を解消させるが、しかしけっしてその物象的な形態を解消させ」はしません。私的労働をおこない、物象化された関係を生み出し続けているかぎり、私たちの生産活動は物象の運動に制御され続けるのです。

そのような「物象的な形態」を克服するには、それをたえず再生産し続けている私的労働という労働のあり方そのものを克服するほかありません。マルクスは私的労働を乗り越える生産形態として先にも言及した「自由な人々の連合体」、すなわちアソシエーションを基礎とする生産様式を想定していました。ここでは、人々が自由な意志にもとづいて「アソーシエイト（結社）」することにより、労働を共同労働として行うことができるからです。資本主義社会のなかからどのようにしてこのアソシエーションが生まれてくるのか、という問題についても、のちにみることになるでしょう。

経済学批判

ところで、経済学は、不完全ながらも、価値と価値量とを分析し、これらの形態のうちに隠されている内容を発見した。しかし、経済学は、なぜこの内容があの形態をとるのか、つまり、なぜ労働が価値に、そしてその継続時間による労働の計測が労働生産物の価値量に、表わされるのか、という問題は、いまだかつて提起したことさえなかった。そこでは生産過程［フランス語版では「生産と生産関係」］が人間を支配していて人間がまだ生産過程を支配していない社会構成体に属するものだということがその額に書かれてある諸定式は、経済学のブルジョア的意識にとっては、生産的労働そのものと同じに自明な自然必然性として認められている。それだから、社会的生産有機体の前ブルジョア的諸形態は、たとえばキリスト教以前の諸宗教が教父たちによって取り扱われるように、経済学によって取り扱われるのである。(94ff)

「経済学者たちは一つの奇妙なやり方をもっている。彼らにとってはただ二つの種類の制度、すなわち人為的制度と自然的制度とがあるだけである。封建制の制度は人為的で、ブルジョアジーの制度は自然的である。この点では、彼らは、やはり二つの種類の宗教をたてる神学者たちと似ている。どの宗教でも、彼らのものでない宗教はすべて人間の発明であるが、彼ら自身の宗教は神の啓示である。——こういうわけで、かつては歴史というものがあったこともあるが、もはやそれはないのである。」(カール・マルクス『哲学の貧困　プルードン氏の「貧困の哲学」への返答』、一八四七年、一一三頁)。(96)

マルクスはこの節の最後を経済学批判で締めくくっています。マルクスは、人々の眼前に現れている「物象的な形態」だけを対象とし、その奥にある関係についての分析に乏しい経済学を「俗流経済学」と呼び、最も厳しく批判しました。これにたいし、「不完全ながらも、価値と価値量とを分析し、これらの形態のうちに隠されている内容［労働］を発見した」、アダム・スミスやデヴィッド・リカードらの古典派経済学については高く評価しました。

しかし、この古典派経済学もやはり、俗流経済学と共通する根本的な欠陥をもっているとマルクスは考えました。なぜなら、古典派経済学も、まさに本節で解明してきた、「なぜ労働が価値に、そしてその継続時間による労働の計測が労働生産物の価値量に、表わされるのか、という問題」を提起することさえできなかったからです。経済学者たちにとっては、人間たちが生産活動において取り結ぶ関係が「物象的な形態」をとり、この「物象的形態」が人間の生産活動を支配するという事態が、あまりにも当然なことに見えたので、このような問いを立てることじたい、思いもよらないことでした。それほど、彼らにとって、商品生産の社会において発生する商品や貨幣などの物象的形態は「自然的」なものに見えたのです。

このように商品生産、あるいは市場経済が自然必然的な自明さをもって現れるということがどれほど根深いかということは、『資本論』第一巻が刊行されて一五〇年以上経過した現在でさえも、あるいは、資本主義の長期停滞が誰の目にも明らかになりつつある現在においても、マルクスが立てたこの問いの重要性を理解する経済学者（マルクス経済学者でさえも！）がいかに少ないかということからも理解することができます。ここまで読まれた読者のみなさんには明らかなように、商品生産が全般化した資本主義という生産システムは、歴史的にみて、きわめて特殊で奇怪な生産システムですが、この生産システムがあたかも自然で自明なものであるかのように現れてくるというところにも、資本主義という経済システムの強力さが示されていると言えるでしょう。

第二章　交換過程

交換過程論の課題

商品は、自分で市場に行くことはできないし、自分で自分たちを交換し合うこともできない。だから、われわれは商品保管者、商品所持者を探さなければならない。(99)

第一章までの議論で私たちは、商品とは何か、商品はいかにして現実的な価値形態である価格形態を獲得するのか、そもそもなぜ商品が存在するのかということを理解することができました。商品についてはかなり深い理解に達したと言ってよいでしょう。けれども、第一章ではまだほとんど考察していなかった要素があります。それは、実際の商品交換を遂行する、意志と欲望をもつ商品所持者という人格です。

これは少し理解しづらいかもしれません。というのも、第一章でも私的生産者が登場し、自分たちの生産物を交換していたからです。とはいえ、そこではあくまで商品形態や価値形態が考察の主題であり、私的生産者の意志や欲望には焦点が当てられていませんでした。このような考察の仕方は、いきなり商品交換者の欲望から考察を開始する「ミクロ経済学」などとは全く違ったものです。

このように、マルクスがいきなり商品交換者の意志や欲望に焦点をあてるのではなく、商品形態や価値形態から考察を開始したのには理由があります。それは、商品形態や価値形態を解明することなしには、具体的な意志や欲望をもつ商品交換者たちの行為を的確に分析することはできないということです。

第一章でみたように、私的労働によって社会的分業を成立させなければならないという社会条件のもとでは、生産者たちは、彼らがどのような意志や欲望を持っていようとも、自分たちの生産物に商品形態を与えることなしには、さらにはその商品の価値を価格形態で表示することなしには、生産物を互いに交換することはできません。ここでは物象化が発生しており、商品形態や価格形態という「経済的形態規定」（この言葉には商品形態や価値形態などの経済的形態が人々の行為を制約し、枠付けるというニュアンスがあります）のもとでしか、人々は交換という行為を遂行することができないのです。これこそが、マルクスが、意志と欲望をもつ人々による交換に先立ち、そのような交換のあり方を規定する商品形態や価値形態を考察した理由だったのです。

そこで、第二章では、これまでの商品形態や価値形態の考察を前提とした上で、意志と欲望をもった人格である商品所持者を導入し、あらためて商品交換のあり方を考察することが課題になります。また、このことによって同時に、価値形態論においては価値表現という見地からしか明らかにされなかった貨幣の成立が、より全面的に解明されることになるでしょう。

互いに私的所有者として認め合う

これらの物を商品として互いに関係させるためには、商品保管者たちは、自分たちの意志をこれらの物にやどす人格として互いに関係し合わなければならない。したがって、一方はただ他方の意志のもとにのみ、すなわちどちらもただ両者に共通な一つの意志行為を媒介としてのみ、自分の商品を譲渡することによって他人の商品を自分のものにする。それゆえ、彼らは互いに相手を私的所有者として認め合わなければならない。契約をその形態とするこの権利関係は、法律的に発展していてもいなくても、経済的関係がそこに反映している一つの意志関係である。この権利関係、または意志関係の内容は、経済的関係そのものによって与えられている。ここでは、人々はただ互いに商品の代表者としてのみ、したがって商品所持者としてのみ、存在する。（99f）

ここでは、商品所持者がもつ意志の役割が主題的に扱われています。生産物を商品として交換するためには、たんに生産物を価値物として扱うだけでは不十分です。それは、私的労働の生産物を交換するための前提条件にすぎません。実際に商品を交換するには、まず、商品所持者たちが「自分たちの意志をこれらの物にやどす人格として」、すなわち、価値という交換力をもつ商品によって自分が欲するものを入手したいという意志をもつ人格として相対する必要があります。そして、そのうえで、互いの意志が一致したときに、はじめて商品交換が行われるのです。たとえば、小麦生産者と鉄生産者がたがいに「小麦一〇キログラムと鉄一キログラムとを交換する」という意志をもって相対し、この意志を互いに認め合うことによって、はじめて商品交換が行われることになります。

このとき重要なのは、このような「意志行為」においては、互いに相手が「私的所有者」であることを承認しているということです。たとえば、小麦生産者と鉄生産者が互いの自由意志にもとづいて交換を行うには、相手を正当な「鉄所有者」として、あるいは「小麦所有者」として認め合わなければなりません。このように、私的所有者としての権利を持つ、対等な人格として互いに承認するからこそ、自由意志にもとづく交換が成立し、今度は、小麦生産者が正当な鉄所有者として、鉄生産者が正当な小麦所有者として認められるのです。逆に、なんらかの理由で、たとえば前近代的な身分的な偏見などによって、相手を正当な私的所有者として認めなければ、このような自由意志にもとづく商品交換は成立しません。

このことは、一見、当たり前のことのように見えますが、じつは非常に重要な意味をもっています。というのは、このことは全面的な商品生産が行われている社会、すなわち資本主義社会における所有の基本的な原理を明らかにしているからです。

マルクスは、フィヒテ（一七六二―一八一四）やヘーゲル（一七七〇―一八三一）などのドイツ観念論の哲学者たちと同様に、所有を承認された占有だと考えました。つまり、たんに物をもっているだけでは所有にはならず、物をもっているということを社会的に認められてはじめてそれは所有になることができると考えました。じっさい、私たちが知り合いからペンを無理やり取り上げたとしても、このペンを所有していることにはなりません。

この所有を成り立たせる承認のあり方は、社会のあり方によっていろいろに違ってきます。たとえば、前近代的共同体においては、所有は基本的に身分などの人格的関係によって決まっていました。封建領主の土地の所有権は彼の封建領主としての身分にもとづいていましたし、ギルド（中世ヨーロッパ都市の同業組合）の親方の生産用具の所有権は彼の親方としての地位にもとづいていました。あるいは、もっと古い共同体社会では、人々は共同体の一員であることによって所有を認められていました。古代ローマの市民は、彼がローマの共同体に属しているがゆえに、ローマの土地の私的所有を認められていたのです。

ところが、商品生産社会においては、所有はまったく異なる原理で成り立つようになります。そこでは、商品や貨幣という物象の力が所有を成り立たせるのです。先ほどの例でいえば、小麦生産者と鉄生産者が互いに相手を私的所有者として認めたのは、身分などの人格的関係の力ではありません。まさに相手が小麦や鉄という商品を所持していたからこそ、相手を私的所有者として認めたのです。つまり、共同体的な人格的紐帯《ちゅうたい》が失われている商品生産関係においては、人々は、地位によってではなく、物象の力に依存して互いを所有者として承認するようになります。「ここでは、人々はただ互いに商品の代表者としてのみ、したがって商品所持者としてのみ、存在する」からです。

ですから、商品所有者が商品交換においてもつ正当な権利は、まさに彼が所持する物象の力にもとづくものだということになります。「この権利関係、または意志関係の内容は、経済的関係そのものによって与えられている」と述べられるゆえんです。

なお、ここの「権利」という言葉の原語はRecht（英語でいうright）であり、しばしば「法」と翻訳されてきました。それゆえ、ここで法律のことを言っていると勘違いしている研究者が少なからずいます。しかし、この引用文でマルクスが明言しているように権利関係と法律は別のものです。商品所有者としての権利は、商品生産から必然的に発生するものであり、法律によって定められるものではありません。むしろ、法律は、商品生産から発生した権利を公的権力によって保証するために、制定されるのです。このような商品生産社会における法律の位置付け、その役割については次章で扱うことになります。

「ホモ・エコノミクス」幻想

プルードンは、まず第一に、正義、永遠の正義という彼の理想を、商品生産に対応する権利関係から汲み取る。ついでに言えば、これによって、商品生産という形態も正義と同様に永遠だというすべての俗物にとって大いに慰めになる証明も与えられるのである。次に彼は、逆に、現実の商品生産やそれに対応する現実の権利をこの理想に従って改造しようとする。(99)

ここでは、先にみた商品交換における権利関係ないし意志関係に関連してプルードンが批判されています。プルードンは、互いに対等な所有者として認め合い、自由意志にもとづいて交換する、という商品生産から必然的に発生する権利関係を「永遠の正義」にしてしまい、この理想化された権利関係にしたがって現実の商品生産を変革しようとします。しかし、プルードンが「永遠の正義」だとみなす商品生産の権利関係は、じっさいには、物象が人間を支配するという物象化にもとづいており、物象の力を正当性の基準とするものにほかなりません。一見、自由で平等であるようにみえる商品生産の所有権がいかに悲惨な結果をもたらすかは、後に詳しくみることになるでしょう。

ここでマルクスは、物象化が物神崇拝を生み出すように、人間たちが物象の人格的担い手として行為することが、物象化から発生する自由や平等、そして所有のあり方を、人間ほんらいの理想的な自由、平等、所有のあり方だと錯覚するような幻想を生み出すことを指摘していると言えるでしょう。このような幻想は、いわば「ホモ・エコノミクス（経済人）」としての人間のあり方を賛美する幻想ですから、本書では「ホモ・エコノミクス」幻想と呼ぶことにしましょう。

商品所持者の欲望

商品所持者を商品からとくに区別するものは、商品にとっては他のどの商品体もただ自分の価値の現象形態として通用するだけだという事情である。だから、生まれながらの平等派であり、犬儒派〔禁欲的自然主義を掲げた古代ギリシア哲学の一派〕である商品は、他のどの商品とでも、たとえそれがマリトルネス〔セルバンテス『ドン・キホーテ』に登場する女中〕よりもっと見苦しいものであろうと、心だけではなく身体まで取り交わそうといつでも用意している。このような、商品には欠けている、商品体の具体的なものにたいする感覚を、商品所持者は自分自身の五感とそれ以上の感覚で補うのである。彼の商品は、彼にとっては直接的使用価値をもっていない。もしそれをもっているなら、彼はその商品を市場にもってゆかないであろう。彼の商品は、他人にとって使用価値をもっている。彼にとっては、それは、直接にはただ、交換価値の担い手でありしたがって交換手段であるという使用価値をもっているだけである。それだからこそ、彼はその商品を、自分を満足させる使用価値をもつ商品とひきかえに、手放そうとするのである。(100)

ここでは、商品所持者のもつ欲望の役割が主題的に扱われています。すでにみたように、価値形態だけを問題にするかぎりでは、「商品にとっては他のどの商品体もただ自分の価値の現象形態として通用するだけ」です。すなわち、商品の価値表現という観点からみれば、値札に書き込まれる、すなわち等価物となる商品はどんなものでも構いませんでした。たとえば、リンネルは自らの価値を表現するさいに、小麦であれ、鉄であれ、どんな商品を自分の値札に書き込むかについてはまったく無関心でした。どんな商品であれ、それを値札に書き込めば、それを価値体にすることができ、自らの価値表現の材料にすることができたからです。

ところが、現実の商品交換は、具体的な欲望を持つ商品所持者によって行われます。自分の価値を表現することができさえすればよいリンネルとは異なり、彼は自分の欲しくないものを値札に書き込むことはしないでしょう。まさに、「商品には欠けている、商品体の具体的なものにたいする感覚を、商品所持者は自分自身の五感とそれ以上の感覚（ここでの欲望がまったく観念的なものでも構わなかったことを思い出してください）で補う」のです。

商品交換の困難

どの商品所持者も、自分の欲望を満足させる使用価値をもつ別の商品とひきかえにでなければ自分の商品を手放そうとはしない。そのかぎりでは、交換は彼にとってただ個人的な過程でしかない。他方では、彼は自分の商品を価値として実現しようとする。すなわち、彼自身の商品が他の商品の所持者にたいして使用価値をもっているかどうかにかかわりなく、自分の気にいった同じ価値の他の商品でさえあれば、どれでも実現しようとする。そのかぎりでは、交換は彼にとって一般的な社会的過程である。だが、同じ過程が、すべての商品所持者にとって同時にただ個人的でありながらまた同時にただ一般的社会的であるということはありえない。(101)

商品所持者の欲望を導入すると、商品交換には、ひとつの困難が存在することが明らかになります。

商品所持者が自分の商品を交換に出すのは、彼の個人的な欲望を満たす特定の商品を入手するためにほかなりません。この意味では、商品交換は「個人的な過程」です。ところが、他方では、商品所持者は、自分の商品がもっている価値という交換力を用いて、この交換を実現しようとします。商品のもつ価値はどの商品とも交換可能な一般的な力なのですから、相手がどんな商品をもっていようとそれを入手できるはずだ、というわけです。この意味では、商品交換は「一般的な社会的過程」にほかなりません。

しかし、「同じ過程が、すべての商品所持者にとって同時にただ個人的でありながらまた同時にただ一般的社会的である」ということはありえません。たとえば、リンネル所持者が、リンネルがもっている価値を用いて小麦を手に入れようとしても、小麦所持者が認めなければ、すなわち小麦所持者がリンネルを欲しなければこの交換は成就されません。すなわち、どの商品所持者も、自分の個人的な欲望をみたすために自分が持っている商品の価値という社会的一般的な交換力を用いようとしますが、交換相手にとってもまた、この交換は個人的欲望をみたすための個人的過程であり、交換相手が自分の商品の使用価値を欲さないかぎり、この価値という力を行使することはできません。すなわち、商品交換においては自分の商品がもつ価値という社会的一般的な力は、その商品の使用価値によって制約されているのです。

このように、商品の交換力である価値がその使用価値によって制約されているかぎり、商品交換は稀《まれ》にしか成立せず、ありとあらゆる商品を互いに交換し合うような全面的な商品交換は不可能になってしまいます。

商品交換の困難の解決

われわれの商品所持者たちは、当惑のあまり、ファウスト［ゲーテ『ファウスト』の主人公］のように考えこむ。はじめに行為ありき。だから、彼らは、考えるまえにすでに行なっていたのである。商品本性の諸法則は、商品所持者の自然本能において実証されたのである。彼らが自分たちの商品を互いに価値として関係させ、したがってまた商品として関係させることができるのは、ただ、自分たちの商品を、一般的等価物としてのある一つの別の商品に対立的に関係させることによってのみである。このことは、商品の分析が明らかにした。しかし、ただ社会的行為だけが、ある特定の商品を一般的等価物にすることができる。それゆえに、他のすべての商品の社会的行動が、ある特定の商品を除外して、この除外された商品で他の全商品が自分たちの価値を全面的に表わすのである。このことによって、この商品の現物形態は、社会的に認められた等価形態になる。一般的等価物であることは、社会的過程によって、この除外された商品の独自な社会的機能になる。こうして、この商品は——貨幣になるのである。(101)

では、この商品交換の困難はいかにして解決されるのでしょうか。じつは、私たちはこの解決の方法をすでに知っています。価値形態論で明らかにされたように、商品所持者たちは「ただ、自分たちの商品を、一般的等価物としてのある一つの別の商品に対立的に関係させることによってのみ」、すなわち、商品に一般的価値形態を与えることによっての「自分たちの商品を互いに価値として関係させ、したがってまた商品として関係させる」ことができます。人間たちはまったく無自覚のうちに、いわば「本能」的に、このような「商品本性の諸法則」にしたがって行為するのであり、これによってある特定の商品を一般的等価物にする「他のすべての商品の社会的行動」を引き起こし、商品交換を可能にしているのです。

ここで重要なのは、たとえ無自覚であろうと、意志と欲望をもつ商品所持者の「社会的行為だけが、ある特定の商品を一般的等価物にすることができる」ということです。すでに価値形態論において、ある特定の商品を一般的等価物にしなければ商品を価値として互いに関連させることができないという、一般的価値形態の必然性は明らかにされていました。しかし、そこではまだ、この必然性が「なにによって」実現されるかは示されていませんでした。まさに、これが実現されるのが交換過程なのです。この過程において困難に直面した商品所持者たちの「社会的行為」こそが「ある一定の商品を一般的等価物にする」のであり、そのことによって現実に貨幣が生成するということになります。

なぜ金が一般的等価形態に癒着するのか

商品交換がその局地的な限界を打ち破り、したがって商品価値が人間的労働一般の物質化に発展してゆくにつれて、貨幣形態は、生来一般的等価物の社会的機能に適している諸商品に、貴金属に、移ってゆく。

ところで、「金銀は生来貨幣なのではないが、貨幣は生来金銀である」ということは、金銀の自然属性が貨幣の諸機能に適しているということを示している。しかし、これまでのところでは、われわれはただ貨幣の一つの機能を知っているだけである。すなわち、商品価値の現象形態として、または諸商品の価値量が社会的に表現されるための材料として、役だつという機能である。価値の適当な現象形態、または抽象的な、したがって同等な人間的労働の物質化でありうるのは、ただ、どの一片をとってみてもみな同じ均等な質をもっている物質だけである。他方、価値量の相違は純粋に量的なものだから、貨幣商品は、純粋に量的な区別が可能なもの、つまり任意に分割することができ、その諸部分から再び合成することができるものでなければならない。ところが、金銀は生来これらの属性をもっているのである。(104)

価値形態論において一般的等価形態が金に癒着することが述べられていましたが、そこでは、なぜ金に癒着するのかは説明されていませんでした。ここでは、この癒着が、金の物質的属性が価値表現の材料となるという一般的等価物の機能を適切に果たすことができるということから説明されます。

啓蒙主義批判

交換過程は、自分が貨幣に転化させる商品に、その価値を与えるのではなく、その独自な価値形態を与えるのである。この二つの規定の混同は、金銀の価値を想像的なものと考える誤りに導いた。貨幣は、一定の諸機能においてはそれ自身の単なる章標によって代理されることができるので、貨幣は単なる章標であるというもう一つの誤りが生じた。他方、この誤りのうちには、物の貨幣形態はその物自身にとっては外的なものであって、背後に隠された人間関係の単なる現象形態である、という予感があった。この意味ではどの商品も一つの章標であろう。というのは、価値としては商品に支出された人間的労働の物象的な外皮でしかないからである。しかし、一定の生産様式の基礎の上で物象が受け取る社会的性格、または労働の社会的規定が受け取る物象的性格を、単なる章標だとするならば、それは、同時に、このような性格を人間の恣意的な反省の産物だとすることになる。これこそは、一八世紀に愛好された啓蒙主義の手法だったのであって、この手法によって、その発生過程をまだ解明することができなかった人間関係の不可解な姿から少なくともさしあたり奇異の外観だけでもはぎ取ろうとしたのである。（105f）

ここでは、すでにみた物神崇拝とは異なるタイプの誤りが指摘されています。これは日本でも一九九〇年代頃に流行した俗流ポストモダン思想とよく似ていますが、社会的なリアリティをたんなる人間の恣意《しい》や想像から生まれたものだと見なす考え方です。ここでは、価値と価値形態の混同から発生する、金銀の価値を想像的なものとみなす考え方や貨幣をたんなる章標（シンボル）としてみなす考え方が批判されています。マルクスはこのような手法を「啓蒙《けいもう》主義」と特徴付けています。

もちろん、金銀の価値や貨幣のもつ直接的交換可能性は、たんなる人間の恣意や想像から発生したものではなく、一定の社会関係、あるいはそれを形成する人々の日常的な実践から発生してきたものであり、この事実を直視しない「啓蒙主義」は理論的に誤っているだけでなく、実践的にも問題含みです。というのも、貨幣の存在がもたらす様々な問題を人間の意識の持ちようによって解決可能であるかのような錯覚をもたらすからです。実際には、貨幣の存在がもたらす諸問題を解決するには、この貨幣を発生させる生産関係そのものを変革するほかありません。とはいえ、このような「啓蒙主義」は非常にわかりやすい単純な議論ですので、人々にも受け入れられやすく、いまでも同様の手法で貨幣を説明している人がかなりいます。その意味では、このマルクスの啓蒙主義批判は依然として重要であると言わざるを得ません。

貨幣物神

一商品は、他の商品が全面的に自分の価値をこの一商品で表わすのではじめて貨幣になるとは見えないで、逆に、この一商品が貨幣であるから、他の諸商品が一般的に自分たちの価値をこの一商品で表わすように見える。媒介する運動は、運動そのものの結果では消えてしまって、なんの痕跡も残してはいない。諸商品は、なにもすることなしに、自分自身の完成した価値姿態を、自分のそとに自分と並んで存在する一つの商品体として、眼前に見いだすのである。これらの物、金銀は、地の底から出てきたままで、同時にいっさいの人間的労働の直接的化身である。ここに貨幣の魔術がある。人間の社会的生産過程における彼らの単なる原子的な振る舞いは、したがってまた彼らによる制御や彼らの意識的な個人的行為から独立した、彼ら自身の生産関係の物象的な姿態は、さしあたり、彼らの労働生産物が一般的に商品形態をとるということに現われるのである。

それゆえ、貨幣物神の謎は、目に見えるようになり人目をくらますようになった商品物神の謎にほかならない。（107f）

交換過程論の締めくくりの部分で、マルクスは、事実上すでに価値形態論で考察されていた貨幣物神について論じています。もはや等価物は上着やリンネルではなく、金ないし銀であり、それらが一般的等価物の役割を独占しています。それゆえ、「これらの物、金銀は、地の底から出てきたままで、同時にいっさいの人間的労働の直接的化身」であり、「ここに貨幣の魔術がある」ということになります。

とはいえ、このような貨幣物神は、もとはと言えば、商品生産にともなって私的労働の生産物が価値という「まぼろしのような対象性」を帯びるという商品の物神的性格から生まれてきたものにほかなりません。「それゆえ、貨幣物神の謎は、目に見えるようになり人目をくらますようになった商品物神の謎にほかならない」のです。ここでもやはり、マルクスは貨幣物神がほかならぬ商品生産から必然的に発生することを強調し、その解消のためには生産関係の変革が必要であることを示唆しています。

物象化と物象の人格化

一般に、われわれは、展開が進むにつれて、人々の経済的扮装はただ経済的諸関係の人格化でしかないのであり、人々はこの経済的諸関係の担い手として互いに相対するのだということを見いだすであろう。(100)

最後に、第二章までの議論をまとめておきましょう。

第一章では、私的労働をするかぎり、私的生産者たちの意志や欲望とは関わりなく、必然的に商品形態や価値形態が成立し、人間が物象を制御するのではなく、物象が人間を制御するという物象化が発生することが明らかにされました。

第二章では、これを前提にして、意志と欲望をもつ人格が導入され、商品交換や貨幣の成立について論じられました。ここでの人格は、一方では、商品の人格的な担い手でしかありません。彼は、自分の人格の力によってではなく、自分が所持する商品の力によって、取引相手として認められ、所有者として認められたにすぎません。しかし、他方では、彼は商品がもっていない「意志」や「欲望」をもっており、このような人格の存在がなければ、現実に商品交換が行われたり、所有が認められたり、貨幣が成立したりすることはありません。このように、意志と欲望をもつ人格が商品や貨幣などの物象の人格的担い手となって行為するようになることを、「物象の人格化」と言います。この言い方も便利ですので、物象化と同様に、今後も使っていくことにします。

物象の人格化については、物象化と比べて、これまでの研究ではあまり注目されてきませんでしたが、非常に重要な概念です。というのは、物象の人格化として人々が行為することにより、物象じたいにはできないことを可能にするというだけでなく、人々の側が物象の論理に影響をうけ、意志や欲望のあり方を変化させせられてしまうからです。これまでのところからでも、商品生産によって所有のあり方がそれ以前とはまったく違うものに変化したことが確認できます。つまり、所有という占有の社会的承認のあり方、そのような承認をもたらす意志のあり方が物象の力に依存するものになってしまっているのです。さらに次章では、人々が貨幣の人格化として行為することにより、欲望のあり方が変化してしまうことをみるでしょう。

第三章　貨幣または商品流通

この章では第二章までの貨幣についての理解を前提した上で、貨幣の機能についてみていきます。ここで新たに登場するのは、人々の「慣習」や国家が制定する「法律」という要素です。このことが持つ意味については、章のまとめの部分で論じたいと思います。

第一節　価値の尺度

簡単にするために、本書ではどこでも金を貨幣商品として前提する。

金の第一の機能は、商品世界にその価値表現の材料を提供すること、または、商品価値を同名の大きさ、すなわち質的に同じで量的に比較の可能な大きさとして表わすことにある。こうして、金は諸価値の一般的尺度として機能し、ただこの機能によってのみ、金という独自な等価物商品はまず貨幣になるのである。(109)

第一節で扱うのは価値尺度機能です。すなわち、商品の価値を表現し、その価値の大きさを表示するという機能です。

なぜ貨幣は直接に労働時間を代表しないのか

たとえば、一枚の紙券がx労働時間を表示するというように、なぜ貨幣は直接に労働時間それじたいを代表しないのかという問いは、まったく簡単に、なぜ商品生産の基礎の上では労働生産物は商品として表わされなければならないのか、という問いに帰着する。なぜならば、商品という表示は商品と貨幣商品とへの商品の二重化を含んでいるからである。あるいは、なぜ私的労働は、直接に社会的な労働として、つまりそれの反対物として、取り扱われえないのかという問いに帰着する。商品生産の基礎の上での「労働貨幣」という浅薄なユートピア主義については私は別のところで詳しく論じておいた。……ここで、もう一度言っておきたいのは、たとえばオーウェン〔英国のユートピア社会主義者（一七七一―一八五八）〕の「労働貨幣」が「貨幣」でないことは、劇場の切符などが貨幣でないのと同じことだ、ということである。オーウェンは、直接に社会化された労働を前提しているが、それは、商品生産とは正反対の生産形態を前提するものである。労働証明書は、ただ、共同労働における生産者の個人的参加分と、共同生産物のうちの消費に向けられる部分にたいする彼の個人的請求権とを確認するだけである。しかし、商品生産を前提しておきながら、しかもその必然的諸条件を貨幣の小細工で回避しようというようなことは、オーウェンにとっては思いもよらないことなのである。(109)

価値の大きさが労働時間によって決まり、貨幣が価値の大きさを表現するものだとすれば、「一枚の紙券がx労働時間を表示するというように、なぜ貨幣は直接に労働時間それじたいを代表しないのかという」疑問が浮かんでくるかもしれません。しかし、ここまで読んできたみなさんにとっては、この疑問は容易に解消されるでしょう。というのも、そもそも人々が私的労働をする社会では、労働が直接には社会的意味をもつものとして通用することができないからこそ、抽象的人間的労働の社会的性格を生産物の価値として表し、生産物を商品にしなければならなかったからです。だからこそ、商品の価値を労働時間が書かれた紙券で表示することはできず、また、貨幣をそのような紙券に置き換えることもできないのです。

もしそのような紙券を社会的に意味あるものとして通用させたいのであれば、労働のあり方を私的労働から直接に社会化された労働（たとえば第一章でみた「自由な人々の連合体」における共同労働）に転換する必要があります。つまり、生産関係の根本的な変革が必要となります。ところが、グレイ（一七九八―一八九七）などの「労働証券」を主張する人々――マルクスに言わせればプルードン（一八〇九―一八六五）やブレイ（一八〇九―一八九五）はこれらの人々の二番煎《せん》じにすぎません――は、このような根本的変革を回避し、貨幣の「小細工」で問題が解決できるかのような幻想に陥っているのだ、とマルクスは批判します。現代日本でも、生産関係のあり方を変革するような社会運動なしに、小手先の「政策」で社会が改善するかのような言説が垂れ流されているだけに、このようなマルクスの指摘は依然として重要でしょう。

貨幣は価値尺度としては観念的に機能しうる

商品保管者がだれでも知っているように、彼が自分の商品の価値に価格という形態または表象された金形態を与えても、まだまだ彼はその商品を金に化したわけではないし、また、彼は、何百万の商品価値を金で評価するためにも、現実の金は一片も必要としない。それゆえ、その価値尺度機能においては、貨幣は、ただ表象されただけの、すなわち観念的な、貨幣として役だつのである。この事情は、まったくばかげた理論が現われるきっかけになった。価値尺度機能のためにはただ表象されただけの貨幣が役だつとはいえ、価格はまったく実在の貨幣材料によって定まるのである。たとえば一トンの鉄に

含まれている価値、すなわち人間的労働の一定量は、同じ量の労働を含む表象された貨幣商品量で表わされる。(111)

貨幣の度量標準

このようないろいろな金量として、諸商品の価値は互いに比較され、計られるのであって、技術上、これらの金量を、それらの度量単位としてのある固定された金量に関係させる必要が大きくなってくる。この度量単位そのものは、さらにいくつもの可除部分に分割されることによって、度量標準に発展する。(112)

私たちにおなじみの貨幣の度量単位はもちろん「円」です。現代では管理通貨制度に移行し、金と兌換《だかん》できなくなりましたので、ピンとこないかもしれませんが、戦前の貨幣法では、「一円＝七五〇ミリグラムの金」と定められていました。この単位によって貨幣である金の量を表し、さらにはこの金で表現される価格の大きさを表すので、この単位は貨幣の度量単位であると同時に、価格の度量単位であるということになります。こうして、現実には、商品の価格は、「一キログラムの鉄＝七五〇ミリグラムの金」というかたちで言い表されるのではなく、「一キログラムの鉄＝一円」というかたちで言い表されるようになります。

貨幣の度量標準は法律によって規制される

このような歴史的過程は、いろいろな金属重量の貨幣名がそれらの普通の重量名から分離することを世の習わしにする。貨幣の度量標準は一方では純粋に慣習的であるが、他方では一般的な効力を必要とするので、最終的には法律によって規制される。貴金属の一定の重量部分、たとえば一オンスの金は公式にいくつかの可除部分に分割されて、それらの部分にポンドとかターレル［ドイツの古い貨幣名］とかいうような法定の洗礼名が与えられる。(115)

貨幣の度量標準は、歴史的経緯のなかで「純粋に慣習的」に形成されていきますので、一国の中でさまざまな度量標準が併存してしまう可能性があります。しかし、度量標準には「一般的な効力」が必要であり、一国のなかでは統一される必要があります。そのため、「最終的には法律によって規制される」ことになります。

ここからわかるのは、貨幣が現実に価値尺度として機能するには、国家の介入が不可欠だということです。これまでは、私的生産者とその生産物だけが登場し、議論が進められてきましたが、ここでついに「法律」というかたちで国家が登場してきたことになります。

貨幣の度量標準から生まれる理論的混乱

ある物の名称は、その物の性質にとってはまったく外的なものである。ある人の名がヤコブということを知っていても、その人については何もわからない。それと同様に、ポンドやターレルやフラン〔フランスの古い貨幣名〕やドゥカート〔ヨーロッパ各地で使用された金貨の名称〕などという貨幣名では、価値関係の痕跡はすべて消えてしまっている。これらの不可思議な章標の秘儀についての混乱は、貨幣名が商品の価値を表すと同時に、ある金属重量の、すなわち貨幣度量標準の可除部分をも表すので、ますます甚だしくなる。(115f)

あたかも金はそれ自身の材料で評価され、他のすべての商品と違って国家によってある固定した価格を与えられるかのような、おどろくべき考えが生じた。計算名を一定の金重量に固定することが、この重量の価値を固定することと見まちがえられたのである。(『資本論草稿集』③、二七九頁)

「鋳造価格」を引き上げたり引き下げたりすること、すなわち金または銀のすでに法律的に固定化された重量部分にたいする法定の貨幣名を、国家が、より大きいかまたはより小さい重量部分に移し変えること、したがってまた、たとえば四分の一オンスの金を二〇シリングではなく、今後は四〇シリングに鋳造することをめぐるもろもろの幻想はそれらが……経済的「奇跡療法」を目的とするものであるかぎり、ペティ〔英国の経済学者（一六二三―一六八七）〕が……十分に論じ尽くしている……。「もし国民の富を一片の布告によって一〇倍にすることができるのならば、わが統治者たちがすでにとうの昔にその種の布告を発しなかったのは奇妙なことであろう」。(116)

円やポンドなどの貨幣名で言い表される度量標準によって貨幣の物量を量ることができるということには、どこにも難しいことはありません。しかし、貨幣は商品の価値を表現する価値尺度であり、「一キログラムの鉄＝一円」などというかたちで、商品の価格もまたこの同じ度量標準で表されることになります。このように、「貨幣名が商品の価値を表すと同時に、ある金属重量の、すなわち貨幣度量標準の可除部分をも表す」ことから、貨幣の度量標準をめぐる理論的混乱が発生します。というのは、このことによって、国家が「計算名を一定の金重量に固定することが、この重量の価値を固定することと見まちがえ」られるからです。つまり、国家が貨幣の価値を決定するかのような幻想を生み出すのです。

さらに、このような理論的混乱にもとづいて、国家が、たとえば、七五〇ミリグラムの金は今後は一円ではなく、二円であるなどと貨幣の度量標準を変更することによって、「国民の富」を倍増させることができるというような「経済的「奇跡療法」」さえ考え出されるようになります。もちろん、このように貨幣となる金の物量を量る単位を変更することによっては、「国民の富」を増やすことはできません。

ここには、度量単位をめぐる混乱にくわえて、国家の力にたいする幻想も存在すると言えるでしょう。すなわち、貨幣の価値尺度としての機能は国家の支えなしには成り立たないという事実に固執し、むしろ、貨幣の「価値」が国家の力によって生み出されるかのように考える幻想です。したがって、ここでマルクスは貨幣の機能が成立するための国家の介入の必要性と同時に、その介入の効果の限定性についても指摘していると言えるでしょう。

価格が価値を反映しないことの利点

したがって、商品の価値量は、社会的労働時間にたいするある必然的な、その商品の形成過程に内在する関係を表わしている。価値量が価格に転化されるとともに、この必然的な関係は、一商品とその外にある貨幣商品との交換比率として現われる。しかし、この比率では、商品の価値量が表現されうるとともに、また、与えられた事情のもとでその商品が手放される場合の価値量以上または以下も表現されうる。だから、価格と価値量との量的な不一致の可能性、または価値量からの価格の偏差の可能性は、価格形態そのもののうちにあるのである。このことは、けっしてこの形態の欠陥ではなく、むしろ逆に、この形態を、一つの生産様式の、すなわちそこでは原則がただ無原則性の盲目的に作用する平均法則としてのみ貫かれうるような生産様式の、適当な形態にするのである。(117)

かりに金七五〇ミリグラムが一時間の社会的必要労働時間によって生産され、鉄一〇キログラムが一〇時間の社会的必要労働時間によって生産されたとすれば、鉄一〇キログラムの価値は「鉄一〇キログラム＝一〇円」という価格形態で表現されます。ところが、実際には、商品の価格表現は、その商品の需給関係によって変動します。たとえば、供給が需要を上回れば「鉄一〇キログラム＝八円」になりうるでしょうし、逆に供給が需要を下回れば「鉄一〇キログラム＝一二円」になりうるでしょう。

しかし、このような「価格と価値量との量的な不一致」は、私的生産者が価値をつうじて社会的総労働を配分するためには必要不可欠です。というのも、私的生産者たちは価値より高い「鉄一〇キログラム＝一二円」という価格をみて、鉄の生産に自分たちの労働を配分しようと考えるでしょうし、逆に、価値より低い「鉄一〇キログラム＝八円」という価格をみて、鉄の生産に自分たちの労働を配分しないようにしようと考えるだろうからです。こうして、価格が価値から乖離《かいり》することにより、価値をつうじた社会的総労働の配分が可能になっているのです。

貨幣は価値をもたないものにも価格を与えることができる

しかし、価格形態は、価値量と価格との、すなわち価値量とそれ自身の貨幣表現との、量的な不一致の可能性を許すだけではなく、一つの質的な矛盾、すなわち、貨幣はただ商品の価値形態でしかないにもかかわらず、価格がおよそ価値表現ではなくなるという矛盾を宿すことができる。それ自体としては商品ではないもの、たとえば良心や名誉などは、その所持者が貨幣とひきかえに売ることのできるものであり、こうしてその価格をつうじて商品形態を受け取ることができる。それゆえ、ある物は、価値を持つことなしに、形式的に価格をもつことができるのである。ここでは価格表現は、数学上のある種の量のように、想像的なものになる。(117)

第二節　流通手段

すでに見たように、諸商品の交換過程は、矛盾した互いに排除しあう諸関係を含んでいる。商品の発展は、これらの矛盾を解消しはしないが、それらの矛盾の運動を可能にするような形態をつくりだす。(118)

ここでは、商品流通を媒介する貨幣の機能、すなわち流通手段としての貨幣の機能を扱います。この貨幣の機能によって、交換過程論でみた商品交換の矛盾をさしあたり「解決」し、商品流通を可能にします。しかし、その矛盾そのものをなくすことはできず、商品流通においてより発展した矛盾が生まれてくることになります。

商品変態

そこで、われわれは商品所持者のだれかといっしょに、たとえばわれわれの旧知のリンネル織布者といっしょに、交換過程の場面に、商品市場に行ってみることにしよう。彼の商品、二〇エレのリンネルは、価格が決まっている。その価格は二ポンド・スターリングである。彼は、それを二ポンド・スターリングと交換し、次に、実直ものにふさわしく、この二ポンド・スターリングをさらに同じ価格の家庭用聖書と交換する。彼にとってはただ商品であり価値の担い手でしかないリンネルが、その価値姿態である金とひきかえに手放され、そして、この姿態からさらに他の一商品、聖書とひきかえにまた手放されるのであるが、この聖書は使用対象として織布者の家に入って行き、そこで信仰欲望を満足させることになる。こうして、商品の交換過程は、対立しつつ互いに補いあう二つの変態――商品の貨幣への転化と貨幣から商品へのその再転化とにおいて行なわれるのである。商品変態の諸契機は、同時に、商品所持者の諸取引――販売、すなわち商品の貨幣との交換、購買、すなわち貨幣の商品との交換、そして両行為の統一、すなわち買うために売る、である。(119f)

マルクスが『資本論』でやっているように、商品(ドイツ語でWare)をW、貨幣(Geld)をGという略号で表すと、商品変態はW―G―Wと表すことができます。これは、私たちが日常的に営んでいる、もっとも基本的な経済活動のあり方だと言えるでしょう。

販売

W―G、商品の第一の変態、または販売。商品のからだから金のからだへの商品価値の

飛び移りは、私が別のところで言ったように、商品の命がけの飛躍である。(120)

すでにみたように、商品は直接的交換可能性をもっていないので、販売はつねに可能だとはかぎりません。あるいは、たとえ売れたとしても、当初の価格通りには販売できないかもしれません。それゆえ、商品の価格に表示された価値を直接に使えるものにすること、すなわち、直接に価値の力を行使できる貨幣形態へと転化することは、「命がけの飛躍」と言っていいほどの困難をはらんでいます。

購買

G―W、商品の第二の、または最終の変態、すなわち購買。――貨幣は、他のいっさいの商品の脱皮した姿態であり、言い換えれば、それらの一般的な譲渡の産物だから、絶対的に譲渡されうる商品である。……商品は、貨幣になれば消えてなくなるのだから、貨幣を見ても、どうしてそれがその所持者の手にはいったのか、または、なにがそれに転化したのかは、わからない。それの出所がなんであろうと、それは臭くはないのである。(124)

ある一つの商品の循環［リンネル―貨幣―聖書］をなしている二つの変態は、同時に他の二つの商品の逆の部分変態をなしている。同じ商品（リンネル）が、それ自身の変態の列を開始するとともに、他の一商品（小麦）の総変態［小麦―貨幣―リンネル］を閉じる。その第一の変態、売りでは、その商品はこの二つの役を一身で演ずる。これにたいして、生きとし生けるものの道をたどってこの商品そのものが化してゆく金蛹としては、それは同時に第三の一商品の第一の変態［聖書―貨幣―ウィスキーの最初の変態である聖書―貨幣］を終わらせる。こうして、各商品の変態列が描く循環は、他の諸商品の循環と解きがたくからみ合っている。この総過程は商品流通として現われる。（126）

商品変態が互いに絡み合って成立しているプロセスのことを商品流通と言います。文章で読むとややこしく感じますが、マルクスがここで挙げている例を図示すると非常に明快にわかります（図1）。

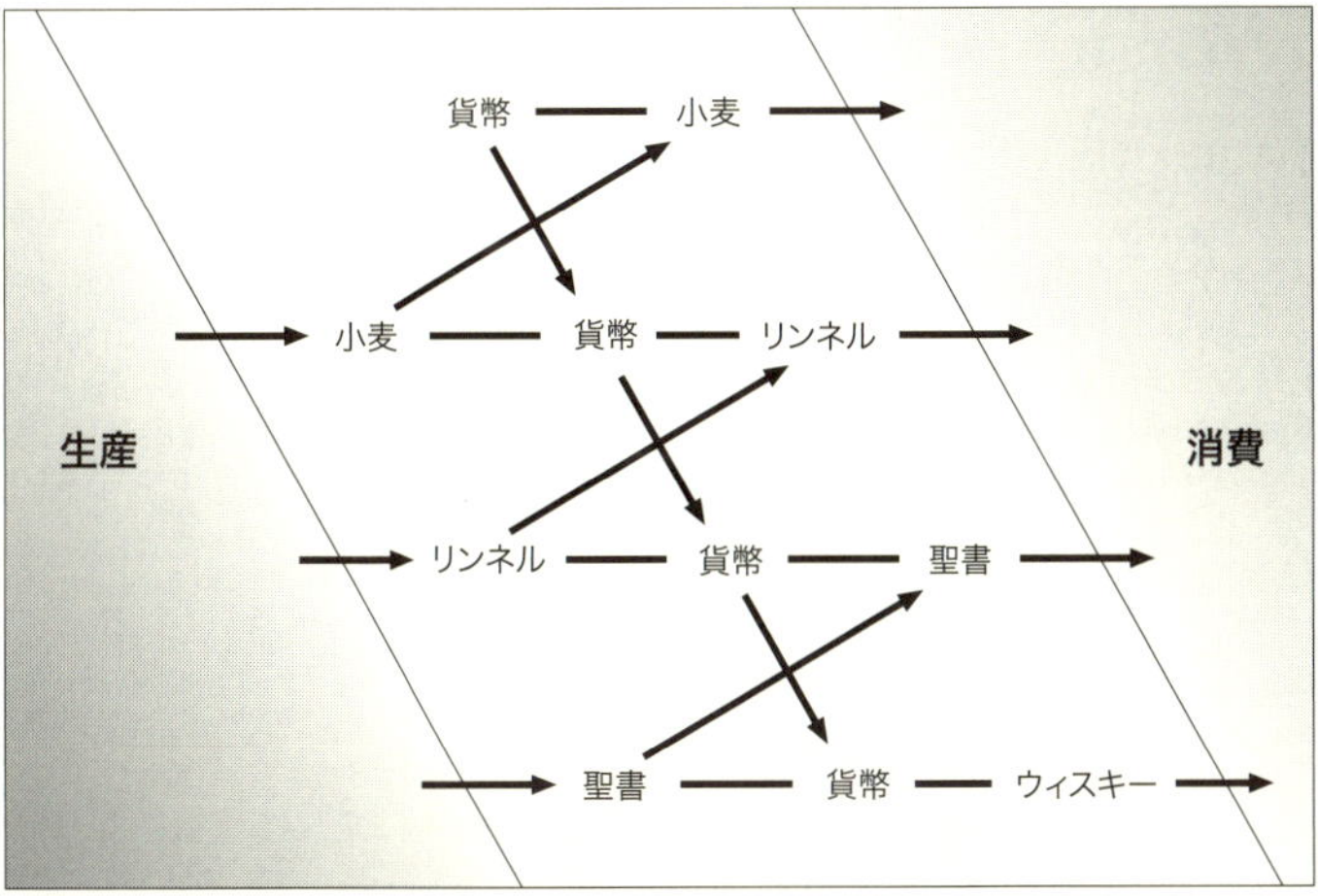

図1　商品流通

商品流通による社会的物質代謝の発展

商品流通は、ただ形態的にだけではなく、実質的に直接的生産物交換とは違っている。事態の経過をほんのちょっと振り返ってみよう。リンネル織布者は無条件にリンネルを聖書と、自分の商品を他人の商品と、取り替えた。しかし、この現象はただ彼にとって真実であるだけである。冷たいものよりも熱いものを好む聖書の売り手は、聖書とひきかえにリンネルを手に入れようとは考えもしなかったし、リンネル織布者も小麦が自分のリンネルと交換されたことなどは知らないのである。Bの商品がAの商品に替わるのであるが、しかしAとBとが互いに彼らの商品を交換するのではない。実際には、AとBとが彼らどうしのあいだで互いに買い合うということも起こりうるが、しかし、このような特殊な関係はけっして商品流通の一般的な諸関係によって条件づけられてはいない。商品流通では、一方では商品交換が直接的生産物交換の個人的および局地的制限を破って人間の労働の物質代謝を発展させるのが見られる。他方では、当事者たちによっては制御されえない社会的な自然関連の一つの全体圏が発展してくる。織布者がリンネルを売ることができるのは、農民が小麦をすでに売っているからこそであり、酒好きが聖書を売ることができるのは、織布者がリンネルをすでに売っているからこそであり、ウィスキー屋が蒸溜酒を売ることができるのは、別の人が永遠の命の水をすでに売っているからこそである、等々。(126)

ここで登場する「物質代謝」という言葉は、生理学由来のものですが、マルクスはこの言葉をしばしば比喩《ひゆ》的に、社会のなかでの人間たちによる物質的なやり取りのことを示す概念として用いていています。この言葉にはもう一つの用法があり、マルクスはこの言葉によって人間と自然、あるいは自然同士の物質的なやり取りを表すときもあります。じつは、この用法は、第一章の原文ではすでに出てきていましたが、第五章でも登場しますので、そこで詳しく扱いたいと思います。

いずれにしろ、ここでは、商品流通によって広範な労働生産物の交換が可能になること、そして他方では、そのような広範な商品交換が当事者たちによっては制御できるものではなくなることが指摘されています。

「セー法則」批判

どの売りも買いであり、またその逆でもあるのだから、商品流通は、売りと買いとの必然的な均衡を生じさせる、という説ほどばかげたものはありえない。それの意味するところが、現実に行なわれた売りの数が現実に行なわれた買いの数に等しい、というのであれば、それはつまらない同義反復である。しかし、それは、売り手は自分自身の買い手を市場につれてくるのだということを証明しようとするのである。……買い手は商品をもっており、売り手は貨幣を、すなわち、再び市場に現われるのが早かろうとおそかろうと流通可能な形態を保持している一商品をもっている。別のだれかが買わなければ、だれも売ることはできない。ところが、だれも、自分が売ったからといって、すぐに買わなければならないということはない。流通は生産物交換の時間的、場所的、個人的制限を破るのであるが、それは、まさに、生産物交換の場合に存する、自分の労働生産物を交換のために引き渡すことと、それとひきかえに他人の労働生産物を受け取ることとの直接的同一性が、流通によって売りと買いとの対立に分裂させられることによってである。独立して相対する諸過程が一つの内的な統一をなしていることは、同様にまた、これらの過程の内的な統一が外的な諸対立において運動するということをも意味している。互いに補いあっているために内的には非自立的なものの外的な独立化が、ある点まで進めば、統一は暴力的に貫かれる——恐慌によって。商品に内在する使用価値と価値との対立、私的労働が同時に直接に社会的な労働として現われなければならないという対立、特殊な具体的労働が同時にただ抽象的一般的労働としてのみ認められるという対立、物象の人格化と人格の物象化という対立——この内在的な矛盾は、商品変態の諸対立においてその発展した運動形態を受け取るのである。それゆえ、これらの形態は、恐慌の可能性を、しかしただ可能性だけを、含んでいるのである。この可能性の現実性への発展は、単純な商品流通の立場からはまだまったく存在しない諸関係の一大範囲を必要とするのである。(127f)

「セー法則」というのは、商品の供給がおのずとその商品にたいする需要を生み出すという理論です。この理論によれば、そもそも生産者が商品を生産するのは自分が必要とする商品を手に入れるためにほかならず、供給が多いということは、それだけ需要が多いということを意味します。それゆえ、個々の商品が偶然的に需要よりも過剰に生産されるということはあっても、社会全体で過剰生産がおこることはありえない、と考えられたのです。

この理論は、一般的にはフランスの経済学者であるジャン＝バティスト・セー（一七六七―一八三二）によって定式化されたと考えられているので現代では「セー法則」と呼ばれますが、マルクス自身は、セーは先行する経済学説を剽窃《ひょうせつ》しているにすぎないと述べています。

ともあれ、マルクスはこの「セー法則」を徹底的に批判しています。当時、「セー法則」に影響を受けていた経済学者たちは、貨幣は商品交換を便利にするための道具にすぎないと考えていました。例えば小麦所持者が鉄を手に入れようとしたとき、物々交換では小麦所持者が鉄を欲し、鉄所持者が小麦を欲するという極めて偶然的なケースしか交換がなりたたない、だから、より円滑に交換をおこなうための手段として貨幣が導入されたのだ、と考えたのです。この考え方によれば、貨幣はたんに物々交換を円滑にするための手段にすぎませんから、商品交換を攪乱《かくらん》させることはまったくありません。こうして、彼らは商品流通を事実上、物々交換と同一視し、ある商品の販売は他の商品の購買に等しいと考えたのです。

しかし、すでにみたように、貨幣はたんに商品交換を便利にするための道具ではありません。というのも、貨幣は商品の価値表現にとって不可欠であり、あらゆる商品にたいする直接的交換可能性という力を独占している特別な物象だからです。たしかに、前の引用文でみたように、貨幣によって商品交換が便利になり、それはますます発展していきます。

しかし、貨幣はただ交換を円滑にするだけではありません。それがもつ特別な力によって新たな矛盾を生み出してしまいます。それは、商品どうしの交換が販売と購買へと分裂してしまうということです。

ある商品が販売できるかどうかは、その商品を購買しようとする人がいるかどうかにかかっています。ところが、ある人が自分の商品を販売して貨幣を入手したとしても、必ずしもこの貨幣をつかって新たに商品を購買するとはかぎりません。貨幣は直接的交換可能性をもっているがゆえに、いつでも好きなときに使用できます。だから、それがいつふたたび流通に入るかはそのときどきの事情に依存します。たまたま市場に自分が欲しい商品が存在しないとか、自分の欲しい商品を入手するにはもう少し所持金を増やす必要があるなどの理由によって、貨幣を手元にとどめておくということが起こりえるのです。

こうして、いったん商品流通の流れが途切れてしまうと、それが連鎖していく可能性がうまれます。商品が売れないために、その商品の所持者が他の商品を購買できず、その商品もまた販売できなくなる、といった具合です。このような販売不能の連鎖が社会的に拡大すると、恐慌になります。

このように、商品交換が販売と購買に分裂すると、もはや「ある商品の販売＝別の商品の購買」という「セー法則」の想定は成り立ちません。なぜなら、自分の商品の販売は、その販売によって取得した貨幣で別の商品を購買することなしに、おこなうことが可能だからです。このような商品交換の、販売と購買という対立的な行為への分裂が、恐慌の可能性を生み出すのです。そして、この恐慌こそが全般的な過剰生産を解消し、ふたたび販売と購買からなる商品変態の統一を回復させる、ということになります。

もちろん、ここではまだ、恐慌が起こりうるということを一般的に説明しているにすぎません。すなわち、「恐慌の可能性」について説明したにすぎません。恐慌がどうして現実に発生するのかということ、すなわち恐慌の現実性を説明するには利潤率の傾向的低下法則と資本蓄積の運動について考慮することが必要です。残念ながら、これは『資本論』第三巻の課題であり、本書の範囲をこえます。[1]

[1] 恐慌論の簡潔な解説としては、渡辺憲正他編『資本主義を超える　マルクス理論入門』（大月書店、二〇一六年）第二章に収められている前畑憲子氏執筆の「恐慌」をご覧ください。なお、本書第一三章の産業循環について述べたところで、恐慌についても若干触れています。

貨幣の流通

貨幣の流通は、同じ過程の不断の単調な繰り返しを示している。商品はいつでも売り手の側に立ち、貨幣はいつでも購買手段として買い手の側に立っている。貨幣は商品の価格を実現することによって、購買手段として機能する。貨幣は、商品の価格を実現しながら、商品を売り手から買い手に移し、同時に自分は買い手から売り手へと遠ざかって、また別の商品と同じ過程を繰り返す。このような貨幣運動の一面的な形態が商品の二面的な形態運動から生ずるということは、おおい隠されている。商品流通そのものの性質が反対の外観を生みだすのである。……それゆえ、商品流通の結果、すなわち別の商品による商品の取り替えは、商品自身の形態変換によってではなく、流通手段としての貨幣の機能によって媒介されるものとして現れ、この貨幣が、それ自体としては運動しない商品を流通させ、商品を、それが非使用価値であるところの手から、それが使用価値であるところの手へと、つねに貨幣自身の進行とは反対の方向に移して行くものとして現れるのである。貨幣は、絶えず商品に代わって流通場所を占め、それにつれて自分自身の出発点から遠ざかって行きながら、商品を絶えず流通部面から遠ざけて行く。それゆえ、貨幣運動はただ商品流通の表現でしかないのに、逆に商品流通がただ貨幣運動の結果としてのみ現われるのである。(129f)

貨幣の流通についても図解することによって問題になっている現象を明快に把握することができます(図2)。

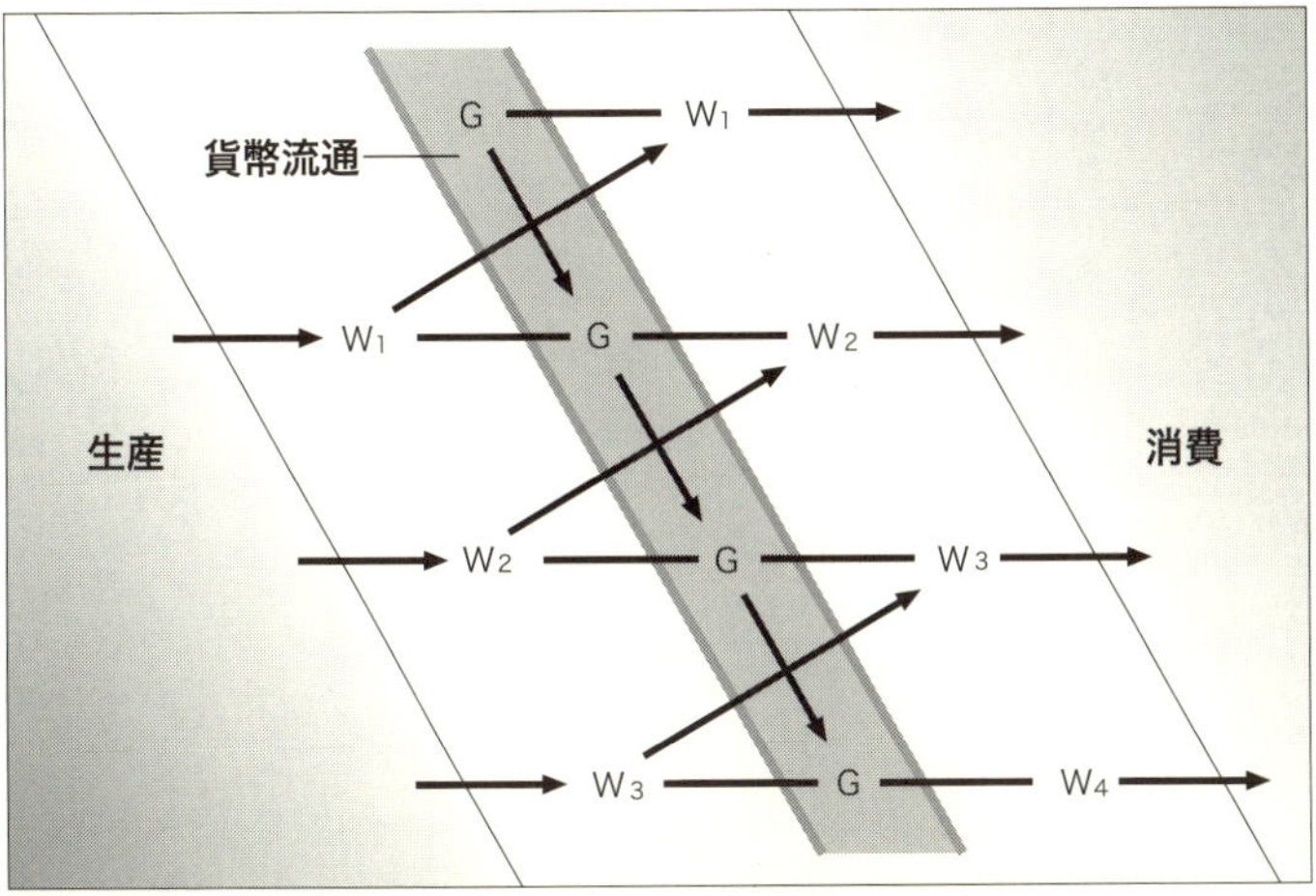

図２　貨幣の流通

　ここでのポイントは、貨幣流通は商品流通の結果でしかないにもかかわらず、商品流通が貨幣流通の結果として表れるということです。

　商品流通を構成する個々の商品変態（W_1―G―W_2）をみれば、貨幣の運動が商品変態の結果でしかないことは明らかです。何かを買うためには何かを売ることが必要であり、どんな購買も販売の結果でしかありません。つまり、商品変態がおこなわれているかぎりでは、貨幣の運動は、つねに特定の商品（W_1）によって別の商品（W_2）を入手するプロセスを媒介するものでしかありません。ここでは、現実の生産活動や消費活動を媒介するものとして貨幣が流通していくのです。逆に、現実の生産活動や消費活動がなければ貨幣が流通しないことは明らかでしょう。

ところが、貨幣は直接的交換可能性をもっている特別な物象ですから、貨幣所持者の「買おう」という意志なしには売買は行われません。そのため、個々の商品の売買だけに注目すれば、売買のイニシアチブはつねに貨幣の側にあるということになります。こうして、貨幣を購買手段として用いることによって、売買が成立し、その結果として商品が流通する、という外観が成立するのです。

このような商品流通の外観にとらわれると、市場に貨幣を流通させることによって商品流通を活性化することができるかのような幻想に陥ることになります。じっさいには、どれほど貨幣が強力な力をもっていようと、それが流通するのは、つねに現実の生産活動と消費活動の結果に過ぎないのです。

それゆえ、「セー法則」のように商品流通をたんなる物々交換だと見なして恐慌を否定するのも誤りですが、他方で、商品流通をその経済的実体から切り離し、貨幣の力によって思うがままに動かせるものだと考えるのもまた誤りだということになります。

流通貨幣量

一国では、毎日多数の同時的な、したがってまた空間的に併存する一方的な商品変態が、いいかえれば、一方の側からの単なる販売、他方の側からのたんなる購買がおこなわれている。商品は、その価格において、すでに決定された表象された貨幣量に等置されている。ところで、ここで考察されている直接的流通形態は、商品と貨幣とをつねに身体的に向かいあわせ、一方を売りの極に、他方を買いの反対極におくのだから、商品世界の流通過程のために必要な流通手段の量は、すでに諸商品の価格総額によって規定されている。じっさい、貨幣は、ただ、諸商品の価格総額ですでに観念的に表わされている金総額を実在的に表わすだけである。したがって、これらの二つの総額が等しいということは自明である。(131)

ある数の、無関連な、同時的な、したがってまた空間的に並行する売りまたは部分変態、たとえば一クォーターの小麦、二〇エレのリンネル、一冊の聖書、四ガロン〔約四・五リットル〕のウィスキーの売りが行われるとしよう。どの商品の価格も二ポンド・スターリングで、したがって実現されるべき価格総額は八ポンド・スターリングだとすれば、八ポンド・スターリングだけの貨幣量が流通にはいらなければならない。これにたいして、同じ諸商品が、われわれになじみの商品変態の列、すなわち一クォーターの小麦—二ポンド・スターリング—二〇エレのリンネル—二ポンド・スターリング—一冊の聖書—二ポンド・スターリング—四ガロンのウィスキー—二ポンド・スターリングという列の諸分肢をなすとすれば、その場合には二ポンド・スターリングがいろいろな商品を順々に流通させて行くことになる。というのは、それは諸商品の価格を順々に実現して行き、したがって八ポンド・スターリングという価格総額を実現してから、最後にウィスキー屋の手のなかで休むからである。それは四回の流通をなしとげる。このような、同じ貨幣片が繰り返す場所変換は、商品の二重の形態変換、二つの反対の流通段階を通る商品の運動を表わしており、またいろいろな商品の変態のからみ合いを表わしている。この過程が通る対立していて互いに補いあう諸段階は、空間的にならんで現れることはできないのであって、ただ時間的にあいついで現れることができるだけである。それだから、時間区分がこの過程の長さの尺度になるのであり、また、与えられた時間内の同じ貨幣片の流通回数によって貨幣流通の速度が計られるのである。前記の四つの商品の流通過程には、たとえば一日かかるとしよう。そうすると、実現されるべき価格総額は八ポンド・スターリング、同じ貨幣片の一日の流通回数は四回、流通する貨幣の量は二ポンド・スターリングである。すなわち、流通過程の或る与えられた期間については、

$$\frac{\text{諸商品の価格総額}}{\text{同名の貨幣片の流通回数}} = \text{流通手段として機能する貨幣の量}$$

となる。この法則は一般的に妥当する。（133）

流通手段の量は、流通する商品の価格総額と貨幣流通の平均速度とによって規定されているという法則は、次のようにも表現することができる。すなわち、諸商品の価値総額

とその変態の平均速度とが与えられていれば、流通する貨幣または貨幣材料の量は、それ自身の価値によって定まる、と。これとは逆に商品価格は流通手段の量によって規定され、流通手段の量はまた一国に存在する貨幣材料の量によって規定される、という幻想は、その最初の代表者たちにあっては、商品は価格をもたずに流通過程にはいり、また貨幣は価値をもたずに流通過程にはいってきて、そこで雑多な商品群の一可除部分と金属の山の一可除部分とが交換されるのだ、というばかげた仮説に根ざしている。（136f）

ここでのマルクスの議論も図示すると明快にわかります（図３）。

ここでのポイントは、どんな商品もむき出しの姿で流通の世界に入るのではなく、あらかじめ値札をつけられて、すなわち価格をつけられて流通の世界に入っていくということです。ですから、基本的に、商品流通に必要とされる流通手段の量は、流通する商品の価格総額によって規定されるということになります。とはいえ、一定期間内に同じ貨幣片が何回も流通を媒介することもありますので、この平均的な流通回数で商品の価格総額を除したものが「流通手段として機能する貨幣の量」だということになります。

ここで気をつけなければならないのは、商品の価格総額が流通貨幣量を規定するのであって、流通貨幣量が商品の価格総額を規定するのではないということです。後者のような考え方は現代では「貨幣数量説」と呼ばれており、市場に流通させる貨幣量を調整するこ

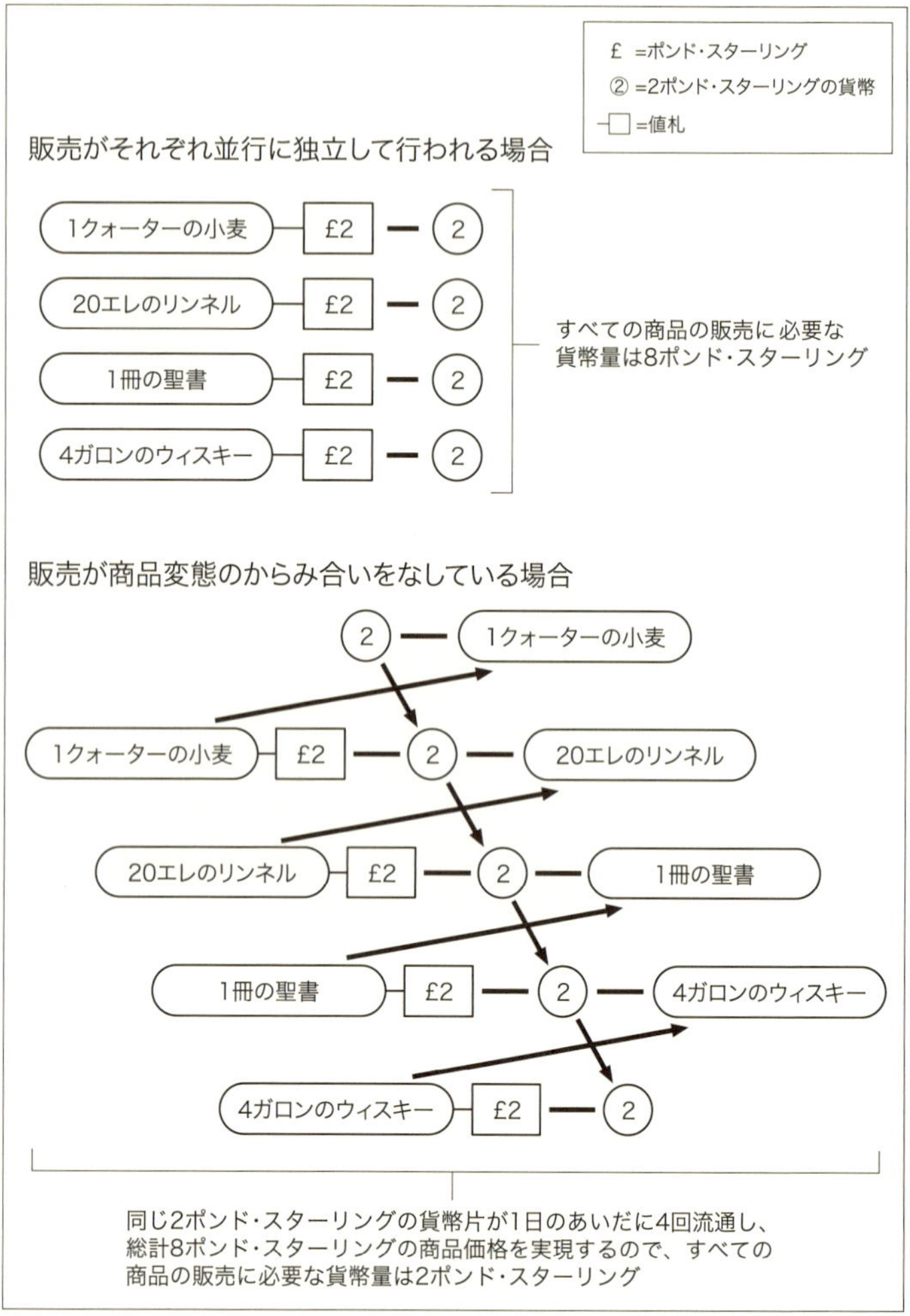
£ =ポンド・スターリング
② =2ポンド・スターリングの貨幣
□ =値札
販売がそれぞれ並行に独立して行われる場合
1クォーターの小麦
20エレのリンネル
1冊の聖書
4ガロンのウィスキー
£2
2
すべての商品の販売に必要な
貨幣量は8ポンド・スターリング
販売が商品変態のからみ合いをなしている場合
1クォーターの小麦
20エレのリンネル
1冊の聖書
4ガロンのウィスキー
£2
2
同じ2ポンド・スターリングの貨幣片が1日のあいだに4回流通し、
総計8ポンド・スターリングの商品価格を実現するので、すべての
商品の販売に必要な貨幣量は2ポンド・スターリング

図3　流通貨幣量

とにより、インフレにしたり、デフレにしたりすることができると考えます。この理論はまさに、「商品は価格をもたずに流通過程にはいり、また貨幣は価値をもたずに流通過程にはいってきて、そこで雑多な商品群の一可除部分と金属の山の一可除部分とが交換されるのだ、というばかげた仮説」に基づいています。一時期流行し、現在ではその誤りが現実によって完膚なきまでに証明されたいわゆる「リフレ論」（貨幣を大量に供給することにより、人々のインフレ期待を高め、経済活動を活性化させるというもの）も、この「貨幣数量説」の変種にすぎません。

繰り返しになりますが、貨幣流通は商品流通の結果であり、生産活動や消費活動じたいが活性化しなければ商品流通は活性化せず、したがって流通貨幣量も増大しません。実体経済と無関係に流通貨幣量を増大させ、経済活動を活性化するのは不可能なのです。貨幣の供給が効果をもつのは、何らかの理由で商品流通に必要な貨幣量が社会全体で不足している場合だけであり、今の日本のように「カネ余り」の状態にある社会ではおよそ効果をもちません。

価値章標

流通手段としての貨幣の機能からは、その鋳貨姿態が生じる。諸商品の価格または貨幣名として表象されている金の重量部分は、流通のなかでは同名の金片または鋳貨として商品に相対しなければならない。価格の度量標準の確定と同様に、鋳造の仕事は国家の手に帰する。(138)

すなわち、流通しているうちに金鋳貨は、あるものはより多く、あるものはより少なく摩滅する。金の称号と金の実体とが、名目純分と実質純分とが、その分離過程を開始する。同名の金鋳貨でも、重量が違うために、価値の違うものになる。流通手段としての金は価格の度量標準としての金から離れ、したがってまた、それによって価格を実現される諸商品の現実の等価物ではなくなる。(139)

貨幣流通そのものが鋳貨の実質純分を名目純分から分離し、その金属定在をその機能的定在から分離するとすれば、貨幣流通は、金属貨幣がその鋳貨機能では他の材料からなっている章標または象徴によって置き換えられるという可能性を潜在的に含んでいる。(140)

銀製や銅製の章標の金属純分は、法律によって任意に規定されている。それらは、流通しているうちに金鋳貨よりももっと速く摩滅する。それゆえ、それらの鋳貨機能は事実上それらの重量にはかかわりのないものになる。すなわち、およそ価値というものにはかかわりのないものになる。金の鋳貨定在は完全にその価値実体から分離する。つまり、相対的に無価値なもの、紙券が、金に代わって鋳貨として機能することができる。金属製の貨幣章標では、純粋に象徴的な性格はまだいくらか隠されている。紙幣では、それが一見してわかるように現われている。……

ここで問題にするのはただ、強制通用力のある国家紙幣だけである。(140f)

相対的に無価値な一定の物、革片、紙券等々は、はじめは慣習によって貨幣材料の章標になるのであるが、しかしそれがそういう章標として自分を維持するのは、象徴としてのその定在が商品所持者たちの一般的意志によって保証されるからにほかならず、すなわちそれが法律上慣習的な定在を受け取り、したがってまた強制通用力を受け取るからにほかならない。(『資本論草稿集』③、三三二頁)

ここで述べられているように、貨幣が流通手段として機能するかぎりでは、貨幣は一定の章標によって置き換えることができます。端的には、紙券によって置き換えることとさえ可能になります。とはいえ、このようなほとんど価値がないものが金にかわって流通手段として機能するには、それが流通の世界において金の象徴として機能することを、「商品所持者たちの一般的意志によって保証」することが必要であり、そのためには、それが

「法律上慣習的な定在を受け取り、したがってまた強制通用力を受け取る」ことが必要になります。価値尺度としての機能と同じように、やはり流通手段としての機能においても、人々の慣習にくわえて、これを支える国家の介入が必要となります。すなわち、たんなる紙券に、国家の強制力を背景にしてお墨付きを与え、金の章標として通用する力を与えるのです。

なお、ここでいう「国家紙幣」とは、現在流通しているような、中央銀行が発行する銀行券とは別のものであり、あくまで国家が発行する不換紙幣（金と兌換できない紙幣）です。アメリカにおいて独立戦争の際に発行された「大陸紙幣」が有名ですが、日本でも明治維新直後にはいくつかの国家紙幣が発行されました。

なぜ金は紙券によって代理されうるのか

最後に問題になるのは、なぜ金はそれ自身の単なる無価値な章標によって代理されることができるのか？　ということである。しかし、すでに見たように、金がそのように代理されることができるのは、それがただ鋳貨または流通手段としてのみ機能するものとして孤立化または独立化されるかぎりでのことである。……その［流通手段として機能する金の］運動は、ただ商品変態W―G―Wの相対する諸過程の継続的な相互変換を表わしているだけであり、これらの過程では商品にたいしてその価値姿態が相対したかと思えばそれはまたすぐに消えてしまうのである。商品の交換価値の独立的表示は、ここではただ瞬間的な契機でしかない。それは、またすぐに他の商品にとって代わられる。それだから、貨幣を絶えず一つの手から別の手に遠ざけて行く過程では、貨幣の単に象徴的な存在でも十分なのである。いわば、貨幣の機能的定在が貨幣の物質的定在を吸収するのである。商品価格の瞬間的に客体化された反射としては、貨幣はただそれ自身の章標として機能するだけであり、したがってまた章標によって代理されることができるのである。(142f)

強制通用力をもつ紙幣——われわれはただこの種の紙幣だけを論じるのだが——を発行する国家の介入は、経済法則［流通貨幣量の法則］を廃棄するように見える。国家は鋳造価格という形で一定の金重量に洗礼名を与えただけであり、貨幣鋳造では金に国家の刻印を押しただけであったが、この国家はいまやその刻印の魔術によって紙を金に転化するように見える。紙券は強制適用力をもっているから、国家が思うままに多数の紙券を強制流通させ、一ポンド・スターリング、五ポンド・スターリング、二〇ポンド・スターリングといった任意の鋳貨名をそれらに刻印するのを、だれも妨げることはできない。……しかし、国家のこのような権力は、単なる見せかけにすぎない。国家は任意の鋳貨名をもつ任意の量の紙券を流通に投げ込むことはできるであろうが、しかし、この機械的行為とともに国家の統制は終わる。流通にまき込まれると、価値章標または紙幣は、流通に内在する諸法則に支配されるのである。

もし一四〇〇万ポンド・スターリングが商品流通に必要な金の総額であって、国家がそれぞれ一ポンド・スターリングの名称をもつ二億一〇〇〇万枚の紙券を流通に投じたとすれば、この二億一〇〇〇万枚は一四〇〇万ポンド・スターリングの額の金の代表者に転化されたことになろう。これはちょうど国家がポンド券を以前の1/15の価値しかない金属の代表者にしたか、または以前の1/15の重量しかない金の代表者にしたのと同じことであろう。（『資本論草稿集』③、三三八―九頁）

国家紙幣のような紙券が流通手段としての貨幣の機能を果たすことができるのはなぜでしょうか。貨幣は、流通手段としては次々に様々な商品の売り手に渡っていき、商品流通の世界を流通し続けるからです。もし次節でみる蓄蔵貨幣のように長期間手元にとどめておくものであれば、やはり価値の裏付けが重要になりますが、流通手段としてすぐに用いるのであれば、これはさほど重要ではありません。だからこそ、人々が商品流通の世界において紙券を金の代理として認める限りでは、金とまったく同じように流通手段として機能することができるのです。

ここで重要なのは、国家ができるのは紙券にお墨付き、すなわち強制通用力を与えることだけだということです。国家紙幣の存在根拠は、あくまでそれが貨幣の流通手段としての機能を代理するものだというところにあります。もし国家が流通に必要な貨幣量をこえて国家紙幣を発行したとすれば、反作用がおき、国家紙幣が代理できる金量が額面以下に低下し、インフレーションが起きてしまいます。「国家はいまやその刻印の魔術によって紙を金に転化する」ように見えますが、すなわち、たんにお札を刷るだけで価値を生み出すことができるように見えますが、「国家のこのような権力は、単なる見せかけに過ぎない」のです。ここでもやはり、価値尺度でみたものと同じ種類の幻想、すなわち、無価値の紙券に流通手段としての貨幣の機能を代理させるには国家の介入が必要であるという事実から、国家の力によってたんなる紙券を金とまったく同じ物に転化できると考えてしまうような幻想が発生してくるのがわかります。

現代でも、中央銀行が発行する銀行券が法定通貨であることから、中央銀行がどんどん銀行券を刷り、国にお金を貸すことによって、増税なしに財政難を解決できるというようなことを主張する人々がいますが、もしそれが可能であれば、極端な話、この社会から税金をなくすこともできるでしょう。では、そのとき、国家が使用できる購買力（価値）はどこから発生するのでしょうか。結局、中央銀行券が代理できる金量ないし価値量が減少する以外には購買力（価値）が発生する道筋はなく、そうなれば、極度のインフレーションが社会を襲うでしょう。当たり前のことですが、国家によっても無から有を生みだすことはできないのです。

第三節　貨幣

最後に扱うのは、貨幣としての機能です。貨幣がもつ貨幣としての機能というのは奇妙な感じがしますが、マルクスが言いたいのは、金そのものが貨幣として機能しなければならない場合、あるいは、その機能が金によってではなく、代理物によって果たされるとしても、それが価値そのものとして機能する場合です。後者は少しわかりにくいでしょうが、価値尺度のように貨幣が観念的に機能するのでも（W＝G）、流通手段のように商品流通の媒介物として機能するのでもなく（W—G—W）、貨幣が自立的に機能する（G）、というケースです。具体的には支払い手段のところをみれば、よくわかると思います。

a　蓄蔵貨幣

商品流通そのものの最初の発展とともに、第一の変態［W—G］の産物、商品の転化した姿態または商品の金蛹を固持する必要と熱情とが発展する。商品は、商品を買うためにではなく、商品形態を貨幣形態と取り替えるために、売られるようになる。この形態変換は、物質代謝の単なる媒介から自己目的になる。商品の離脱した姿は、商品の絶対的に譲渡可能な姿またはただ瞬間的な貨幣形態として機能することを妨げられる。こうして、貨幣は蓄蔵貨幣に化石し、商品の売り手は貨幣蓄蔵者になるのである。（144）

黄金欲が目覚める

商品を交換価値として、または交換価値を商品として固持する可能性とともに、黄金欲が目覚めてくる。商品流通の拡大につれて、貨幣の力が、すなわち富のいつでも出動できる絶対的に社会的な形態の力が、増大する。（145）

しかし、貨幣はそれ自身商品であり、だれの私的所有物にでもなれる外的な物である。こうして、社会的な力が私的人格の私的な力になるのである。それゆえ、古代社会は貨幣をその経済的および道徳的秩序の破壊者として非難する。すでにその幼年期にプルトンの髪をつかんで地中から引きずりだした近代社会は、黄金の聖杯をその固有の生活原理の光り輝く化身としてたたえるのである。（146f）

「まったく、世のきまりとなったものにも、黄金ほど人間にとって禍いな代物はない。

国は攻め取られ、男どもは家から追い立てられる。また往々にしてまともな心を迷わせ、恥ずべき所行へと向かわせる。それは人々に奸智にたけた厚かましさを、いかな悪業にも恥じない不敬な業を教えこむのだ。」(ソフォクレス『アンティゴネー』)(146)

「金はすばらしいものだ! それをもっている人は、自分が望むすべてのものの主人である。そのうえ、金によって魂を天国に行かせることさえできる。」(コロンブス『ジャマイカからの手紙』、一五〇三年)(145)

貨幣蓄蔵の衝動はその本性上無際限である。質的には、またその形態から見れば、貨幣は無制限である。すなわち、素材的な富の一般的な代表者である。貨幣はどんな商品にも直接に転換されうるからである。しかし、同時に、どの現実の貨幣額も、量的に制限されており、したがってまた、ただ効力を制限された購買手段でしかない。このような、貨幣の量的な制限と質的な無制限との矛盾は、貨幣蓄蔵者を絶えず蓄積のシシュフォス労働へと追い返す。彼は、いくら新たな征服によって国土を広げても国境をなくすことのできない世界征服者のようなものである。(147)

人々が貨幣蓄蔵をすることをつうじて、貨幣そのものにたいする欲望、すなわち「黄金欲」が目覚めてきます。社会的な力を私的個人の私的な力にしてしまうために、貨幣はかつて「道徳的秩序の破壊者」として非難されていましたが、近代社会ではむしろ「生活原理の光り輝く化身」としてたたえられるのです。

この「黄金欲」は、人々の欲望のあり方を一変させます。人間の具体的な欲望を満たす使用価値と異なり、あらゆる商品にたいする直接的交換可能性という貨幣の力は質的に無制限であり、どれだけそれを持とうと困ることはありません。こうして、貨幣蓄蔵をつうじて、使用価値にたいする欲望とはことなる欲望、すなわち貨幣にたいする際限のない欲望が発生するのです。まさに第二章でみた「物象の人格化」をつうじて、物象が人格のあり方を変容させ、新たな欲望が発生してきたと言えるでしょう。

b　支払手段

他方では、ある種の商品の利用、たとえば家屋の利用は、一定の期間を定めて売られる。その期限が過ぎてからはじめて買い手はその商品の使用価値を現実に受け取ったことになる。それゆえ、買い手は、その代価を支払う前に、それを買うのである。一方の商品所持者は、現に在る商品を売り、他方は、貨幣の単なる代表者として、または将来の貨幣の代表者として、買う。売り手は債権者となり、買い手は債務者となる。ここでは、商品の変態または商品の価値形態の展開が変わるのだから、貨幣もまた別の一機能を受

け取るのである。貨幣は支払手段になる。(149)

買い手は自分が商品を貨幣に転化させるまえに貨幣を商品に再転化させる。すなわち、第一の商品変態［W―G］よりもさきに第二の商品変態［G―W］を行なう。売り手の商品は流通するが、その価格をただ私法上の貨幣請求権において実現するだけである。その商品は貨幣に転化するまえに使用価値に転化する。その商品の第一の変態はあとからはじめて実行されるのである。(150)

貨幣はもはや過程を媒介しない。貨幣は、交換価値の絶対的定在または一般的商品として、過程を独立に閉じる。売り手が商品を貨幣に転化させたのは、貨幣によって或る欲望を満足させるためであり、貨幣蓄蔵者がそうしたのは、商品を貨幣形態で保存するためであり、債務を負った買い手がそうしたのは、支払ができるようになるためだった。もし彼が支払わなければ、彼の持ち物の強制販売が行なわれる。つまり、商品の価値姿態、貨幣は、いまでは、流通過程そのものの諸関係から発生する社会的必然によって、販売の自己目的になるのである。(150)

債権の相殺

多くの売りが同時に並んで行なわれることは、流通速度が鋳貨量の代わりをすることを制限する。反対に、このことは支払手段の節約の一つの新しい梃子になる。同じ場所に支払が集中されるにつれて、自然発生的に支払の決済のための固有な施設と方法とが発達してくる。たとえば、中世のリヨンの振替がそれである。AのBにたいする、BのCにたいする、CのAにたいする、等々の債権は、ただ対照されるだけである金額までは正量と負量として相殺されることができる。こうして、あとに残った債務差額だけが清算されればよいことになる。(151)

支払手段としての貨幣の機能から、債権債務関係からなる原初的な信用システムが生まれてきます。信用システムを形成する債権債務関係は、買い手が「将来の貨幣」の人格化として認められることによって、すなわち、売り手から「信用」を与えられることによって発生します。この信用システムもまた、支払いの決済のために形成された組織、さらには債務者の所持物の強制販売を可能にする法律などによって支えられることによって現実に成立することができます。

支払手段としての貨幣の機能は、媒介されない矛盾を含んでいる。諸支払が相殺されるかぎり、貨幣は、ただ観念的に計算貨幣または価値尺度として機能するだけである。現実の支払がなされなければならないかぎりでは、貨幣は、流通手段として、すなわち物質代謝のただ瞬間的な媒介的な形態として現われるのではなく、社会的労働の個別的な化身、交換価値の自立的な定在、絶対的商品として現われるのである。この矛盾は、生産・商業恐慌中の貨幣恐慌と呼ばれる瞬間に爆発する。貨幣恐慌が起きるのは、ただ、諸支払の連鎖と諸支払の決済の人工的な組織とが十分に発達している場合だけのことである。このメカニズムの比較的全般的な攪乱が起きれば、それがどこから生じようとも、貨幣は、突然、媒介なしに、計算貨幣というただ単に観念的な姿から堅い貨幣に一変する。それは、卑俗な商品では代わることができないものになる。商品の使用価値は無価値になり、商品の価値はそれ自身の価値形態の前に影を失う。たったいままで、ブルジョアは、繁栄に酔い蒙を啓くとばかりにうぬぼれて、貨幣などは空虚な妄想だと断言していた。商品こそは貨幣だ、と。いまや世界市場には、ただ貨幣だけが商品だ！　という声が響きわたる。鹿が清水を求めて鳴くように、彼の魂は貨幣を、この唯一の富を求めて叫ぶ。恐慌のときには、商品とその価値姿態すなわち貨幣との対立は、絶対的な矛盾にまで高められる。したがってまた、そこでは貨幣の現象形態がなんであろうとかまわない。支払に用いられるのがなんであろうと、金であろうと、銀行券などのような信用貨幣であろうと、貨幣飢饉に変わりはないのである。（151f）

好況のときは信用システムが順調に機能するので、支払いの多くは債権債務関係のなかで決済され、現実に支払い手段として用いられる貨幣はそれほど多くありません。ところが、恐慌になり、信用システムがうまく機能しなくなると、途端に支払いのための貨幣が大量に必要となります。こうして、貨幣飢饉《ききん》になると、人々が貨幣を求めて殺到するため、利子率が急騰します。中央銀行による「マネー」の供給が意味をもつのは、まさにこのような事態においてにほかなりません。

信用貨幣

信用貨幣は、支払手段としての貨幣の機能から直接に発生するものであって、それは、売られた商品にたいする債務証書そのものが、さらに債権の移転のために流通することによって、発生するのである。他方、信用制度が拡大されれば、支払手段としての貨幣の機能も拡大される。このような支払手段として、貨幣はいろいろな特有な存在形態を受け取るのであって、この形態にある貨幣は大口商取引の部面を住みかとし、他方、金銀鋳貨は主として小口取引の部面に追い帰されるのである。（153f）

これまでみてきたような原初的な信用システムのもとでは、「商品にたいする債務証書」、すなわち手形が貨幣のかわりに流通するようになります。さらに原初的な信用システムを土台として、銀行が、この手形を、「銀行券」に置き換え、より高度な信用システムを形成します。この銀行券もやはり銀行の債務証書であり、求めがあれば銀行は金との兌換に応じなければなりません。ご存じのように、この銀行券は貨幣にかわって広く流通するようになります。これが信用貨幣です。

この銀行券は、時代の経過とともに、政府から認められた大銀行だけが発行できるものとなり、現在では中央銀行だけが発行することができます。兌換制が成立していた時代には、銀行券は信用貨幣以外のなにものでもありませんでしたが、不換制に移行した現代では、中央銀行はもはや兌換に応じる必要はなく、純粋な信用貨幣ではなくなっています。

とはいえ、近代国家の力を背景にして不換制に移行し、兌換に応じる必要がなくなったからと言って、手品のように価値を生み出したり、経済を活性化したりすることができるわけではありません。たしかに、現代の中央銀行やそのもとでの高度な信用制度は、兌換制のもとで不可能であったような大規模な経済介入を可能にしています。いまや中央銀行は金の制約から解放され、無制限に信用を供給できるようにさえ見えます。しかし、現代の高度な信用システムもやはり、実体経済から発生する原初的な信用システムに依拠していることには変わりありません。実体経済と無関係に信用を拡大し続けたり、信用制度の力によって実体経済を思うがままに動かすことはやはり不可能なのです。すでに指摘したように、兌換の必要がないからと言って、中央銀行が膨大な国債を引き受け、それがそのまま国家の購買力に転化するといった事態になれば、インフレーションが発生し、信用貨幣が代理することのできる金量、したがって価値は大幅に減少せざるをえないでしょう。また、「長期停滞」が続いている先進資本主義国では、「金融政策」によって貨幣恐慌を和らげ、経済恐慌を緩和することにはある程度成功していますが、実体経済の停滞を克服することにはいずれも成功していません。

c　世界貨幣

国内流通部面から外に出るときには、貨幣は価格の度量標準や鋳貨や補助貨や価値章標という国内流通部面でできあがる局地的な形態を再び脱ぎ捨てて、貴金属の元来の地金形態に逆もどりする。世界貿易では、諸商品はそれらの価値を普遍的に展開する。したがってまた、ここでは諸商品にたいしてそれらの独立の価値姿態も世界貨幣として相対する。世界市場ではじめて貨幣は、十分な範囲にわたって、その現物形態が同時に抽象的人間的労働の直接に社会的な実現形態である商品として、機能する。貨幣の定在様式はその概念に適合したものになる。(156)

世界貨幣は、一般的支払手段、一般的購買手段、富一般の絶対的社会的物質化として機能する。支払手段としての機能は、国際貸借の決済のために、他の機能に優越する。それだからこそ、重商主義のスローガンは言う――貿易差額！　金銀が国際的な購買手段として役だつのは、おもに、諸国間の物質代謝の従来の均衡が突然攪乱されるときである。最後に、富の絶対的社会的物質化として役だつのは、購買でも支払でもなく、一国から他国に富の移転が行なわれる場合であり、しかも商品形態でのこの移転が、商品市場の景気変動や所期の目的そのものによって排除されている場合である。(157f)

不換制が定着した現代では、いゆわる「国際通貨」はドルですが、とはいえ、金が世界貨幣として機能していないわけではありません。とくに欧米では依然として外貨準備の六～七割を金が占めています。たとえ兌換が停止され、貨幣名と金との直接的なつながりが断ち切られたとしても、第二章でみたように、金が一般的等価物にもっともふさわしい商品であることには変わりなく、その限りで依然として金は貨幣であり続けているのです。

「制度」が物象化と物象の人格化を媒介する

ここでイーデン〔英国の経済学者（一七六六―一八〇九）〕は、それならば「ブルジョア的制度」は誰が創造したものか？　と問うべきだったであろう。法学幻想の立場から、彼は法律を物質的生産関係の産物ではなく、反対に生産関係を法律の産物と見なしている。ランゲ〔フランスの法律家（一七三六―一七九四）〕はモンテスキュー〔（一六八九―一七五五）〕の幻想的な「法律の精神」を「法律の精神は所有だ」という一言で覆したのである。(643f)

さて、最後に本章で新たに登場した要素である「慣習」、「法律」、「人工的な組織」などの理論的な位置づけについて確認しておきましょう。

これまで見てきたことからわかるように、これらの要素は、物象化（第一章）と物象の人格化（第二章）によって生まれてくる貨幣を、外から補完し、支えることによって、現実に機能できるようにするという役割を果たしています。逆に言えば、貨幣は物象化と物象の人格化だけでは成立することができず、かならず慣習や法律や人為的組織の媒介が必要だということになります。本書では、一般に、物象化や物象の人格化だけでは成立しない物象の機能を外的に補完し、成立させるような諸要素のことを「制度」と呼ぶことにします。この呼び名は、制度主義的アプローチをマルクス経済学に応用した「レギュラシオン学派」の用語法にならったものです。

とはいえ、注意しなければならないのは、制度はあくまで物象化および物象の人格化だけでは十分に成立することができない物象の機能を媒介するだけであり、この物象を生み出すのはあくまで生産関係の物象化であり、物象の人格化だということです。それゆえ、これらの「制度」のあり方は一義的に定まるものではないとはいえ、物象化および物象の人格化のあり方に規定されます。たとえば、国家紙幣はたしかに国家の媒介なしには成立しえませんが、だからといって国家介入によって恣《し》意的に生み出せるものではありません。流通手段として機能するかぎりではたんなる貨幣の象徴であるにすぎないという、流通手段としての貨幣の形態規定性を前提とし、それを国家が媒介することによってはじめて成立しうるのです。同じように、支払い手段としての機能において債権が法律的形態において保証されるという制度的媒介も、債権債務関係を前提とし、それを法律的に保証するにすぎません。

にもかかわらず、見てきたように、貨幣の機能が実際には制度の支えによってはじめて成り立つことができるという事実だけに固執するところから、むしろ貨幣やその機能は制度ないし法律じしんの産物であるという観念が生まれてきます。より一般的にいえば、物象やその属性、さらには物象にもとづく近代的所有権が、物象の機能や近代的所有権を補完するにすぎない制度によってはじめて生まれてくるかのように考える観念です。マルクスは法律の力を過大評価するような幻想を「法学幻想」と呼んでいますが、それにとどまらず制度全般の力を過大評価する幻想のことを、本書では、「制度」幻想と呼ぶことにします。

コラム一　哲学と『資本論』

マルクスといえば「哲学者」というイメージがあるかもしれませんが、『ドイツ・イデオロギー』執筆以降は一貫して哲学に批判的な態度をとりました。とはいえ、マルクスは哲学をたんに否定したのではありません。むしろ、その批判の上に、哲学を経済学批判に積極的に活《い》かそうとしました。マルクスは、文学者になることを諦《あきら》めてからも文学をレトリックの武器として使い続けたのと同じように、哲学を思考の武器として使い続けたのです。

じっさい、『資本論』においても哲学は大きな役割を果たしています。とくにマルクスが高く評価したのがヘーゲルとアリストテレスです。ヘーゲルについては第一巻第二版の後書きで次のように述べられているほどです。「私は、自分があの偉大な思想家の弟子であることを公然と認め、また価値理論にかんする章のあちこちで、彼に固有な表現様式に媚《こび》を呈しさえした。弁証法がヘーゲルの手のなかでこうむっている神秘化は、彼が弁証法の一般的な運動諸形態をはじめて包括的で意識的な仕方で叙述したということを、決してさまたげるものではない。……この弁証法は、現存するものの肯定的理解のうちに、同時にまた、その否定、その必然的没落の理解を含み、どの生成した形態をも運動の流れのなかで、したがってその経過的な側面からとらえ、なにものによっても威圧されることなく、その本質上批判的であり革命的である」(27f)。このような批判的思考法としての弁証法を、マルクスがいかに活用しているかは『資本論』の全篇から読み取ることができるでしょう。

第二篇　貨幣の資本への転化

第四章　貨幣の資本への転化

本章では、いよいよ『資本論』の主題である資本が登場します。ここでは、第一篇で考察した商品流通を基礎にして、資本とは何か、また、その資本の運動がどのように成立するのかについて検討していきます。

第一節　資本の一般的定式

資本の考察においても眼前の資本主義社会から出発する

商品流通は資本の出発点である。商品生産と、発達した商品流通すなわち商業とは、資本が成立するための歴史的な前提をなしている。世界貿易と世界市場とは、一六世紀に資本の近代的生活史を開くのである。

商品流通の素材的な内容やいろいろな使用価値の交換は別として、ただこの過程が生みだす経済的な諸形態だけを考察するならば、われわれはこの過程の最後の産物として貨幣を見いだす。この商品流通の最後の産物は、資本の最初の現象形態である。

歴史的には、資本は、土地所有にたいして、どこでも最初はまず貨幣の形で、貨幣財産として、商人資本および高利資本として相対する。とはいえ、貨幣を資本の最初の現象形態として認識するためには、資本の成立史を回顧する必要はない。同じ歴史は、毎日われわれの目の前で繰り広げられている。どの新たな資本も、最初に舞台に現われるのは、すなわち市場に、商品市場や労働市場や貨幣市場に姿を現わすのは、相変わらずやはり貨幣としてであり、一定の過程を経て資本に転化するべき貨幣としてである。(161)

人格的な隷属・支配関係を基礎とする土地所有の権力と貨幣の非人格的な権力との対立は、次のような、フランスの二つのことわざにはっきり言い表されている。「領主のない土地はない」。「貨幣に主人はない」。(161)

歴史を見ても明らかなように、商品流通がなければ、資本は成立することができません。資本は、前近代社会において支配的であった「人格的な隷属・支配関係を基礎とする土地所有の権力」とは全く異なる、「貨幣の非人格的な権力」にもとづいているからです。これまでみてきたように、この貨幣は商品生産の産物にほかなりません。

とはいえ、資本を考察するために、歴史を遡《さかのぼ》る必要はありません。というのも、資本の運動は日々、私たちの「目の前で繰り広げられている」からです。それゆえ、商品の考察が、眼前の資本主義社会の商品から出発したように、資本の考察もやはり、眼前の資本主義社会の資本から出発します。

資本の流通形態（G—W—G）

商品流通の直接的形態は、W—G—W、商品の貨幣への転化と貨幣の商品への再転化、買うために売る、である。しかし、この形態と並んで、われわれは第二の独自に区別される形態、すなわち、G—W—Gという形態、貨幣の商品への転化と商品の貨幣への再転化、売るために買う、を見いだす。その運動によってこのあとのほうの流通を描く貨幣は、資本に転化するのであり、資本になるのであって、すでにその使命から見れば、資本なのである。（162）

流通W—G—Wでは貨幣は最後に商品に転化され、この商品は使用価値として役だつ。だから、貨幣は最終的に支出されている。これに反して、逆の形態G—W—Gでは、買い手が貨幣を支出するのは、売り手として貨幣を取得するためである。彼は商品を買うときには貨幣を流通に投ずるが、それは同じ商品を売ることによって貨幣を再び流通から引きあげるためである。彼が貨幣を手放すのは、再びそれを手に入れるという下心があってのことにほかならない。それだから、貨幣はただ前貸しされるだけなのである。（163）

循環W—G—Wは、ある一つの商品の極から出発して別の一商品の極で終結し、この商品は流通から出て消費されてしまう。それゆえ、消費、欲望充足、一言で言えば使用価値が、この循環の最終目的である。これに反して、循環G—W—Gは、貨幣の極から出発して、最後に同じ極に帰ってくる。それゆえ、この循環の推進的動機も規定的目的も交換価値そのものである。（164）

剰余価値

およそある貨幣額を他の貨幣額と区別することができるのは、ただその大きさの相違によってである。それゆえ、過程G―W―Gは、その両極がどちらも貨幣なのだから両極の質的な相違によって内容をもつのではなく、ただ両極の量的な相違によってのみ内容をもつのである。最後には、最初に流通に投げこまれたよりも多くの貨幣が流通から引きあげられるのである。たとえば、一〇〇ポンド・スターリングで買われた綿花が、一〇〇・プラス・一〇ポンドすなわち一一〇ポンドで再び売られる。それゆえ、この過程の完全な形態は、G―W―G'であり、ここではG'＝G＋ΔGである。すなわちG'は、最初に前貸しされた貨幣額・プラス・ある増加分に等しい。この増加分、または最初の価値を越える超過分を、私は剰余価値と呼ぶ。(165)

資本

それゆえ、最初に前貸しされた価値は、流通のなかでただ自分を保存するだけではなく、そのなかで自分の価値量を変え、剰余価値をつけ加えるのであり、言い換えれば自己を増殖する。そして、この運動がこの価値を資本に転化させるのである。(165)

G―W―G'は、直接に流通部面に現れる資本の一般的定式である。(170)

すなわち、資本とは自己増殖する価値にほかなりません。流通部面におけるこの資本の運動、すなわち価値の力による剰余価値の取得を表したG—W—G'を「資本の一般的定式」と呼びます。

資本の運動には限度がない

買うために売ることの反復または更新は、この過程そのものがそうであるように、限度と目標とを、過程の外にある最終目的としての消費に、すなわち特定の諸欲望の充足に、見いだす。これにたいして、販売のための購買では、始めも終わりも同じもの、貨幣、交換価値であり、すでにこのことによってもこの運動は無限である。……単純な商品流通、購買のための販売は、流通の外にある最終目的、使用価値の取得、欲望の充足のための手段として役だつ。これにたいして、資本としての貨幣の流通は自己目的である。というのは、価値の増殖は、ただこの絶えず更新される運動のなかだけに存在するからである。それだから、資本の運動には限度がないのである。(166f)

資本の目的は際限のない欲望の対象となる価値であり、資本はたえず自らの価値を流通に投げ入れ、価値を増殖しようとします。それゆえ、資本の運動には限度がありません。

つまり、G―W―G'というプロセスがおわって戻ってきた貨幣を再び流通に投げ入れ、G―W―G'というプロセスを開始するということを繰り返すのです。

資本家

この運動の意識ある担い手として、貨幣所持者は資本家になる。彼の人格、またはむしろ彼のポケットは、貨幣の出発点であり帰着点である。あの流通の客観的内容――価値の増殖――が彼の主観的目的なのであって、ただ抽象的な富をますます多く取得することが彼の操作の唯一の推進的動機であるかぎりでのみ、彼は資本家として、または人格化され意志と意識とを与えられた資本として、機能するのである。だから、使用価値はけっして資本家の直接的目的として取り扱われるべきものではない。個々の利得もまたそうではなく、ただ利得することの休みのない運動だけが資本家の直接的目的として取り扱われるべきである。この絶対的な致富衝動、この熱情的な価値追求は、資本家にも貨幣蓄蔵者にも共通であるが、しかし、貨幣蓄蔵者は狂気の沙汰の資本家でしかないのに、資本家は合理的な貨幣蓄蔵者なのである。価値の休みのない増殖、これを貨幣蓄蔵者は、貨幣を流通から救い出そうとすることによって、追求するのであるが、より賢明な資本家は、貨幣を絶えず繰り返し流通に投げこむことによって、それを成し遂げるの

である。(167f)

資本の人格化が資本家です。資本家は、「熱情的な価値追求」という点では、貨幣蓄蔵者と共通する性格をもっていますが、その追求の方法がまったく違っています。貨幣蓄蔵者が「狂気の沙汰」なのは、価値の力を使わないことによって、すなわちたえず貨幣を流通から救い出すことによって価値を増やそうとするからであり、資本家が「より賢明」なのは、価値の力をもちいて、すなわち貨幣をたえず流通に投げ込むことによって価値を増やそうとするからにほかなりません。

価値の主体化としての資本

諸商品の価値が単純な流通のなかでとる自立的な形態、貨幣形態は、ただ商品交換を媒介するだけで、運動の最後の結果では消えてしまっている。これに反して、流通G—W—Gでは、両方とも、商品も貨幣も、ただ価値そのものの別々の存在様式として、すなわち貨幣はその一般的な、商品はその特殊的な、いわばただ仮装しただけの存在様式として、機能するだけである。価値は、この運動のなかで消えてしまわないで絶えず一方の形態から他方の形態に移って行き、そのようにして、一つの自動的な主体に転化する。

自分を増殖する価値がその生活の循環のなかで交互にとってゆく特殊な現象形態を固定してみれば、そこで得られるのは、資本は貨幣である、資本は商品である、という説明である。しかし、実際には、価値はここでは一つの過程の主体になるのであって、この過程のなかで絶えず貨幣と商品とに形態を変換しながらその大きさそのものを変え、原価値としての自分自身から剰余価値としての自分を突き出して、自分自身を増殖するのである。なぜならば、価値が剰余価値をつけ加える運動は、価値自身の運動であり、価値の増殖であり、したがって自己増殖であるからである。（168f）

商品生産から価値が自立化した価値体としての貨幣が生まれてきましたが、さらに、ここでは、G—W—G′という資本の運動をつうじて、価値が主体として現れてきます。というのは、この運動は、まさしく価値が価値自身の力によって増殖する運動、価値の自己増殖運動にほかならないからです。

第二節　一般的定式の矛盾

資本の流通形態、すなわち一般的定式（G—W—G′）は、これまで述べてきた商品交換の法則に反しています。というのも、商品交換は、原則として、等しい価値（交換力）をもつ物どうしの交換だったからです。このような商品交換の法則にしたがって、たとえば、千円と値札に書かれている商品を千円で買い、それを再び千円で売ったとしても価値を増やすことはできません。本節では、このような「一般的定式の矛盾」について考察します。

剰余価値は商品流通からは発生しない

こうして、商品の流通がただ商品の価値の形態変換だけをひき起こすかぎりでは、商品の流通は、もし現象が純粋に進行するならば、等価物どうしの交換をひき起こすのである。……だから、使用価値に関しては交換者が両方とも得をすることがありうるとしても、両方が交換価値で得をすることはありえないのである。ここでは、むしろ、「平等のあるところに利得はない」ということになるのである。もちろん、商品は、その価値からずれた価格で売られることもありうるが、しかし、このような偏差は商品交換の法則の侵害として現われる。その純粋な姿では、商品交換は等価物どうしの交換であり、したがって、価値をふやす手段ではないのである。(173)

……流通する価値の総額をその分配の変化によってふやすことはできないということは明らかである……。一国の資本家階級の全体が自分で自分からだまし取ることはできない。

……流通または商品交換は価値を創造しないのである。

こういうことからも、資本の基本形態、すなわち近代社会の経済組織を規定するものとしての資本の形態をわれわれが分析するにあたって、なぜ資本の普通に知られている、いわば大洪水以前的な姿である商業資本と高利資本をさしあたりはまったく考慮に入れないでおくかがわかるであろう。(177f)

これまでみてきたように、商品の交換比率、より端的にいえば商品の価格は商品の価値によって、すなわち社会的必要労働時間によって規制されています。それゆえ、平均的なケースを考えれば、商品は価値通りに交換されるのであり、商品流通から剰余価値が発生しないことは明らかです。もちろん、個別的なケースを見れば、価値から乖離《かいり》した価格で商品は販売されますが、このような「分配の変化」によって、生産活動が生み出す社会全体の価値が増えることはありません。価値から乖離した価格での販売は、一方が得をして、他方が損をするということでしかなく、いまの資本主義社会において資本が一般に剰余価値（利潤）を生み出すことができているという事実を説明することはできません。

このような事情は、なぜマルクスが商業資本や利子生み資本をいきなり考察しないのかということの理由をなしています。商業資本であれ、利子生み資本であれ、剰余価値を創造するメカニズムを自らのうちにはもっていません。それらは剰余価値を産出するメカニズムを備えた「資本の基本形態」を解明したあとにはじめて説明することができるのです。なお、商業資本および利子生み資本についての考察は、『資本論』第三巻の課題となります。

しかし、剰余価値は流通から発生しなければならない

これまでに明らかにしたように、剰余価値は流通から発生することはできないのだから、それが形成されるときには、流通そのもののなかでは目に見えないなにごとかが流通の背後で起きるのでなければならない。しかし、剰余価値は流通からでなければほかのどこから発生することができるだろうか？……商品所持者は彼の労働によって価値を形成することはできるが、しかし、自己を増殖する価値を形成することはできない。彼がある商品の価値を高くすることができるのは、現にある価値に新たな労働によって新たな価値を付加することによってであり、たとえば革で長靴をつくることによってである。同じ素材が今ではより多くの価値をもつのは、それがより大きな労働量を含んでいるからである。それゆえ、長靴は革よりも多くの価値をもっているが、しかし革の価値は元のままである。革は自分の価値を増殖したのではなく、長靴製造中に剰余価値を身につけたのではない。つまり、商品生産者が、流通部面の外で、他の商品所持者と接触する

ことなしに、価値を増殖し、したがって貨幣または商品を資本に転化させるということは、不可能なのである。（179f）

では、剰余価値が流通から発生しないとすれば、どこから発生するのか、というのがここでの問題です。私たちが見てきたところでは、流通以外の場は生産しかありません。それでは、資本家が自ら生産活動を行うことによって剰余価値を生み出すことは可能でしょうか。可能ではありません。

たとえば、資本家が革を一万円で買い、自ら労働して靴を作り、それを二万円で売るとします。このとき、たしかに資本家は一万円だけ価値を増やすことに成功したようにみえますが、これはただ自分が支出した抽象的人間的労働が価値として革に新たに対象化されただけです。ですから、この増えた分の一万円は剰余価値ではありませんし、最初に革を購入するときに支出された一万円もまた資本にはなっていません。最初に投下された一万円が資本になるためには、資本家に労働させることなく、その一万円自身の力で価値を増やすことができなければなりません。すなわち、自らの価値の力だけによってその増分である剰余価値を生み出さなければならないのです。このように考えると、先ほどとは逆に、剰余価値はG—W—G′という流通からしか発生しえない、ということになります。

ここがロドスだ、ここで跳べ！

こうして、二重の結果が生じた。貨幣の資本への転化は、商品交換に内在する諸法則にもとづいて展開されるべきであり、したがって等価物どうしの交換が当然出発点とみなされる。いまのところまだ資本家の幼虫でしかないわれわれの貨幣所持者は、商品をその価値どおりに買い、価値どおりに売り、しかも過程の終わりには、自分が投げ入れたよりも多くの価値を引き出さなければならない。彼の蝶への成長は、流通部面で行なわれなければならないし、また流通部面で行なわれてはならない。これが問題の条件である。ここがロドスだ、ここで跳べ！（180f）

第三節　労働力の販売

では、第二節でみたような条件のもとで、どのようにして剰余価値を生み出すことができるのでしょうか。すでにみたところから、購買Ｇ—Ｗや販売Ｗ—Ｇによって剰余価値を生み出すことができないのは明らかです。とすれば、剰余価値を生み出すことを可能にするものは、資本家が最初の購買によって入手する商品以外にはありえません。資本家は、その商品の使用価値が「労働の対象化であり、したがって価値創造であるような一商品」、「価値の源泉であるという独特な性質をその使用価値そのものがもっているような一商品」(181) を運良く市場において見いださなければならないのです。このような一商品こそが、この節で考察する「労働力」という商品にほかなりません。

労働力

われわれが労働力または労働能力と言うのは、人間の肉体すなわち生きている人格のうちに存在していて、彼がなんらかの種類の使用価値を生産するときにそのつど運動させるところの、肉体的および精神的諸能力の総体のことである。(181)

労働力が商品となる条件

労働力の所持者が労働力を商品として売るためには、彼は、労働力を自由に処分することができなければならず、したがって彼の労働能力、彼の人格の自由な所有者でなければならない。労働力の所持者と貨幣所持者とは、市場で出会って互いに対等な商品所持者として関係を結ぶのであり、彼らの違いは、ただ、一方は買い手で他方は売り手だということだけであって、両方とも法学的には平等な人格である。この関係が持続するには、労働力の所有者がつねにただ一定の時間を限ってのみ労働力を売るということが必要である。なぜならば、もし彼がそれをひとまとめにして一度に売ってしまうならば、彼は自分自身を売ることになり、彼は自由人から奴隷に、商品所持者から商品になってしまうからである。(182)

貨幣所持者が労働力を市場で商品として見いだすための第二の本質的な条件は、労働力所持者が自分の労働が対象化されている商品を売ることができないで、ただ自分の生きている肉体のうちにだけ存在する自分の労働力そのものを商品として売り出さなければならないということである。

ある人が自分の労働力とは別な商品を売るためには、もちろん彼は生産手段、たとえば原料や労働用具などをもっていなければならない。彼は革なしで長靴をつくることはできない。彼にはそのほかに生活手段も必要である。未来の生産物では、したがってまたその生産がまだ終わっていない使用価値では、だれも、未来派の音楽家でさえも、食ってゆくことはできない。そして、人間は、彼が生産を始める前にも、生産しているあいだにも、地上に姿を現わした最初の日と変わりなく、いまもなお毎日消費しなければならない。(183)

だから、貨幣が資本に転化するためには、貨幣所持者は商品市場で自由な労働者に出会わなければならない。自由というのは、二重の意味でそうなのであって、自由な人格として自分の労働力を自分の商品として処分できるという意味と、他方では労働力のほかには商品として売るものをもっていなくて、自分の労働力の実現のために必要なすべての物から解き放たれており、それらの物から自由であるという意味で、自由なのである。(183)

ここでマルクスが述べていることを別の視点からみれば、労働力が商品になるには、生産活動に直接に関わる人々、すなわち労働者が前近代的共同体の人格的依存関係、あるいは奴隷制や封建制などの人格的従属関係から、「解放」されている必要があるということです。

この「解放」は労働者にとって二重の意味を持ちます。一方では、それによって、人々は「血縁」や「地縁」にもとづく身分制や前近代的な因習から解放され、対等な商品所持者として関係をむすぶことができるようになります。他方では、前近代的共同体から「自由」になることにより、多くの場合、彼らは自分の生活手段（生活に必要なもの）を生産するための生産手段（生産に必要なもの）からも「解放」されます。すなわち、それを失ってしまいます。そのため、生活手段もまた、自前で生産して入手することができなくなってしまいます。

このような条件のもとでは、労働者は、自分が生産した労働生産物によって——直接消費するのであれ、商品として販売するのであれ——生活していくことはできません。生産手段という、自分が労働することができる条件を失ってしまっているからです。だからこそ、労働者たちは、自分が所持している労働能力を商品として販売することを強制されるのです。

注意すべきは、ここで労働者たちが販売するのはけっして労働ではなく、これから労働することができるという労働能力以外のなにものでもない、ということです。みてきたような条件のもとでは、労働者は生産手段をもっておらず、自分の意志で労働を行うことはできません。労働は、彼が資本家に自分の労働力を売り、資本家に何らかの仕事の遂行を命じられたときにはじめて行われます。

なお、このような条件が歴史的にいかに形成されたかについては、第二四章の「いわゆる本源的蓄積」のところでみることになります。

労働力の価値

労働力の価値は、他のどの商品の価値とも同じに、この独自な商品の生産に、したがってまた再生産に必要な労働時間によって規定されている。それが価値であるかぎりでは、労働力そのものは、ただそれに対象化されている一定量の社会的平均労働を表わしているだけである。労働力は、ただ生きている個人の素質として存在するだけである。したがって、労働力の生産はこの個人の存在を前提する。この個人の存在が与えられていれば、労働力の生産は彼自身の再生産または維持である。自分を維持するためには、この生きている個人はいくらかの量の生活手段を必要とする。だから、労働力の生産に必要な労働時間は、この生活手段の生産に必要な労働時間に帰着する。言い換えれば、労働力の価値は、労働力の所持者の維持のために必要な生活手段の価値である。……労働力の所有者は、今日の労働を終わったならば、明日も力や健康の同じ条件のもとで同じ過程を繰り返すことができなければならない。だから、生活手段の総額は、労働する個人をその正常な生活状態にある労働する個人として維持するのに足りるものでなければならない。食物や衣服や採暖や住居などのような自然的な欲望そのものは、一国の気象その他の自然的な特色によって違っている。他方、いわゆる必需欲望の範囲もその充足の仕方もそれ自身一つの歴史的な産物であり、したがって、だいたいにおいて一国の文化段階によって定まるものであり、ことにまた、主として、自由な労働者の階級がどのような条件のもとで、したがってどのような習慣や生活要求をもって形成されたか、によって定まるものである。だから、労働力の価値規定は、他の商品の場合とは違って、ある歴史的かつ社会慣行的な要素を含んでいる。とはいえ、一定の国については、また一定の時代には、必要生活手段の平均範囲は与えられているのである。(184f)

労働力の価値を考えるときに重要なのは、労働力が私的労働の生産物ではないということです。むしろ、労働力は人々の日常の生活過程のなかで再生産されます。もちろん、日常の生活過程のなかでも調理や清掃、洗濯などの労働が行われます。これらが労働力の再生産に役立っていることは間違いありません。しかし、生活過程のなかで行われる家事労働はいずれもマルクスのいう「私的労働」(社会的分業の一部を構成しながら、私的個人によって行われる私的な労働)ではなく、したがって価値を生み出すことはありません。ですから、家事労働がどれほど労働力の再生産に役立とうと、それが労働力の価値を形成することはないのです。

労働力の価値を形成するのは、それを再生産するのに必要な商品の価値だけです。この商品がどういうものからなるかは、国や地方によって違ってきますし、文化の発展段階によっても違ってくるでしょう。調理や清掃、洗濯も生活過程のなかで家事労働として行われていれば、労働力の価値を形成しませんが、それが私的労働として行われるようになり、労働力の売り手たちがそれらの生産物やサーヴィスを購入して生活を成り立たせるようになれば、それらの価値は労働力の価値を形成するようになるでしょう。[1]

なお、労働力の価値には、その労働者の生活手段だけではなく、労働者の子供の生活手段の価値も含まれており、これによって「この独特な商品所持者の種族が商品市場で永久化」(186)されます。また、「一定の労働部門で技能と熟練とを体得して発達した独自な労働力になるようにするためには、一定の養成または教育が必要であり、これにはまた大なり小なりの額の商品等価物が費やされ」(186)ますので、労働力の価値にはこの「修業費」も含まれることになります。

1 なお、ここで気をつけなければならないのは、サーヴィス労働じたいが価値をもつのではないということです。そもそも価値は私的労働が直接に社会的性格をもたないがゆえに発生するものであり、労働が価値を持つことはありません（この点については第一七章の解説も参照してください）。サーヴィス労働が私的労働として行われる場合にも、サーヴィス労働そのものではなく、それが生産する有用効果が価値をもつのです。

自由、平等、所有、ベンサム

労働力の売買が、その限界のなかで行なわれる流通または商品交換の部面は、じっさい、天賦の人権の真の楽園だった。ここで支配しているのは、ただ、自由、平等、所有、そしてベンサムである。自由！　なぜならば、ある一つの商品たとえば労働力の買い手も売り手も、ただ彼らの自由意志によって規定されているだけだから。彼らは、自由な、権利上、対等な人格として契約する。契約は、彼らの意志がそれにおいて一つの共通な法＝権利的表現を与えられる最終結果である。平等！　なぜならば、彼らは、ただ商品所持者として互いに関係し合い、等価物と等価物とを交換するのだから。所有！　なぜならば、どちらもただ自分のものを自由に処分するだけだから。ベンサム！　なぜならば、両者のどちらにとっても、問題なのはただ自分のことだけだから。彼らを結びつけて一つの関係のなかに置くただ一つの力は、彼らの自己利益の、彼らの個別的利益の、彼らの私的利害の力だけである。そして、このように各人がただ自分のことだけを考え、だれも他人のことは考えないからこそ、みなが、事物の予定調和の結果として、またはまったく抜け目のない摂理のおかげで、ただ彼らの相互の利益の、共同の利益の、全体の利益の事業をなしとげるのである。（189f）

ここでは、第二章のプルードン批判のところでみた「ホモ・エコノミクス」幻想がより本格的に論じられています。ここで言われる「自由」とは商品売買の自由にほかならず、「平等」とは商品所持者としての平等にほかならず、「所有」とは物象の力にもとづいた排他的所有権にほかなりません。「所有」について補足しておけば、前近代的な、共同体の伝統や慣習にもとづいた重層的で複雑な所有とは異なり、近代社会の商品所有権は、それが物象の力だけにもとづくものであるがゆえに、非常に単純な、それゆえ排他的な所有権となります。買い手は貨幣の力によってどんな商品でも排他的に所有することができ、それを自分の意志で自由に処分することができます。

それでは、最後に言われる「ベンサム」とは何でしょうか。もちろん、これはジェレミ・ベンサム（一七四八―一八三二）の「功利主義」のことを指しています。すなわち、以上のような自由、平等、所有のもとで個々人が私的利益を追求することによってこそ、「相互の利益の、共同の利益の、全体の利益の事業」が成し遂げられるとする思想です。

このような「ホモ・エコノミクス」幻想を基準にするのであれば、労働力という商品の売買もこの「天賦の人権の真の楽園」で行われるわけですから、自由、平等、所有、そして全体的利益という観点からみて、まったく正当なものであり、歓迎すべきものだということになります。

しかし、いまや私たちは労働力という商品の使用価値、すなわち労働について考察するために、このような幻想を生み出す「流通または商品交換の部面」を離れ、生産過程に移らなければなりません。すると、「われわれの登場人物の顔つきは、すでにいくぶん変わっている」(191)とマルクスは言います。「さっきの貨幣所持者は資本家として先に立ち、労働力所持者は彼の労働者としてあとについて行く。一方は意味ありげにほくそえみながら、せわしげに、他方はおずおずと渋りがちに、まるで自分の皮を売ってしまってもはや革になめされるよりほかにはなんの望みもない人のように」(191)。

コラム２　エンゲルスと『資本論』

エンゲルスは、マルクスの二歳年下であるにもかかわらず、マルクスと再会し、協働を開始した時点では、経済学の領域においてマルクスの先を進んでいました。非常に博識であり、社会科学のみならず、のちには自然科学や軍事学にも精通し、語学も堪能でした。また、名著として知られる『イングランドにおける労働者階級の状態』（一八四五年）は、エンゲルスが弱冠二四歳のとき書いたものであるにもかかわらず、きわめて優れたルポルタージュであり、マルクスの座右の書となりました。じっさい、『資本論』第一巻でも絶賛され、何度も参照の指示がなされています。

それほどの能力の持ち主であるにもかかわらず、エンゲルスは父親の会社で働くなど、自分の研究活動を犠牲にし、マルクスの仕事を支える側に回りました。エンゲルスはマルクスが傑出した天才であることを見抜いていたのです。資本主義の現実に精通しており、自らの理論のよき理解者であったエンゲルスとの協働は、マルクスにとって欠かすことのできないものであったでしょう。マルクスの死後は、『資本論』第二巻および第三巻を編集し、マルクスの理論をわかりやすく解説した著作を執筆するなど、マルクスの理論の普及のために尽力しました。晩年のエンゲルスのマルクス理解にはやや図式的なところがあり、批判もありますが、このエンゲルスの努力がなければ、労働運動や社会運動のなかでここまでマルクスの思想が影響力をもつことはなかったでしょう。

第三篇　絶対的剰余価値の生産

第五章　労働過程と価値増殖過程

本章では、資本家が労働力商品の消費過程としておこなう価値増殖過程を考察します。そのための前提として、まず、「特定の社会形態」とは関わりのない、使用価値の生産一般としての労働過程について考察します。

第一節　労働過程

労働とは何か

労働は、何よりもまず、人間と自然とのあいだの一過程、すなわち人間が自然との物質代謝を自分自身の行為によって媒介し、規制し、制御する一過程である。人間は自然素材にたいして自ら一つの自然力として相対する。彼は、自然素材を、彼自身の生活のために使用されうる形態で獲得するために、彼の肉体にそなわる自然力、腕や脚、頭や手を動かす。(192)

労働は、使用価値の形成者としては、有用労働としては、あらゆる社会形態から独立した、人間の存在条件であり、人間と自然との物質代謝を、それゆえ人間の生活を媒介する永遠の自然必然性である。(57)

われわれは、ただ人間だけにそなわるものとしての形態にある労働を想定する。蜘蛛は、織匠の作業にも似た作業をするし、蜜蜂はその蠟房の構造によって多くの人間の建築師を赤面させる。しかし、もともと、最悪の建築師でさえ最良の蜜蜂にまさっているというのは、建築師は蜜房を蠟で築く前にすでに頭のなかで築いているからである。労働過程の終わりには、その始めにすでに労働者の心像のなかには存在していた、つまり観念的にはすでに存在していた結果が出てくるのである。労働者は、自然的なものの形態変化を引き起こすだけではない。彼は、自然的なもののうちに、同時に彼の目的を実現するのである。(193)

ここで述べられている労働の定義は『資本論』全体を読み解く上で極めて重要になります。第一章第二節にも類似の議論がありますので、そこからの引用も並べて掲げてあります。

マルクスが労働について考える際の大前提は、人間が自然の一部であるということです。人間は有機体の一種であり、ほかのあらゆる有機体と同じように、たえず自然とやりとりすることによってしか生きることができません。人間は呼吸し、酸素を取り入れ、二酸化炭素を排出します。食物や水を摂取し、尿や便として排泄《はいせつ》します。他方、自然の側も、排出された二酸化炭素を植物の光合成をつうじて酸素に変換します。また、尿や便は土壌を肥沃《ひよく》にし、植物の育成を促すでしょう。

マルクスは、このような人間と自然とのあいだの循環のことを、「人間と自然との物質代謝」と呼びました。人間は、ほかのあらゆる生命体と同じように自然の一部であり、なによりもまず、この物質代謝を通じて自らの生命を維持しているのです。

しかし、人間が必要とする自然とのかかわりはそれだけではありません。体温を保持し身体を防護するために衣服を作ったり、安定して食料を確保するために植物を栽培したり、安全な生活領域を確保するために住居を作ったりします。つまり、人間たちは自然との物質代謝を円滑に行うために、自分の行為によって、自然を変容させているのです。このような活動は、人間が自然との物質代謝を規制し、制御するという意味で、人間と自然との物質代謝の媒介だと言うことができます。

とはいえ、この場合もやはり、その複雑さや多様性によって区別されるとはいえ、ほかの生命体の活動と共通の性格を持っています。マルクスがここで挙げているような、蜘蛛《くも》が巣を張るという行為も、蜘蛛と自然との物質代謝の媒介であることには違いありません。

しかし、人間による物質代謝の媒介とほかの生物によるそれとには決定的な違いがあります。人間による物質代謝の媒介が意識的に行われるのにたいし、ほかの生物による物質代謝の媒介は本能的に行われるにすぎないということです（もちろん、人間以外の動物も一定の意識性をもっていますが、その程度が人間とは決定的に相違しています）。人間が労働する際には、まず構想をもち、それからこの構想にもとづいて行為し、これを実現します。それゆえ、人間による自然との物質代謝の媒介はすぐれて意識的行為であり、したがってまた知的行為なのです。

このような、人間に固有な、自然との物質代謝の意識的な媒介のことを、マルクスは労働と呼びました。すなわち、労働とは、人間が自然との物質代謝を自分の意識的な行為によって媒介し、規制し、制御することにほかなりません。

労働過程の要素

労働過程の単純な諸契機は、目的にしたがって行われる活動または労働そのもの、労働対象、労働手段である。(193)

人間は、彼の生産において、ただ自然そのものと同じように振る舞うことができるだけである。すなわち、ただ素材の形態を変えることができるだけである。それだけではない。形態を変えるこの労働そのものにおいても、人間はつねに自然力にささえられている。だから、労働は、それによって生産される使用価値の、素材的富の、ただ一つの源泉なのではない。ウィリアム・ペティの言うように、労働は素材的富の父であり、土地はその母である。(57f)

この全過程をその結果である生産物の立場からみれば、二つのもの、労働手段と労働対象は生産手段として現れ、労働そのものは生産的労働として現われる。(196)

労働は、人間の目的意識的な活動だけでは可能ではありません。労働の対象となる自然や原料(人間の手が加えられた労働対象のことを原料と言います)が必要ですし、さらには労働手段となる道具や機械、あるいは作業を行う土地も必要となります。労働対象と労働手段は、生産物の側から見れば、いずれも生産のための手段なので、両者をまとめて「生産手段」と呼びます。

労働過程が資本家による労働力の消費過程として行われることによる二つの変化

ところで、労働過程は、資本家による労働力の消費過程として行なわれるものとしては、二つの特有な現象を示している。

労働者は資本家の監督のもとに労働し、彼の労働はこの資本家に属している。資本家は、労働が整然と行なわれて生産手段が目的に従って使用されるように、つまり原料がむだにされず労働用具がたいせつにされるように、言い換えれば作業中の使用によってやむをえないかぎりでしか損傷されないように、見守っている。

また、第二に、生産物は資本家の所有物であって、直接的生産者である労働者のものではない。資本家は、労働力のたとえば一日分の価値を支払う。そこで、労働力の使用は、他のどの商品の使用とも同じに、たとえば彼が一日だけ賃借りした馬の使用と同じに、その一日は彼のものである。商品の買い手には商品の使用が属する。……彼が資本家の作業場にはいった瞬間から、彼の労働力の使用価値、つまりその使用、労働は、資本家のものになったのである。……労働過程は、資本家が買った物と物とのあいだの、彼に属する物と物とのあいだの、一過程である。それゆえ、この過程の生産物が彼のものであるのは、ちょうど、彼のワイン地下貯蔵室のなかの発酵過程の生産物が彼のものであるようなものである。(199f)

第二節　価値増殖過程

第一節では労働過程について考察しましたが、資本家が労働力を使って生産するものはたんなる使用価値ではなく、価値をもっている商品です。ですから、ここでは生産をたんなる労働過程として考察するだけではなく、「価値形成過程としても考察」(201)しなければなりません。

生産手段の価値は生産物の価値の成分をなす

……[価値形成過程においては]糸を形成する諸要素の生産に必要な労働時間は、すでに過ぎ去っており、過去完了形にあるが、これにたいして、最終過程の紡績に直接に用いられた労働はもっと現在に近く、現在完了形にあるということは、まったくどうでもよい事情である。一定量の労働、たとえば三〇労働日の労働が、一軒の家の建築に必要だとすれば、三〇日目の労働日が最初の労働日よりも二九日おそく生産にはいったということは、その家に合体された労働時間の総計を少しも変えるものではない。このように、労働材料［綿花］や労働手段［紡錘（原料から糸をつむぎ巻き取るための道具）］に含まれている労働時間は、まったく、紡績過程のうちの最後に紡績の形でつけ加えられた労働よりも前の一段階で支出されたにすぎないものであるかのように、みなされうるのである。

要するに、一二シリングという価格で表わされる綿花と紡錘という生産手段の価値は、糸の価値の、すなわち生産物の価値の成分をなしているのである。（202f）

価値形成過程においては労働の量だけが問題となる

紡績工の労働が価値形成的であるかぎり、すなわち価値の源泉であるかぎりでは、それは砲身中ぐり工の労働と、またはここではもっと手近な例で言えば、糸の生産手段に実現されている綿花栽培者や紡錘製造工の労働と少しも違ってはいない。ただこの同一性によってのみ、綿花栽培も紡錘製造も紡績も同じ総価値の、すなわち糸の価値の、ただ量的に違うだけの諸部分を形成することができるのである。ここで問題になるのは、も

はや労働の質やその性状や内容ではなく、ただその量だけである。(203f)

剰余価値生産のメカニズム

労働力の日価値［一日の労働力の価値］は三シリング［ここでは一時間の労働によって生み出された価値が〇・五シリングの貨幣で表現されると仮定している］だったが、それは、労働力そのものに半労働日［ここでは一労働日（一日の労働時間）を一二労働時間と仮定しているので、半労働日は六労働時間］が対象化されているからである。すなわち、労働力の生産のために毎日必要な生活手段に半労働日がかかるからである。しかし、労働力に含まれている過去の労働と労働力が遂行することができる生きた労働とは、つまり労働力の毎日の維持費と労働力の毎日の支出とは、二つのまったく違う量である。前者は労働力の交換価値を規定し、後者は労働力の使用価値をなしている。労働者を二四時間生かしておくために半労働日［六労働時間］が必要だということは、けっして彼がまる一日［一二時間］労働するということを妨げはしない。だから、労働力の価値と、労働過程での労働力の価値増殖とは、二つの違う量なのである。この価値の差は、資本家が労働力を買ったときにすでに彼の眼中にあったのである。糸や長靴をつくるという労働力の有用な性質は一つの不可欠な条件ではあったが、それは、ただ、価値を形成するためには労働は有用な形態で支出されなければならないからである。ところが、決定的なのは、この商品の独自な使用価値、すなわち価値の源泉でありしかもそれ自身がもっているよりも大きな価値の源泉だという独自な使用価値であった。これこそ、資本家がこの商品に期待する独自な役だちなのである。そして、その場合、彼は商品交換の永遠の法則に従って行動する。じっさい、労働力の売り手は、他のどの商品の売り手とも同じに、労働力の交換価値を実現してその使用価値を引き渡すのである。彼は、他方を手放さなければ一方を受け取ることはできない。労働力の使用価値、つまり労働そのものがその売り手のものではないということは、売られた油の使用価値が油商人のものではないようなものである。貨幣所持者は労働力の日価値を支払った。だから、一日の労働力の使用、一日にわたる労働は、彼のものである。労働力はまる一日活動し労働することができるにもかかわらず、労働力の一日の維持には半労働日しかかからないという事情、したがって、労働力の使用が一日につくりだす価値が労働力自身の日価値の二倍だという事情は、買い手にとっての特別な幸運ではあるが、けっして売り手にたいする不正ではないのである。（207f）

われわれの資本家には、彼をうれしがらせるこのような事情は前からわかっていたのである。それだから、労働者は六時間だけではなく一二時間の労働過程に必要な生産手段を作業場に見いだすのである。一〇ポンドの綿花が六労働時間を吸収して一〇ポンドの糸になったとすれば［マルクスは一〇ポンドの糸を生産するには六時間の労働と一〇ポンドの綿花が必要だと仮定している］、二〇ポンドの綿花は一二労働時間を吸収して二〇ポンドの糸となるであろう。……二〇ポンドの糸には今では五労働日［六〇労働時間］が対象化されている。四労働日［四八労働時間＝二〇ポンドの綿花の生産に費やされた四〇労働時間＋二〇ポンドの綿花を加工するために必要な紡錘の生産に費やされた八労働時間］は消費された綿花量と紡錘量とに対象化されていたものであり、一労働日［一二労働時間］は紡績過程のあいだに綿花によって吸収されたものである。ところが、五労働日［六〇労働時間］の金表現は三〇シリング［六〇×〇・五＝三〇シリング］であり、すなわち一ポンド・スターリング一〇シリング［一ポンド・スターリング＝二〇シリング］である。だから、これが二〇ポンドの糸の価格である。……この過程に投入された商品の価値総額は二七シリング［綿花の価値二〇シリング＋紡錘の価値四シリング＋労働力の価値三シリング］だった。糸の価値は三〇シリングである［綿花の価値二〇シリング＋紡錘の価値四シリング＋労働力が労働することによって糸に対象化した価値六シリング］。生産物の価値はその生産のために前貸しされた価値よりも九分の一だけ大きくなった。こうして、二七シリングは三〇シリングになった。それは三シリングの剰余価値を生んだ。手品はついに成功した。貨幣は資本に転化されたのである。（208f）

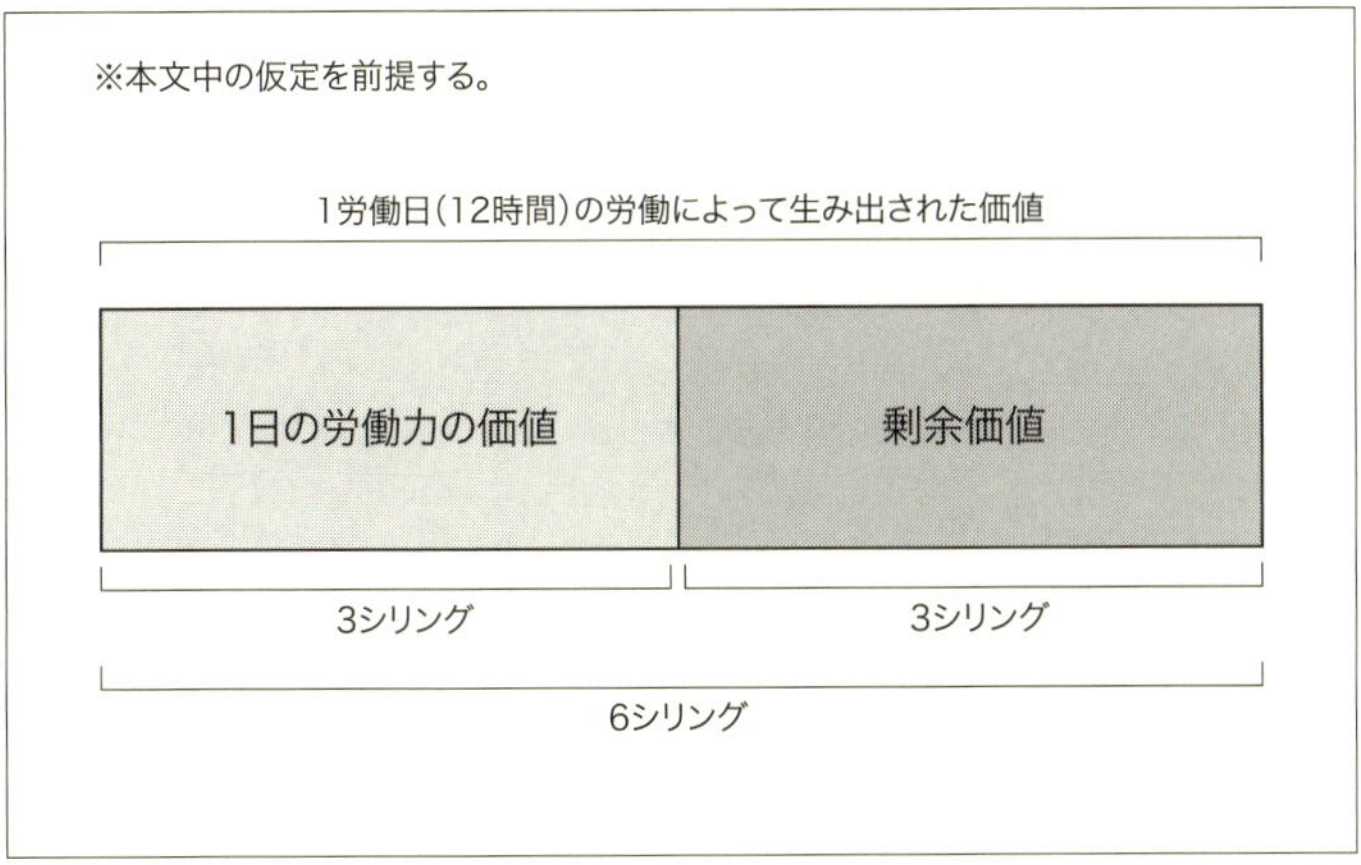

図４　剰余価値生産のメカニズム

ここでマルクスは、剰余価値生産のメカニズムを明らかにしています。すなわち、資本家が労働力という商品を購買し、それを消費することによっていかにして剰余価値が生産されるかを明らかにしています。一言で言えば、それは、労働力の価値と労働力の使用価値である労働が生み出す価値との差から発生してきます。図示すると図４のようになります。

ここで重要なのは、以上のような資本家による剰余価値の生産と取得は、商品交換の法則の侵害によって、すなわち不等価交換によって実現されるものではなく、商品交換の法則に従って行動することによって実現されるものだということです。資本家も労働力の売り手も、互いの自由意志にもとづいて、労働力商品の売買をおこないます。このとき、資本家は労働力という商品の価値にみあう対価、すなわち労働力の再生産に必要な費用をまかなうだけの貨幣を支払っています。ここには、商品交換の法則の侵害も、労働力の「売り手にたいする不正」もありません。にもかかわらず、資本家は労働力を買い、それを消費することによって、労働力の購買に必要であった価値よりも多くの価値を生産し、すなわち剰余価値を生み出し、それを取得することができます。このように、資本家は、商品生産から発生する所有権にしたがって、まったく正当性を失うことなしに、剰余価値を生産し、貨幣を資本に転化することができるのです。

なお、ここで資本家に労働力を販売し、資本家の指揮のもとで労働する労働者のことを賃労働者と呼びます。また、資本のもとで、剰余価値の生産のために、労働力商品の消費過程として行われる労働のことを賃労働と呼びます。

労働力の購買と消費が価値を資本に転化する

資本家は貨幣を新たな生産物の素材形成者または労働過程の諸要因として役立つ商品に転化させることによって、すなわち諸商品の死んだ対象性に生きた労働力を合体することによって、価値を、すなわちすでに対象化された過去の死んだ労働を、資本に、すなわち自分自身を増殖する価値に転化させるのであり、胸に恋でも抱いているかのように

「働き」はじめる活気づけられた怪物に転化させるのである。(209)

剰余価値の生産によって価値形成過程は価値増殖過程になる

いま価値形成過程と価値増殖過程とを比べてみれば、価値増殖過程は、ある一定の点を越えて延長された価値形成過程にほかならない。もし価値形成過程が、資本によって支払われた労働力の価値が新たな等価物によって補塡される点までしか継続しなければ、それは単純な価値形成過程である。もし価値形成過程がこの点を越えて継続すれば、それは価値増殖過程になる。(209)

こうして、資本による生産過程、すなわち資本主義的生産過程はなによりもまず、価値増殖過程であることが明らかになりました。このように、剰余価値の生産を目的とした生産のあり方のことを「資本主義的生産様式」と言います。資本主義的生産様式では、生産過程が価値増殖過程として編成されることにより、生産過程に根本的な変化が起きてきますが、このことについては後に詳しくみることになるでしょう。

第六章　不変資本と可変資本

すでにみたように、生産手段の価値は生産物に移転し、労働力は生産物に新たに価値を付加します。ここでは、それぞれの要素が商品の価値形成にかかわる仕方の違いについてより詳細な検討が行われます。

本章のポイントは、第一章でみた労働の二面的性格が、資本主義的生産過程において、それぞれ異なった役割を果たすことです。マルクスが言うように、「労働対象に新たな価値をつけ加えることと、生産物のなかに元の価値を維持することとは、労働者が同じ時間にはただ一度しか労働しないのに同じ時間に生みだす二つのまったく違う結果なのだから、このような結果の二重性は明らかにただ彼の労働そのものの二面性だけから説明のできるもの」(214)なのです。

労働の有用労働としての側面が生産手段の価値を生産物に移転する

ところで、価値形成過程の考察で明らかにしたように、ある使用価値が新たな使用価値の生産のために合目的的に消費されるかぎりで、消費された使用価値の生産に必要な労働時間は、新たな使用価値の生産に必要な労働時間の一部分をなすのであり、したがって、それは、消費された生産手段から新たな生産物に移される労働時間なのである。だから、労働者が消費された生産手段の価値を保存し、またはそれを価値成分として生産物に移すのは、彼が労働一般をつけ加えるということによってではなく、このつけ加えられる労働の特殊な有用的性格、その独自な生産的形態によってである。このような合目的的な生産活動、すなわち紡ぐことや織ることや鍛えることとして、労働は、その単なる接触によって生産手段を死からよみがえらせ、それを活気づけて労働過程の諸要因となし、それと結合して生産物になるのである。(215)

抽象的人間的労働としての側面が価値を生産物に付加する

もし労働者の行なう独自な生産的労働が紡ぐことでないならば、彼は綿花を糸にはしないであろうし、したがってまた綿花や紡錘の価値を糸に移しもしないであろう。これにたいして、同じ労働者が職業を変えて指物工になっても、彼は相変わらず一労働日によって彼の材料に価値をつけ加えるであろう。だから、彼が彼の労働によって価値をつけ加えるのは、彼の労働が紡績労働や指物労働であるかぎりでのことではなく、それが抽象的な社会的労働一般であるかぎりでのことであり、また、彼が一定の価値量をつけ加えるのは、彼の労働がある特殊な有用的内容をもっているからではなく、それが一定時間継続するからである。つまり、その抽象的な一般的な性質において、人間的労働力の支出として、紡績工の労働は、綿花や紡錘の価値に新価値をつけ加えるのであり、そして、紡績過程としてのその具体的な特殊な有用な性質において、それはこれらの生産手段の価値を生産物に移し、こうしてそれらの価値を生産物のうちに保存するのである。それだから、同じ時点における労働の結果の二面性が生ずるのである。(215)

労働の二面的性格から生じる労働の二面的作用は、生産力が変化した場合に明瞭に現れる

ある発明によって、紡績工が以前は三六時間で紡いだのと同量の綿花を六時間で紡げるようになったと仮定しよう。合目的的な有用的な生産的活動としては、彼の労働はその力が六倍になった。その生産物は、六倍の糸、すなわち六ポンドに代わる三六ポンドの糸である。しかし、その三六ポンドの綿花は、今では以前に六ポンドの綿花が吸収したのと同じだけの労働時間しか吸収しない。綿花には古い方法による場合の六分の一の新たな労働がつけ加えられるのであり、したがって以前の価値のたった六分の一がつけ加

えられるだけである。他方、今では六倍の綿花価値が、生産物である三六ポンドの糸のうちにある。六紡績時間で六倍の原料価値が維持されて生産物に移される。といっても、同量の原料には以前の六分の一の新価値がつけ加えられるのであるが。このことは、同じ不可分の過程で労働が価値を維持するという性質は労働が価値を創造するという性質とは本質的に違うものだということを示している。紡績作業中に同量の綿花に移って行く必要労働時間が多ければ多いほど、綿花につけ加えられる新価値はそれだけ大きいが、同じ労働時間で紡がれる綿花の量が多ければ多いほど、生産物のうちに維持される元の価値はそれだけ大きい。(216)

労働手段の価値は消耗した分だけ、徐々に生産物に移転する

ある労働手段、たとえばある種類の機械が、平均してどれだけ長もちするかは、経験によって知られている。労働過程での機械の使用価値が六日しかもたないと仮定しよう。そうすれば、その機械は平均して一労働日ごとにその使用価値の六分の一を失ってゆき、したがって毎日の生産物にその価値の六分の一を引き渡すことになる。このような仕方で、すべての労働手段の損耗、たとえばその毎日の使用価値喪失とそれに応じて行なわれる生産物への毎日の価値引き渡しは、計算されるのである。(218)

不変資本

したがって、生産手段すなわち原料や補助材料や労働手段に転換される資本部分は、生産過程でその価値量を変えないのである。それゆえ、私はこれを不変資本部分、またはもっと簡単には、不変資本と呼ぶことにする。（223）

生産手段の価値は生産過程のなかでは移転されるだけで、変化しないので、生産手段に投下される資本部分を「不変資本」と呼びます。とはいえ、このことは生産力の変化による生産手段の価値の変動が起きないということを意味するものではありません。たとえば、生産力が上昇した結果、ある機械の価値が減少し、大半の資本家がこの減価した価値で機械を入手し、生産を行うようになるとすれば、すでに購買されて、生産過程で機能している同じ機械が生産物に移転させる価値も減少してしまうでしょう。しかし、このような変化は生産過程の外部の変化であり、いずれにしろ生産過程の内部では生産手段の価値が移転されるだけであることには変わりありません。「生産手段の価値の変動は、たとえ生産手段がすでに「生産」過程にはいってから反作用的に生じても、不変資本としてのその性格をかえるものではない」（225）のです。

可変資本

それにたいして、労働力に転換された資本部分は、生産過程でその価値を変える。それはそれ自身の等価と、これを越える超過分、すなわち剰余価値とを再生産し、この剰余価値はまたそれ自身変動しうるものであって、より大きいこともより小さいこともありうる。資本のこの部分は、一つの不変量から絶えず一つの可変量に転化して行く。それゆえ、私はこれを可変資本部分、またはもっと簡単には、可変資本と呼ぶことにする。労働過程の立場からは客体的な要因と主体的な要因として、生産手段と労働力として、区別されるその同じ資本成分が、価値増殖過程の立場からは不変資本と可変資本として区別されるのである。(224)

この不変資本と可変資本の区別は、のちに失業および半失業の恒常的発生や利潤率の低下などについて考えるときに、重要な役割を果たすことになります。

第七章　剰余価値率

本章の内容は剰余価値の量的関係にかんするものであり、非常に明快ですので、引用部分を読むだけで難なく内容を理解できるでしょう。ここでなされているのは、おもに今後使用される概念の定義です。

剰余価値率

しかし、その比例量、すなわち可変資本が価値増殖した割合は、明らかに、可変資本にたいする剰余価値の比率によって規定されている。または、$\frac{m}{v}$で表わされている。……この可変資本の価値増殖の割合、または、剰余価値の比例量を私は剰余価値率と呼ぶのである。(230)

必要労働

彼［賃労働者］の一日の生活手段の価値が、平均して、対象化された六労働時間を表わすとすれば、労働者はこの価値を生産するために平均して毎日六時間労働しなければならない。かりに彼が資本家のためにではなく自分自身のために独立に労働するとしても、その他の事情が変わらないかぎり、自分の労働力の価値を生産してそれによって自分自身の維持または不断の再生産に必要な生活手段を得るためには、やはり彼は平均して一日のうちの同じ可除部分だけ労働しなければならないであろう。しかし、一労働日のうち彼が労働力の日価値たとえば三シリングを生産する部分では、彼はただ資本家によってすでに支払われた労働力の価値の等価を生産するだけだから、つまり新たに創造された価値でただ前貸可変資本価値を補填するだけだから、この価値生産は単なる再生産として現われるのである。だから、一労働日のうちこの再生産が行なわれる部分を私は必要労働時間と呼び、この時間中に支出される労働を必要労働と呼ぶのである。（230f）

剰余労働

労働過程の第二の期間、すなわち労働者が必要労働の限界を越えて苦役する期間は、彼にとっては労働を、すなわち労働力の支出を必要とするには違いないが、しかし彼のためにはなんの価値も形成しない。それは、無からの創造の全魅力をもって資本家にほほえみかける剰余価値を形成する。労働日のこの部分を私は剰余労働時間と呼び、また、この時間に支出される労働を剰余労働と呼ぶ。価値一般の認識のためには、価値を単なる労働時間の凝固として、単に対象化された労働として把握することが決定的であるように、剰余価値の認識のためには、それを単なる剰余労働時間の凝固として、単に対象化された剰余労働として把握することが決定的である。ただ、この剰余労働が直接的生産者から、労働者から取り上げられる形態だけが、いろいろな経済的社会構成体を、たとえば奴隷制の社会を賃労働の社会から、区別するのである。(231)

剰余価値率は搾取度の正確な表現である

可変資本の価値はそれで買われる労働力の価値に等しいのだから、また、この労働力の価値は労働日の必要部分を規定しており、他方、剰余価値はまた労働日の超過部分によって規定されているのだから、そこで、可変資本にたいする剰余価値の比率は、必要労働にたいする剰余労働の比率であり、言い換えれば、剰余価値率 $= \frac{m}{v} = \frac{\text{剰余労働}}{\text{必要労働}}$ ということになる。この二つの比率は、同じ関係を別々の形で、すなわち一方は対象化された労働の形で、他方は流動している労働の形で表わしているのである。それゆえ、剰余価値率は、資本による労働力の搾取度、または資本家による労働者の搾取度の正確な表現なのである。(231f)

剰余生産物

生産物のうち剰余価値を表している部分……をわれわれは剰余生産物と呼ぶ。(243)

本章には、「シーニアの最後の一時間」とマルクスが呼んだ経済学的詭弁《きべん》にたいする批判が含まれていますが、これも上記の剰余価値と生産物との量的関係について理解しておけば、難なく理解できるでしょう。本章の最後でマルクスは次のように述べています。「必要労働と剰余労働との合計、すなわち労働者が自分の労働力の補塡価値と剰余価値とを生産する時間の合計は、彼の労働時間の絶対的な大きさ——一労働日——をなしている」(244)。この労働日が次章のテーマとなります。

第八章　労働日

この章で論じられているのは、労働日、すなわち一日の労働時間の増大による剰余価値の生産についてです。「剰余価値＝労働者が生みだした価値－労働力の価値」なので、一日の労働時間が長ければ長いほど、資本家はより多くの剰余価値を生産することができます。理論的には平易な箇所なので、入門書などでは簡潔にしか取り上げられませんが、内容的には重要なポイントがいくつも含まれています。

第一節　労働日の限界

労働日の肉体的及び精神的限界

労働日［一日の労働時間］は、ある限界を越えては延長されえない。この最大限度は二重に規定されている。第一に、労働力の肉体的限界によって。人間は、二四時間の一自然日のあいだにはただ一定量の生命力を支出することしかできない。……一日のある部分では、この力は休息し、睡眠をとらなければならない。また別の一部分では、人間はそのほかの肉体的な諸欲望を満足させなければならない。すなわち、食べるとか、身を清めるとか、衣服を着るなどの欲望である。このような純粋に肉体的な限界のほかに、労働日の延長は精神的な限界にもぶつかる。労働者は、精神的および社会的な諸欲望を満足させるための時間を必要とし、これらの欲望の大きさや数は一般的な文化水準によって規定されている。それゆえ、労働日の変化は、肉体的および社会的な限界のなかで動くのである。しかし、これらの限界はどちらも非常に弾力性のあるもので、きわめて大きな変動の余地を許すものである。（246f）

労働日についての資本家の見解

資本家は労働力をその日価値で買った。一労働日のあいだの労働力の使用価値は彼のものである。つまり、彼は一日のあいだ自分のために労働者を働かせる権利を得たのである。だが、一労働日とはなにか？　とにかく、自然の一生活日よりは短い。どれだけ短いのか？　資本家は、この極限、労働日の必然的限界については独特な見解をもっている。資本家としては彼はただ人格化された資本でしかない。彼の魂は資本の魂である。

ところが、資本にはただ一つの生活衝動があるだけである。すなわち、自分を価値増殖し、剰余価値を創造し、自分の不変部分、生産手段でできるだけ多量の剰余労働を吸収しようとする衝動である。資本はすでに死んだ労働であって、この労働は吸血鬼のようにただ生きている労働の吸収によってのみ活気づき、そしてそれを吸収すればするほどますます活気づくのである。労働者が労働する時間は、資本家が自分の買った労働力を消費する時間である。もし労働者が自分の処分可能な時間を自分自身のために消費するならば、彼は資本家のものを盗むわけである。(247)

労働日についての労働者の見解

きみもぼくも、市場では、ただ一つの法則、商品交換の法則しか知らない。そして、商品の消費は、それを手放す売り手のすることではなく、それを手に入れる買い手のすることである。だから、ぼくの一日の労働力の使用はきみのものだ。しかし、ぼくの労働力の毎日の販売価格によって、ぼくは毎日労働力を再生産し、したがって繰り返しそれを売ることができなければならない。年齢などによる自然的な損耗は別として、ぼくは明日も今日と同じに正常な状態にある力と健康と元気とで労働することができなければならない。……労働日の無制限な延長によって、きみは一日のうちに、ぼくが三日かかって回復できるよりも大きい量のぼくの労働力を流動させることもできる。こうしてきみが労働として得るだけのものを、ぼくは労働実体で失うのだ。ぼくの労働力の利用とその強奪とはまったく別のことだ。平均労働者が合理的な労働基準のもとで生きて行くことのできる平均期間が三〇年だとすれば、きみが毎日ぼくに支払うぼくの労働力の価値は、その全価値の$\frac{1}{365\times30}$すなわち$\frac{1}{10950}$である。だが、もしきみがそれを一〇年で消費するならば、きみがぼくに日々支払うのはその全価値の$\frac{1}{3650}$ではなく$\frac{1}{10950}$であり、つまりその日価値のたった1/3を支払うだけであり、したがって毎日ぼくからぼくの商品の価値の2/3を盗むのである。君は三日分の労働力を消費するのに、ぼくには一日分を支払うのだ。これは、われわれの契約にも商品交換の法則にも反している。そこで、ぼくは正常な長さの労働日を要求する、しかもきみの同情に訴えることなくそれを要求する、というのは、商売には人情はないのだから。きみは、模範市民で、たぶん動物虐待防止協会の会員で、そのうえ聖者の聞こえさえ高いかも知れない。しかし、ぼくにたいしてきみが代表している物には、胸のなかに鼓動する心臓がない。そこで打っているように思われるのは、ぼく自身の心臓の鼓動なのだ。ぼくは標準労働日を要求する。なぜならば、ほかの売り手がみなやるように、ぼくも自分の商品の価値を要求するからだ。

(248f)

労働日の標準化は労働日の限界をめぐる階級闘争として現れる

要するに、まったく弾力性のあるいろいろな制限は別として、商品交換そのものの本性からは、労働日の限界は、したがって剰余労働の限界も、出てこないのである。資本家が、労働日をできるだけ延長してできれば一労働日を二労働日にでもしようとするとき、彼は買い手としての自分の権利を主張するのである。他方、売られた商品の独自な性質には、買い手によるそれの消費にたいする制限が含まれているのであって、労働者が、労働日を一定の正常な長さに制限しようとするとき、彼は売り手としての自分の権利を主張するのである。だから、ここでは一つの二律背反が生ずるのである。つまり、どちらも等しく商品交換の法則によって確認された権利対権利である。同等な権利と権利とのあいだでは力がことを決する。こういうわけで、資本主義的生産の歴史では、労働日の標準化は、労働日の限界をめぐる闘争——総資本家すなわち資本家階級と総労働者すなわち労働者階級とのあいだの闘争——として現れるのである。(249)

これまでみてきたことからわかるように、資本家は、資本の人格化として行動するかぎり、剰余価値を最大化しようとし、そのためにできるだけ労働日を延長しようとします。資本家はこのような労働日の最大限の延長を「商品交換の法則」を盾にとって正当化します。他の商品と同じように、一日分の労働力の価値を支払い、一日のあいだ労働力を自由に使用する権利を得たのだから、それをどう使おうが自由だ、というわけです。

他方、賃労働者のほうは、いくら労働力を資本家に売り渡してしまっているからといって、労働日を無制限に延長されれば、肉体的および精神的限界を超えてしまい、彼の「労働実体」、すなわち彼の心身が破壊されてしまいます。そのため、賃労働者は「標準労働日」、すなわち心身をすり減らすことなく、ふつうに生活していけるような標準的な労働時間の長さを要求します。とはいえ、賃労働者はこのことを資本家の同情に訴えて実現しようとするのではありません。彼も資本家と同様に、「商品交換の法則」を盾にとります。つまり、過度の労働日の延長によって自分の心身が破壊されれば、自分は労働力を販売し続けることができなくなり、ほんらい受け取ることのできる生涯賃金の一部しか受け取ることができなくなる、だから標準労働日は労働力商品の売り手としての正当な権利だ、というわけです。

こうして、労働力商品の売買の場合には、買い手の権利と売り手の権利が衝突します。どちらの権利も「商品交換の法則」から発生したものであるにもかかわらず、賃労働者が自分の生命活動の一部を切り売りするという労働力商品の特殊性のために、このような「二律背反」が発生するのです。

では、この「二律背反」はどうやって解決されるのでしょうか。「同等な権利と権利とのあいだでは力がことを決する」とマルクスは言います。すなわち、どちらの権利が優勢となり、どのくらいの長さの労働時間が「標準労働日」と見なされるかは、資本家階級と労働者階級とのあいだの闘争によって決まることになります。すなわち、資本家階級はこの社会で圧倒的な力を持っている貨幣、あるいは資本を武器に闘い、労働者階級は自分たちの唯一の武器である団結、すなわちアソシエーションの形成によって闘うのです。

第二節　剰余労働への渇望　工場主とボヤール

前近代的な野蛮に接ぎ木された近代的な野蛮

資本が剰余労働を発明したのではない。いつでも、社会の一部の者が生産手段の独占権を握っていれば、いつでも労働者は、自由であろうと不自由であろうと、自分自身を維持するために必要な労働時間に余分な労働時間をつけ加えて、生産手段の所有者のために生活手段を生産しなければならない。この所有者がアテナイの貴族であろうとエトルリアの神政者であろうとローマの市民であろうとノルマンの領主であろうとアメリカの奴隷所有者であろうとワラキアのボヤール［ロシア・スラブ諸国の貴族］であろうと現代の大地主や資本家であろうと。とはいえ、ある経済的社会構成体のなかで生産物の交換価値ではなく使用価値のほうが重きをなしている場合には、剰余労働は諸欲望の狭いにせよ広いにせよとにかくある範囲によって制限されており、剰余労働にたいする無制限な欲望は生産そのものの性格からは生じないということは明らかである。……ところが、その生産がまだ奴隷労働や夫役などというより低い形態で行なわれている諸民族が、資本主義的生産様式の支配する世界市場に引き込まれ、世界市場が彼らの生産物の外国への販売を主要な関心事にまで発達させるようになれば、そこでは奴隷制や農奴制などの野蛮な残虐の上に過度労働の文明化された残虐が接ぎ木されるのである。それだから、アメリカ合衆国の南部諸州の黒人労働も、生産が主として直接的自家需要のためのものだったあいだは、穏和な家長制的な性格を保存していたのである。ところが、綿花の輸出が南部諸州の死活問題になってきたのにつれて、黒人に過度労働をさせること、所によっては黒人の生命を七年間の労働で消費してしまうことが、打算ずくめのシステムの要素になったのである。もはや、いくらかの量の有用な生産物を黒人から引き出すことが肝要なのではなかった。いまや肝要なのは剰余価値そのものの生産だった。夫役についても、たとえばドナウ諸侯国でのそれについても、同様である。（249f）

剰余労働は、資本主義だけではなく、奴隷制や農奴制においても存在しましたが、剰余労働への無制限な渇望が存在するのは資本主義だけです。前近代社会においては価値よりも使用価値に重きが置かれており、したがって剰余労働も支配階級の使用価値にたいする欲望を満たすためのものであり、そこには一定の限度がありました。ところが、資本は、際限のない価値増殖欲求にしたがってどこまでも剰余労働を拡大しようとするのです。

このような資本の残虐さは、前近代的な残虐さと結びつくとき、もっとも忌むべきものとして現れてきます。ここでマルクスによって挙げられているように、アメリカにおける黒人奴隷が剰余価値の生産のために強制労働させられるようになると、「黒人の生命を七年間の労働で消費してしまうことが、打算ずくめのシステムの要素になった」のです。

ここで重要なのは、近代的な資本主義システムは、前近代的システムをたんに駆逐するのではない、ということです。資本は、剰余価値の取得の障害となるかぎりでは、前近代的システムを解体しようとしますが、それが剰余価値の取得に利用できる限りでは、それを温存し、徹底的に利用するのです。したがって、前近代的な差別や残虐さは奴隷解放闘争や公民権運動のような社会運動なしには一掃することはできません。資本主義が浸透すればするほど自動的に前近代的差別がなくなっていくと考えるのは幻想なのです。じっさい、資本が極めて強い力をもっている現代の日本社会において、どれだけ前近代的な女性差別がしぶとく生き残っているかを思い出すだけでも、このことは容易に理解できるでしょう。

もちろん、資本主義が浸透して非常に強力になったために、相対的に前近代的な差別の手を借りる必要がなくなり、それらが「淘汰《とうた》」されていくということは起きうるでしょうし、じっさいに起きています。しかし、このような置き換えは、家父長的なイデオロギーに粉飾されていた支配よりも、いっそう露骨な支配として現れるのであり、人々の自由の拡大に貢献するものではありません。

剰余労働への渇望の法律的表現

ドナウ諸侯国のレグルマン・オルガニクは剰余労働にたいする渇望の積極的な表現だったのであり、それを各条項が合法化しているのだとすれば、イングランドの工場法は同じ渇望の消極的な表現である。この法律は、国家の側からの、しかも資本家と大地主との支配する国家の側からの、労働日の強制的制限によって、労働力の無際限な搾取への資本の衝動を制御する。日々に脅威を増してふくれあがる労働運動を別とすれば、工場労働の制限は、イングランドの耕地にグアノ肥料［海鳥の糞が堆積《たいせき》したもの］を注がせたのと同じ必然性の命ずるところだった。一方の場合には土地を疲弊させたその同じ盲目的な略奪欲が、他方の場合には国民の生命力の根源を侵してしまったのである。ここでは周期的な疫病が、ドイツやフランスでの兵士の身長低下と同じ明瞭さで、それを物語ったのである。(253)

「奴隷制や農奴制などの野蛮な残虐の上に過度労働の文明化された残虐が接ぎ木」されていたドナウ諸侯国においては「レグルマン・オルガニク」という法典の力によって、農民たちに長時間の夫役を強制し、剰余労働を搾り取ろうとしました。そこでは、まだ前近代的な関係が支配的であり、資本自体の力がまだそれほど強力ではなく、国家の助けを必要としたのです。

しかし、資本主義的生産様式が定着したイングランドにおいては、むしろ労働日を抑制する法律が剰余労働への渇望の表現になるとマルクスは言います。というのも、そこでは資本の力がきわめて強力であり、剰余労働の飽くなき追求が、土地の疲弊だけではなく、人間そのものの弱体化を招いてしまったからです。こうして、社会は自らを維持するために労働日の法律的規制を強制されるのです。

しかし、このような法律的規制は、それがいかに社会的利益に、あるいは近代国家の利益に合致するからといって、自動的に実現されていくわけではありません。それはいまの日本を見ていればよくわかります。労働日の法律的規制を実現するために、いかに長期にわたる労働者階級の闘争が必要であったかは、この後、詳しく見ることになります。

工場監督官

現在（一八六七年）も有効な一八五〇年の工場法は、週日平均一〇時間を許している。すなわち、週初の五日は朝の六時から夕方の六時まで一二時間であるが、そこから朝食のために半時間、昼食のために一時間が法律によって引き去られて、一〇1/2労働時間が残り、土曜は朝の六時から午後二時まで八時間で、そこから朝食のために半時間が引き去られる。残りは六〇労働時間で、週初の五日間が一〇1/2時間、週末の一日が七1/2時間である。この法律の特別の番人として内務大臣直属の工場監督官が任命されていて、その報告書は半年ごとに議会から公表される。だから、それは剰余労働にたいする資本家の渇望について継続的な公式の統計を提供するのである。(254)

「数分間のこそどろ」

「法定時間を越える過度労働によって得られる特別利潤は、多くの工場主にとって、抵抗しうるには大きすぎる誘惑に思われる。彼らは、見つからないという幸運をあてにしており、また、発覚した場合でも罰金や裁判費用はごくわずかなので彼らには差引き利益が保証されているということをあて込んでいる。」「一日じゅう少しずつ盗むことの累積によって追加時間が得られる場合には、それを立証することの困難は、監督官たちにとってほとんど克服しがたいものがある。」〔工場監督官報告書、一八五六年一〇月三一日〕

このように労働者の食事時間や休息時間を資本が「少しずつ盗むこと」を、工場監督官たちは数分間のこそどろ、数分間のもぎとりとも呼び、または、労働者たちが専門用語で呼んでいるように食事時間のかじりとりとも呼んでいる。(256f)

第三節　搾取の法律的制限のないイングランドの産業部門

「無制限な奴隷のシステム」

「州治安判事ブロートン氏は、一八六〇年一月一四日にノッティンガム市の公会堂で催されたある集会の議長として、市の住民のうちレース製造に従事する部分では、他の文明社会には例がないほどの苦悩と窮乏とが支配的である、と明言した。……朝の二時、三時、四時ごろに九歳から一〇歳の子供たちが彼らのきたないベッドから引き離されて、ただ露命をつなぐだけのために夜の一〇時、一一時、一二時まで労働を強制され、その間に彼らの手足はやせ衰え、身体はしなび、顔つきは鈍くなり、彼らの人間性はまったく石のような無感覚状態に硬化して、見るも無残なありさまである。われわれは、マレット氏やその他の工場主があらゆる論議にたいして抗議するために現われたことに驚きはしない。……このシステムは、モンタギュー・ヴァルピ師が述べたように、無制限な奴隷のシステム、社会的にも肉体的にも道徳的にも知的にもどの点でも奴隷のシステムである。……成年男子の労働時間を一日一八時間に制限することを請願するために公の集会を催すような都市があるというのは、いったいどういうことだろうか！……われわれはヴァージニアやカロライナの綿花農場主を非難する。だがしかし、彼らの黒人市場は、そこにどんな鞭の恐怖や人肉売買があろうとも、ヴェールやカラーが資本家の利益のために製造されるために行なわれるこの緩慢な人間虐殺に比べて、それ以上にひどいものなのだろうか？」〔ロンドン『デーリ・テレグラフ』、一八六〇年一月一七日〕（258f）

パンの不純製造と過度労働

パンの不純製造と、パンを定価より安く売る製パン業者部類の形成とは、イングランドでは一八世紀の初め以来、この営業の同職組合的性格がくずれて名目上の製パン親方の背後に資本家が製粉業者や麦粉問屋の姿で立ち現われてから、発達した。それとともに、資本主義的生産のための、労働日の無制限な延長や夜間労働のための、基礎が置かれた。といっても、夜間労働はロンドンにおいてさえ一八二四年にはじめて本式に足場を固め

たのであるが。（266）

ここでは、長時間労働の問題にくわえ、不純物を混ぜ込んでできるだけ安いコストでパンを製造しようとする不純製造の問題が取り上げられています。マルクスはこの不純物が混ぜ込まれたパンを、「ミョウバンや砂やその他のけっこうな鉱物性成分は別としても、腫れものの膿や蜘蛛の巣や油虫の死骸や腐ったドイツ酵母をまぜ込んだいくらかの量の人間の汗」（264）と描写しているほどです。

前近代の都市においてはツンフトやギルドという職人たちによる同職組合が形成され、自分たちの生産のあり方に厳しい統制を加えていました。過度な競争に巻き込まれ、自分たちの労働環境や生活環境が悪化しないために、同じ職業の職人たちで組織を形成し、自分たちの生産物の品質や価格を厳格に規制したのです。それゆえ、そこでは商品の販売が行われたとはいえ、価値の生産が主要な目的となることはありませんでした。

ところが、このような同職組合が解体し、資本が生産活動に影響を及ぼすようになると、状況が一変してしまうのです。長時間労働や不純製造も、生産が価値の取得、剰余価値の取得を目的として行われるようになったことの結果にほかなりません。

この引用文の少しあとでは、過度な長時間労働が原因で発生した鉄道事故について述べられています。この例も、剰余価値の生産を追求するあまり、労働によって提供される使用価値の品質（この場合で言えば乗客の安全）が犠牲になってしまうことを示す例だと言えるでしょう。

第四節　昼間労働と夜間労働　交代制

不変資本、生産手段は、価値増殖過程の立場から見れば、ただ労働を吸収するために、そして労働の一滴ごとにそれ相当の量の剰余労働を吸収するために、存在するだけである。生産手段がそれをしないかぎり、その単なる存在は資本家にとって消極的な損失である。なぜならば、生産手段が休んでいるあいだはそれは無駄な資本前貸しを表わしているからであるが、この損失は、この中断によって作業の再開のための追加支出が必要になれば、積極的なものとなる。自然日の限界を越えて夜間にまで食い込む労働日の延長は、ただ緩和剤として作用するだけであり、労働の生き血を求める吸血鬼の渇きをどうにか鎮めるだけである。だから、一日の二四時間全部にわたって労働をわがものにするということこそ、資本主義的生産の内在的衝動なのである。しかし、同じ労働力が昼も夜も続けて搾取されるというようなことは、肉体的に不可能なので、この肉体的な障害を克服するためには、昼間食いつくされる労働力と夜間食いつくされる労働力との交替が必要になるのである。（271）

……熔鉱炉や圧延工場など、建物や機械や鉄や石炭などは、鋼に姿を変えるよりももっと多くのことをしなければならない。これらのものがそこにあるのは、剰余労働を吸収するためであり、そして、もちろん、一二時間でよりも二四時間でのほうがいっそう多く吸収する。……ひとたびこれらのものの労働吸収機能が中断されれば、その資本性格を失い、したがってサンダソン会社にとっては純粋な損失になるのである。

「しかし、そのときは、非常に高価な機械が半分の時間は遊んでいるという損失が生ずるであろうし、また、現在の体制のもとでわれわれが供給できるだけの生産物量を供給するためには、われわれは場所や機械設備を二倍にしなければならなくなり、それは支出を二倍にするであろう。」

しかし、他の資本家たちは昼だけ労働させることしか許されないで、そのために彼らの建物や機械や原料は夜は「遊んで」いるのに、なぜこのサンダソン会社だけが特権を要求するのか？

「たしかに」、とE・F・サンダソンは全サンダソンの名において答える。「たしかに、このような、機械が遊んでいることによる損失は、昼だけしか作業が行なわれないすべての工場が受けるものである。しかし、熔鉱炉の使用がわれわれの場合には特別な損失の原因になるであろう。もし熔鉱炉の火を消さずにおけば、燃料が浪費され」（今のように労働者の生命材料が浪費される代わりに）、「また、その火を落とせば、再び火を入れて所要の熱度に達するまでの時間の損失が生じ」（他方、八歳の子供の睡眠時間の損失でさえサンダソン一族にとっては労働時間の利益になるのだが）、「また熔鉱炉そのものも温度の変化のためにいたむであろう。」（ところが、この同じ熔鉱炉は労働の昼夜交替では少しもいたまない。）(278)

これまでみてきたのは、一人の労働力から最大限の剰余価値を搾取するための労働日の延長についてでしたが、ここではやや異なる事態について述べられています。資本家が剰余価値を取得するために必要なのは労働力だけではありません。労働力がそれに働きかけ、なんらかの使用価値をもつ生産物を生み出すための生産手段もまた必要です。とはいえ、あくまで剰余価値を生み出してくれるのは労働力なのですから、剰余価値の取得を目的とする資本家にとって、生産手段は「ただ労働を吸収するために、そして労働の一滴ごとにそれ相当の量の剰余労働を吸収するために、存在する」にすぎません。ですから、資本家はこの生産手段への投資をできるだけ無駄にしないように、自分が購買した生産手段でできるだけ多くの剰余価値を取得しようとします。ここから、夜間労働への渇望が生まれるのです。

じっさい、引用文で述べられているように、交代制を導入し、夜間操業をしなければ、同じだけの生産物を生産し、同じだけの剰余価値を取得するために、二倍の土地や二倍の機械設備が必要になります。また、夜間に操業を停止することにより、機械設備が傷んだり、燃料や時間のロスが発生することもあるでしょう。こうして、資本は、夜間労働の人体へのさまざまな弊害にもかかわらず、交代制を導入し、賃労働者に夜間労働を押しつけるのです。いわば、資本は、生産手段の「浪費」を防ぐために、労働力に負荷をかけ、労働力を浪費するのです。資本主義的生産の転倒的性格を示している典型的な事例だと言えるでしょう。

第五節　標準労働日のための闘争

一四世紀半ばから一七世紀末までの労働日延長のための強制法

資本は労働者の寿命を短縮することによって労働日を最大化する

ところが、資本は、剰余労働を求めるその無際限な盲目的な衝動、その人狼的渇望をもって、労働日の精神的な最大限度だけではなく、純粋に肉体的な最大限度をも踏み越える。資本は、身体の成長のためや発達のためや健康維持のための時間を横取りする。資本は、外気や日光を吸うために必要な時間を取り上げる。資本は、食事時間をけずりとり、できればそれを生産過程そのものに合併する。したがって、ただの生産手段としての労働者に食物があてがわれるのは、ボイラーに石炭が、機械に油脂が加えられるようなものである。生命力を集積し更新し活気づけるための健康な睡眠を、資本は、まったく疲れきった有機体の蘇生のためにどうしても欠くことのできない時間だけの麻痺状態に圧縮する。ここでは労働力の正常な維持が労働日の限界を決定するのではなく、逆に、労働力の一日の可能なかぎりの最大の支出が、たとえそれがどんなに不健康で無理で苦痛であろうとも、労働者の休息時間の限界を決定する。資本は労働力の寿命を問題にしない。資本が関心をもつのは、ただ、一労働日に流動化されうる労働力の最大限だけである。資本が労働力の寿命の短縮によってこの目標に到達するのは、ちょうど、貪欲な農業者が土地の豊度の略奪によって収穫の増大に成功するようなものである。(280f)

資本はそれ自身の利害によって標準労働日の設定を指示されているように「見える」

しかし、労働力の価値は、労働者の再生産または労働者階級の繁殖に必要な商品の価値を含んでいる。したがって、資本がその無制限な自己増殖衝動によって必然的に追求する労働日の反自然的な延長が個々の労働者の生存期間を、したがってまた彼らの労働力の耐久期間を短縮するならば、損耗した労働力のいっそう急速な補塡が必要になり、したがって労働力の再生産にはいっそう大きい消耗費が入ることになる。それは、ちょうど、機械の損耗が速ければ速いほど日々再生産されなければならない価値部分がいっそう大きくなるのと同じことである。それゆえ、資本は、それ自身の利害によって、標準労働日の設定を指示されているように見えるのである。（281）

しかし、労働力が供給され続けるかぎり、資本にとって労働者の寿命は問題にならない

「……経済上の考慮は、奴隷を人間的に取り扱うことが主人の利益を奴隷の維持と一致させるかぎりでは、そのような取り扱いの一種の保証になることもあるであろうが、奴隷貿易が始まってからは、反対に極度の奴隷虐待の原因に変わるのである。なぜならば、ひとたび外国の黒人飼育場からの供給によって奴隷が補充できるようになれば、奴隷の生命の長さは、その生命が続いているあいだのその生命の生産性よりも重要ではなくなるからである。それだからこそ、最も有効な経済は、できるだけ大量の働きをできるだけ短時間に人間家畜から搾り出すことにあるというのが、奴隷輸入国では奴隷経済の一つの原則になっているのである。……」〔ケアンズ『奴隷力』〕

名前が違うだけで、ひとごとではないのだ！　奴隷貿易を労働市場……と書き換えて読んでみよ！　われわれは、どんなに過度労働がロンドンの製パン工をかたづけてしま

うかを聞いたが、それでもなお、ロンドンの労働市場はドイツ人やその他の命がけの製パン業志願者であふれているのである。製陶業は、われわれが見たように、従業者が最も短命な産業部門の一つである。だからといって製陶工は不足しているだろうか？　近代的な製陶法の発明者であり、自分自身普通の労働者の出身であるジョサイア・ウェッジウッドが一七八五年に下院で言明したところでは、この工業全体では一五、〇〇〇から二〇、〇〇〇の人員を使用していた。一八六一年には、大ブリテンにおけるこの産業の都市所在地の人口だけで一〇一、三〇二にのぼった。(281f)

「大洪水よ、我が亡き後に来たれ！」

自分をとり巻く労働者世代の苦悩を否認する実に「十分な理由」をもっている資本は、その実際の運動において、人類の将来の退廃や結局は食い止めることができない人口減少という予想によっては少しも左右されないのであって、それは地球が太陽に落下するかもしれないということによって少しも左右されないのと同じことである。どんな株式投機の場合でも、いつかは雷が落ちるにちがいないということは、誰でも知っているのであるが、しかし、だれもが望んでいるのは、自分が黄金の雨を受けとめて安全な場所に運んでから雷が隣人の頭に落ちるということである。大洪水よ、我が亡き後に来たれ！、これが、すべての資本家、すべての資本家種族のスローガンである。それゆえ、資本は、社会によって強制されないかぎり、労働者の健康や寿命にたいし何らの顧慮も払わない。肉体的および精神的な萎縮や早死にや過度労働の拷問についての苦情にたいしては、資本は次のように答える。この苦しみはわれわれの楽しみ（利潤）をふやすのに、どうしてそれがわれわれを苦しめるというのか？　しかし、全体としてみれば、これもまた個々の資本家の意志の善悪に依存するものではない。自由競争が資本主義的生産の内在的な諸法則を個々の資本家にたいしては外的な強制法則として作用させるのである。（285f）

このあたりの叙述には、いくつもの重要な洞察が含まれています。まず、重要なのは、労働日の延長による過重労働やそれによる健康の破壊が個々の労働者にとっての問題であるだけでなく、社会問題になっていたということです。というのも、使用価値を社会に提供し、また、資本にとってはそれをつうじて剰余価値を提供する労働者たちの健康が破壊され、再生産できなくなれば、資本主義的生産様式、ひいては社会そのものの存立が危うくなってしまうからです。

次に重要なのは、そうであるにもかかわらず、資本がみずから労働日の最大化にブレーキをかけることはない、ということです。むしろ、「資本は、社会によって強制されないかぎり、労働者の健康や寿命にたいし何らの顧慮も払わない」のです。これは、現代のさまざまな社会問題について考える際にも、非常に重要な視点になります。

みてきたように、資本の目的は剰余価値を手に入れることでしかありません。価値増殖の結果どんなことが起ころうとも、貨幣というかたちで価値を手に入れることができさえすれば、彼はその価値の力を行使することができます。もし彼が雇った賃労働者が体を壊して働くことができなくなったとしても、別の賃労働者を雇えばよいのです。ですから、資本家は、彼が資本の人格的担い手であるかぎりは、賃労働者の健康を配慮する理由をまったく持っていないのです。

これは資本主義社会独自の現象であり、それ以前の奴隷制や農奴制といった社会では事情は全く異なっています。奴隷主や封建領主の権力は奴隷や農奴を人格的に従属させ、支配することによって成り立っていました。それゆえ、奴隷や農奴の人格的再生産は支配者たちの権力にとって決定的な意味を持っていたのです。ところが、資本家の権力は人格的支配にもとづいているのではなく、貨幣の力にもとづいています。彼にとっては貨幣がもつ価値の力の獲得だけが問題なのであり、賃労働者の人格的再生産を配慮する必要はありません。だからこそ、たとえ資本の運動が賃労働者の生存を脅かし、資本主義社会そのものの存立を脅かすようになるとしても、資本家たちは労働日の最大限の延長をやめようとしないのです。

もちろん、資本家のなかには労働条件の悪化に心を痛める良心的な人もいるかもしれません。あるいは、より長期的な視野から賃労働者の健康の破壊を危惧《きぐ》する資本家もいることでしょう。しかし、資本家は資本の人格化として振る舞い、価値増殖をひたすらに追求することをやめることはできません。なぜなら、資本家はたえずほかの資本家との「自由競争」にさらされているからです。最大限の価値増殖を追求することを止めれば、彼は競争に敗れ、資本家として生きていくことができなくなります。こうして、これまでマルクスが分析によって明らかにしてきた剰余価値の最大化という「資本主義的生産の内在的法則」が、個々の資本家にとっては、彼らの個人的意志とはかかわりなく貫徹する「外的な強制法則」として現れるのです。

では、資本が労働日の延長にブレーキをかけることができないとすれば、誰がそれにブレーキをかけることができるのでしょうか。それは「社会」であり、とりわけ生きるために自分の労働力を守らなければならない賃労働者たちです。この後はしばらく、賃労働者たちが普通に働いて生活していけるような「標準労働日」を法律で確定するための闘争の歴史がテーマとなります。

標準労働日のための闘争の二つの流れ

標準労働日の制定は、資本家と労働者との何世紀にもわたる闘争の結果である。しかし、この闘争の歴史は、相反する二つの流れを示している。たとえば、現代のイングランドの工場立法を、一四世紀からずっと一八世紀の半ばに至るまでのイングランドの労働取締法と比較してみよ。現代の工場法が労働日を強制的に短縮するのに、以前の諸法令はそれを強制的に延長しようとする。資本がやっと生成したばかりで、したがってまだたんなる経済的諸関係の力によってだけではなく、国家権力の助けをも借りて十分な量の剰余労働を吸収する権利を確保するような萌芽状態にある資本の要求は、資本がその成年期にぶつぶつ言いながらしぶしぶなさざるをえない譲歩に比べれば、もちろん、まったく控えめなものとして現れる。資本主義的生産様式の発展の結果、「自由な」労働者が、彼の習慣的な生活手段の価格で、彼の能動的な生活時間の全体を、いな彼の労働能力そのものを売ることに、つまり彼の長子特権を一皿のレンズ豆で売ることに、自由意志で同意するまでには、すなわち社会的にそれを強制されるまでには、数世紀の歳月が必要なのである。それゆえ、一四世紀の半ばから一七世紀の末まで資本が国家権力によって成年労働者に押しつけようとする労働日の延長が、一九世紀の後半に子供の血が資本に転化するのを防ぐために国家がときおり設ける労働時間の制限とほぼ一致するのは、当然なのである。今日たとえばマサチューセッツ州で、この北アメリカ共和国の現在までで最も自由な州で、一二歳未満の子供の労働の国家的制限として布告されているものは、イングランドでは一七世紀の半ばごろにはまだ血気盛んな手工業者やたくましい作男や巨人のような鍛冶工の標準労働日だったのである。（286f）

まだ商品化の範囲と程度がそれほど大きくなく、「経済的諸関係の力」が強力ではなかった資本主義の「萌芽《ほうが》状態」においては、資本家は容易には労働時間を延長することができませんでした。資本主義以前の社会では、小規模の生産活動が一般的であり、労働者自身が生産過程を管理しているのが普通でしたし、また、仕事場は生活の場と密着していました。自分で労働のあり方を管理し、家の近くで労働していたのですから、労働時間と自由時間の境界は曖昧《あいまい》であり、実際に労働する時間はそれほど長くありませんでした。このような生活習慣をもった人々に賃労働させ、しかも長時間労働に従事させるのは容易なことではなかったのです。資本家たちが国家の手を借りて労働時間を延長しようとしたゆえんです。

しかし、やがて商品経済が浸透し、資本の力が強力になるにつれ、むしろ国家が資本の労働日の延長を規制することが必要になります。いまや、「一四世紀の半ばから一七世紀の末まで資本が国家権力によって成年労働者に押しつけようとする労働日の延長が、一九世紀の後半に子供の血が資本に転化するのを防ぐために国家がときおり設ける労働時間の制限とほぼ一致する」のです。こうして、マルクスが述べているように、資本家にとってのかつての「理想は現実の前に色あせた」(293)のです。

第六節　標準労働日のための闘争

法律による労働時間の強制的制限

一八三三―一八六四年のイングランドの工場立法

一八〇二年から一八三三年までの労働関係法は死文にとどまった

生産の騒音に気をとられていた労働者階級がいくらか正気に帰ったとき、この階級の反抗が始まった。さしあたりまず大工業の生国イングランドで。とはいえ、三〇年間というものは、この階級が奪い取った譲歩はまったく名目的なものでしかなかった。一八〇二年から一八三三年までに議会は五つの労働関係法を成立させたが、しかし、その強制的実施や必要な職員などのためには一文の支出も議決しないという抜け目のなさだった。これらの法律は死文のままにとどまった。(294)

一八三三年の工場法は「リレー・システム」によって骨抜きにされた

一八三三年の工場法――綿工場、羊毛工場、亜麻工場、絹工場に適用される――以後、近代産業にとって標準労働日がようやく現われはじめる。……

一八三三年の法律が明言するところでは、普通の工場労働日は朝五時半に始まって晩八時半に終わるべきだとされ、また、この限界内すなわち一五時間の範囲内では、少年（すなわち一三歳から一八歳までの人員）を一日のどの時間に使用しようと、それは、いくつかの特にあらかじめ定められた場合を除いて、同一の少年が一日のあいだに一二時間より長くは労働しないかぎり、適法だとされる。この法律の第六節は、「このように労働時間の限定されている各人のために、各一日のうちに少なくとも一時間半の食事時間が認められるべきこと」を規定している。九歳未満の子供の使用は、のちに述べる例外を除いて、禁止され、九歳から一三歳までの子供の労働は、一日八時間に制限された。夜間労働、すなわちこの法律によれば晩の八時半と朝の五時半とのあいだの労働は、九歳から一八歳までの人員のすべてについて禁止された。(295)

この法律が工場労働をまず部分的に、次いで全部的に規制していた一〇年のあいだ、工場監督官の公式の報告書は、その施行の不可能についての苦情にみちている。すなわち、一八三三年の法律は、朝五時半から晩八時半までの一五時間の範囲でならば、各「少年」と各「児童」とに一二時間または八時間の労働を任意の時刻に始めさせ、休ませ、終わらせることを、また人によって違う食事時間を指定することを、資本の主人たちの自由に任せたので、主人たちはまもなく一つの新しい「リレー・システム」を案出したのであるが、それによれば、労働馬は一定の駅で交替させられるのではなく、そのつど違う駅で絶えず繰り返しあらたに車につなぎ替えられるのである。……しかし、一見しただけでも明らかなのは、それが工場法全体をその精神から見てだけではなくその文面から見ても無効にしてしまったということである。各個の児童、各個の少年についてのこの複雑な記帳を前にして、工場監督官たちはいったいどうして法定の労働時間と法定の食事時間の保証を強制すればよいのか？　たくさんの工場でやがて再び以前の残酷な不法が処罰もされずに横行するようになった。内務大臣とのある会見（一八四四年）で、工場監督官たちは、新しく案出されたリレー・システムのもとでは、どんな取り締まりも不可能だということを論証した。(297)

一八四四年の工場法は労働日の制限を実質化する規定を含んでいた

工場労働者たちは、ことに一八三八年以来は、十時間法案を彼らの経済的選挙スローガンにし、人民憲章〔成人男子の普通選挙権や議員の財産資格廃止など六項目からなる請願書〕を彼らの政治的選挙スローガンにしてきた。工場主たち自身のうちでも、すでに一八三三年の法律に従って工場経営を規制していた一部の人々は、人並み以上のずうずうしさや比較的幸運な地方事情のために法律違反をやることができた「不誠実な兄弟」の不徳義な「競争」について、議会に陳情の雨を降らせた。そのうえ、個々の工場主がどんなに元どおりの強奪欲をほしいままにしたいと思っても、工場主階級の代弁者や政治的指導者たちは、労働者にたいする態度や言葉を変えることを命令した。彼らはすでに穀物法〔一八一五年に制定された、穀物輸入を制限する法律〕廃止のための戦いを始めていて、勝利のために労働者の援助を必要としたのだ！　それゆえ、彼らは、自由貿易の千年王国ではパンの大きさが二倍にされるだけではなく十時間法案も採用されるということを約束した。そこで、ただ一八三三年の法律をほんものにしようとするだけの処置にたいしては、彼らはますます反対するわけにはゆかなくなった。(297f)

こうして一八四四年六月七日の追加工場法は成立した。それは一八四四年九月一〇日に発効した。それは労働者の新たな一部類を被保護者の列に加えている。すなわち、一八歳以上の婦人である。彼女らはどの点でも少年と同等に扱われた。すなわち、その労働時間が一二時間に制限され、夜間労働が禁止される、等々である。こうして、はじめて立法は成年者の労働をも直接かつ公的に取り締まることを余儀なくされたのである。……

不正な「リレー・システム」の乱用をなくすために、この法律はなかでも次の重要な細則を設けた。

「児童および少年の労働日は、だれかある一人の児童または少年が朝、工場で労働を始める時刻を起点として、計算されなければならない。」(298f)

工場法の規定の定式化や国家による宣言は、議会の思案の産物ではなく、長い期間にわたる階級闘争の結果である

すでに見たように、労働の時限や限界や中休みを鐘の音に合わせてこのように軍隊的に一様に規制するこれらのこまごまとした規定は、けっして議会的思案の産物ではなかった。それらは、近代的生産様式の自然法則として、諸関係のなかからだんだん発展してきたのである。それらの定式化や公認や国家による宣言は、長い期間にわたる階級闘争の結果だった。それらのさしあたりの結果の一つは、たいていの生産過程では児童や少年や婦人の協力が不可欠だったので実践のなかで成年男子工場労働者の労働日も同じ制限に従わせられたということだった。それゆえ、だいたいにおいて、一八四四—一八四

七年の時期には、工場立法のもとに置かれたすべての産業部門で一二時間労働日が一般的に一様に行なわれたのである。(299)

ここでは、非常に重要な指摘がなされています。法律を成立させるのは議会であり、法律をめぐる紛争を処理するのは裁判所であり、それを施行し、強制するのは政府なので、わたしたちは、法律は議会の産物であり、国家の力だけによって実現されるものだと考えてしまいがちです。しかし、現実にはそうではありません。法律の背後には、それを必要とする社会関係があり、たいていの場合、階級闘争が潜んでいます。

第三章でみたように、資本主義システムにおいては、物象化と物象の人格化が生み出す矛盾を媒介し、物象の機能を保障するために法律が必要とされます。労働日の文脈で言えば、資本が自らの際限のない価値増殖欲求にしたがって、労働力商品の人格的担い手である賃労働者に過度の長時間労働を強制し、賃労働者の肉体的及び精神的健康を破壊してしまうことを防ぐために、諸々《もろもろ》の労働法が必要とされます。これらの法律によってはじめて、資本主義社会は労働力を安定して確保することが可能になるのです。

しかし、資本家は労働力購買者としての「権利」を盾にとり、長期的にみれば社会が破壊されることになるにもかかわらず、私的利益のために労働日を最大化することを決してやめようとはしません。資本主義社会における最大の権力である貨幣をその手に集中させている資本家は、強大な社会的権力をもっており、法律を無視して利益を追求することすら辞しません。第三章でみたように、制度や法律はけっして万能ではないのです。ですから、労働日を制限する法律を制定し――これだけでも強力な闘争が必要ですが――さらに、その法律を資本家に守らせるには労働者たちによる強力な労働運動が必要となります。このことは、現在の日本でどれほど資本による違法行為（残業代不払いなど）が行われているかをみれば一目瞭然《りょうぜん》でしょう。

こうして、資本主義社会では、資本による社会の破壊を規制し、社会を存続させるための法律は、労働者たちの闘争なしには守られることがない、ということがわかります。労働者たちは、標準労働日のための闘争をつうじて労働力商品の売り手としての「権利」を資本家に認めさせ、自分たちの「権利」を制度の中に埋め込むのです。ですから、逆に労働者の闘いの力が弱まれば、資本はすぐさま法律を破ろうとするでしょうし、さらには議会に働きかけて法律そのものを改変しようとするでしょう。いっけん議会における紛争のようにみえても、その根底には資本と労働の社会的闘争があることを見逃してはならないのです。

一八四七年の工場法＝十時間法

一八四七年六月八日の新しい工場法は、一八四七年七月一日からは「少年」（一三歳から一八歳までの）とすべての婦人労働者との労働日が暫定的に一一時間に短縮されるべきこと、ただし一八四八年五月一日からは最終的に一〇時間に制限されるべきことを確定した。その他の点では、この法律は一八三三年および一八四四年の法律の修正的追加でしかなかった。(300)

十時間法をめぐる階級闘争

……十時間法は一八四八年五月一日に発効した。しかし、その間に、指導者を投獄され組織を粉砕されたチャーティスト党の大失敗はイングランドの労働者階級の自信をすでに動揺させていた。つづいてまもなくパリの六月暴動とその血なまぐさい鎮圧とは、大陸ヨーロッパでも、イングランドでも、支配的な諸階級のすべての分派を、すなわち地主も資本家も、相場師も小売商人も、保護貿易論者も自由貿易論者も、政府も反対党も、坊主も無神論者も、若い娼婦も老いた尼もひっくるめて、財産と宗教と家族と社会とを救え！　という共同の叫びのもとに統合した。労働者階級はどこでも法律による保護の外におかれ、宗門から追放され、「容疑者法」のもとにおかれた。だから、工場主諸氏は、遠慮する必要はなかった。彼らは、たんに十時間法にたいしてだけではなく、一八三三年以来労働力の「自由な」搾取をいくらかでも制限しようとした立法の全体にたいして、公然の反逆を起こした。それは、奴隷制擁護反乱の縮図であり、二年以上にわたって恥知らずな無遠慮さとテロリスト的な激しさとで遂行されたが、反逆資本家は彼の労働者の身体以外にはなにものも危険にさらす必要がなかったのだから、この無遠慮さも激しさもますます安上がりなものだった。(302)

二年間にわたる資本の反逆は、ついに、イングランドの四つの最高裁判所の一つである財務裁判所の判決によって、仕上げを与えられた。すなわち、この裁判所は、一八五〇年二月八日にそこに提訴された一つの事件で、工場主たちは一八四四年の法律の趣旨に反する行動をしたにはちがいないが、この法律そのものがこの法律を無意味にするいくつかの語句を含んでいる、と判決したのである。「この判決をもって十時間法は廃止された。」それまではまだ少年や婦人労働者のリレー・システムを遠慮していた一群の工場主も、今では両手でこれに抱きついた。(308)

しかし、外観上は決定的な資本の勝利とともに、たちまち一つの急変が現われた。それまで労働者がやってきた抵抗は、毎日たゆまず繰り返されたとはいえ、受け身のものだった。いまや彼らは、ランカシャやヨークシャであからさまに威圧的な集会を催して、抗議した。つまり、十時間法と称するものは、ただのごまかしで、議会の詐欺で、いま

だかつて実際にはなかったのだ! と(309)

このような事情のもとで工場主と労働者とのあいだの妥協が成立し、それは一八五〇年八月五日の新しい追加工場法のなかでは議会によって確認されている。「少年と婦人」については、労働日は週のはじめの五日間は一〇時間から一〇時間半に延長され、土曜日は七時間半に制限された。労働は朝の六時から晩の六時までのあいだに行われなければならず、そのあいだにある食事のための一時間半の中休みは、全員同時に、そして一八四四年の諸規定に従って、与えられなければならない、等々。こうして、リレー・システムには一挙に結末がつけられた。児童労働については一八四四年の法律が引き続き有効とされた。(309)

一八五〇年の工場法はわずかの例外を除いてすべての労働者の労働日を規制した

一八五〇年の法律は、ただ、「少年と婦人」について朝の五時半から晩の八時半までの十五時間を朝の六時から晩の六時までの一二時間に変えただけだった。だから、児童については変わったところはないのであって、彼らは、その労働の総時間は六時間半を越えてはならなかったとはいえ、相変わらずこの一二時間が始まる前に半時間、それが終わってから二時間半利用されてよかったのである。この法律の審議中に、議会にはこの変則の無恥な乱用に関する一つの統計が工場監督官たちによって提出された。しかし、むだだった。背後には、好況期には児童を補助とする成年労働者の労働日を再び一五時間につり上げようとする意図が待ち伏せていた。次の三年間の経験は、このような試みが成年男子労働者の抵抗にあって失敗せざるをえないことを示した。こうして、一八五〇年の法律は一八五三年にはついに、「児童を少年や婦人よりも朝はより早くから晩はよりおそくまで働かせること」の禁止によって補足された。それからは、わずかばかりの例外を除いて、一八五〇年の工場法は、それの適用をうけた産業部門では、すべての労働者の労働日を規制した。最初の工場法の制定以来、今ではすでに半世紀が流れ去っていた。(311f)

第七節　標準労働日のための闘争

イングランドの工場立法が諸外国に起こした反応

フランスでは労働日をすべての作業場と工場で一挙に規制する

フランスはイングランドのあとからゆっくり足を引きずってついてくる。十二時間法の誕生のためには二月革命が必要だったが、この法律もそのイングランド製の原物に比べればずっと欠陥の多いものである。それにもかかわらず、フランスの革命的な方法もその特有の長所を示している。それはすべての作業場と工場とに無差別に同じ労働日制限を一挙に課してしまうのであるが、これに比べて、イングランドの立法は、ときにはこの点、ときにはあの点で、やむをえず事態の圧力に屈服するものであって、どうしても新しい裁判上の紛糾を生みやすいのである。他方、フランスの法律は、イングランドではただ児童や未成年者や婦人の名で戦い取られただけで近ごろやっと一般的な権利として要求されているものを、原則として宣言しているのである。(317f)

北アメリカ合衆国では奴隷制の廃止が労働運動を興隆させた

北アメリカ合衆国では、奴隷制度が共和国の一部を醜くしていたあいだは、独立な労働運動はすべて麻痺状態にあった。黒い皮の労働が焼き印を押されているところでは、白い皮の労働も解放されえない。しかし、奴隷制度の死からは、たちまち一つの新しく若返った生命が発芽した。南北戦争の第一の成果は、機関車という一歩七マイルの長靴で大西洋から太平洋までを、ニュー・イングランドからカリフォルニアまでを、またにかける八時間運動だった。ボルティモアの全国労働者大会(一八六六年八月一六日)は次のように宣言する。

「この国の労働を資本主義的奴隷制度から解放するために必要な現下最大の急務は、アメリカ連邦のすべての諸州で標準労働日を八時間とする法律の制定である。われわれは、この輝かしい成果に到達するまで、われわれの全力を尽くすことを決意した。」（318）

ここには、社会的マイノリティにたいするマルクスの視座が示されています。のちの「マルクス主義者」の一部には、「階級闘争を行い、政治権力を握れば、結局、自由で平等な社会を実現できるのだから、共産主義者はマイノリティの問題などにかかずらっている場合ではない」などという考えを平気で述べる人たちもいました。しかし、マルクスは、このような考え方とは正反対の態度をとりました。マルクスはむしろ、社会的マイノリティの権利が正当に認められなければ、労働者階級が真に団結し、資本と闘うことはできないと考えていたのです。

マルクスは『資本論』において上記のような理論的判断を下しただけではなく、現実の社会運動においてもリンカーン（一八〇九―一八六五）の奴隷解放を熱烈に支持しました。マルクスは自らが起草したインタナショナル［一八六四年にヨーロッパの労働者や社会主義者が設立した国際労働者協会の通称］のリンカーン宛の挨拶《あいさつ》文において次のように述べています。

私たちは、あなたが大多数で再選されたことについて、アメリカ人民にお祝いを述べます。奴隷所有者の権力に対する抵抗ということが、あなたの最初の選挙の控えめのスローガンであったとすると、奴隷制に死を、があなたの再選の勝利に輝く標語です。

アメリカの巨大な闘争の当初から、ヨーロッパの労働者たちは、彼らの階級の運命が星条旗に託されていることを、本能的に感じていました。……

北部における真の政治的権力者である労働者たちは、奴隷制が彼ら自身の共和国をけがすのを許していたあいだは、また彼らが、自分の同意なしに主人に所有されたり売られたりしていた黒人にくらべて、みずから自分を売り、みずから自己の主人を選ぶことが白人労働者の最高の特権であると得意になっていたあいだは、彼らは真の労働の自由を獲得することもできなかったし、あるいは、ヨーロッパの兄弟たちの解放闘争を援助することもできなかったのであります。しかし、進歩にたいするこの障害は、内戦の血の海によって押し流されてしまいました。

ヨーロッパの労働者は、アメリカの独立戦争が、中間階級の権力を伸張する新しい時代をきりひらいたように、アメリカの奴隷制反対戦争が労働者階級の権力を伸張する新しい時代をひらくであろうと確信しています。(『マルクス＝エンゲルス全集』⑯、一六―七頁)

マルクスがこのような認識を示したのは、奴隷制にたいしてだけではありません。マルクスは、この後、アイルランドについても同様の認識を示すにいたりました。「アイルランドの体制をイングランドの労働者階級の権力獲得によって転覆させることができるのだと、私は長い間信じてきた。……研究をより深めることによって、私は今ではそれと反対のことを確信するようになった。イングランドの労働者階級は、アイルランド［にたいする植民地主義的支配］から手を切らないかぎりは、何事も成し遂げられないであろう。梃《て》子《こ》はアイルランドに据えなければならない。このことのために、アイルランド問題は社会運動全般にとって非常に重要なのだ」（一八六九年一二月一〇日のエンゲルス宛の手紙）。同様のことをクーゲルマン宛の手紙でもマルクスは述べています。「イングランド労働者階級がこのイングランドでなにか決定的なことをなしうるためには、アイルランドについてのその政策を思い切ってはっきりと支配階級の政策から分離し、さらにアイルランド人と共同してことを進めるにとどまらず、一八〇一年に結成された合併を解体し、これに代わって自由な連邦という関係を樹立するために主導権を握るようにさえしなければならない」（一八六九年一一月二九日付）。

アメリカの奴隷制であれ、イングランドによるアイルランド支配であれ、支配階級の搾取体制を強化するだけでなく、人種やエスニシティによる差別をつうじて、労働者階級を分断し、労働運動を機能不全にしてしまっていました。これを克服するために、労働運動がレイシズムやエスニシティの問題に積極的に取り組む必要があるとマルクスは考えるようになったのです。

マルクスは社会的マイノリティの問題を階級問題に還元して満足してしまうのではなく、それらが資本主義的生産関係とどのように絡み合っているのかを具体的に分析し、社会的マイノリティに資本主義的生産様式に抵抗するための潜勢力を見いだしました。その後の社会運動の展開を見れば、マルクスの先駆性は明らかだと言えるでしょう。

労働日の制限はあらゆる社会改良のための先決条件である

それと同時に（一八六六年九月初め）ジュネーブの「国際労働者大会」［第一インタナショナルの大会］は、ロンドンの総評議会の提案にもとづいて、次のように決議した。「われわれは、労働日の制限は、それなしには他のいっさいの解放の試みが失敗に終わらざるをえない先決条件であると宣言する。……われわれは八労働時間を労働日の法定限度として提案する」［マルクスが起草した決議文］と。(319)

労働日の制限は、労働者階級、すなわち各国民中の多数者の健康と体力を回復するためにも、またこの労働者階級に、知的発達をとげ、社交や社会的・政治的活動にたずさわ

る可能性を保障するためにも、ぜひとも必要である。(『マルクス＝エンゲルス全集』⑯、一九一頁)

　ここでは、これまでみてきた労働日の制限のための闘いの意義について述べています。長時間労働を防ぐための法律を制定するための闘いは、華々しい革命闘争に比べれば地味な闘いにみえるかもしれません。じっさい、のちの「マルクス主義者」たちのなかには、地道な改良闘争にたいして、「改良主義」などのレッテルを貼り、軽視する者たちも少なからずいました。彼らは、いっけん労働者の状態を改善するようにみえる「社会改良」は、実際は、労働力商品の売り手としての労働者の存在を維持し、彼らの資本主義体制にたいする敵意を削《そ》ぐものであり、むしろ革命を妨害するものだと考えたのです。

　しかし、マルクスは、賃労働者たちが新しい社会を形成するための力を蓄えていくためには、改良闘争が非常に重要だと考えました。そのなかでも、マルクスがとくに重視したのが労働日の制限にほかなりません。というのも、労働時間規制によって賃労働者たちが資本の支配から自由になる時間を確保できるようになるからです。最初の『資本論』草稿である『経済学批判要綱』で述べられているように、「余暇時間でもあれば、高度な活動のための時間でもある自由時間は、もちろん、その持ち手をある別の主体へと転化する」とマルクスは考えたのです。

賃労働者たちは労働日を制限することによって、健康を維持し、明日もまた労働力を売ることができるようになります。しかし、労働日を制限することの意味はそれだけではありません。労働日の短縮は、賃労働者にとっては同時に自由時間の増大であり、それによって賃労働者は自分を労働力の売り手として再生産するだけでなく、人間らしく生きるための、さらには社会運動や政治運動などの社会活動を行うための身体的・精神的余裕を取り戻すことができるのです。

逆に、賃労働者がこのような自由時間を確保できず、資本のもとで長時間労働に従事させられているあいだは、資本の力に対抗しうるような主体を形成することは非常に困難です。だからこそ、マルクスは「労働日の制限は、それなしには、他のすべての解放の試みがすべて失敗に終わらざるをえない先決条件である」とまで述べ、労働時間規制の重要性を強調したのです。

労働者たちは自分たちの生活を守るために団結することを学ぶ

いくつかの生産様式では労働日の規制の歴史が、また他の生産様式ではこの規制をめぐって今なお続いている闘争が、明白に示していることは、資本主義的生産のある一定の成熟段階では、孤立した労働者、自分の労働力の「自由な」売り手としての労働者は無抵抗に屈服するということである。それゆえ、標準労働日の創造は、長い期間にわたって資本家階級と労働者階級とのあいだに多かれ少なかれ隠然と行なわれていた内乱の産物なのである。（316）

われわれの労働者は生産過程にはいったときとは違った様子でそこから出てくるということを、認めざるをえないであろう。市場では彼は「労働力」という商品の所持者として他の商品所持者たちに相対していた。つまり、商品所持者が商品所持者に相対したのである。彼が自分の労働力を資本家に売ったときの契約は、彼が自由に自分自身を処分できるということを、いわば白紙の上に黒い文字で書き込んだようにはっきりと証明した。取引がすんだあとで発見されるのは、彼が少しも「自由な当事者」ではなかったということであり、自分の労働力を売ることが彼の自由である時間は彼がそれを売ることを強制されている時間だということであり、じっさい彼の吸血鬼は「一片の肉、一筋の腱、一滴の血でもなお搾取することができるかぎり」手放さないということである。彼らを悩ます蛇にたいする「防衛」のために、労働者たちは団結しなければならない。そして、彼らは階級として、彼ら自身が資本との自由意志的契約によって自分たちと同族とを売り渡し死と奴隷状態とにおとしいれることを妨げる国家の法律を、非常に強力な社会的防止手段を奪取しなければならない。「売り渡すことのできない人権」のはでな目録に代わって、法律によって制限された労働日というじみな大憲章が現われて、それは「ついに、労働者が売り渡す時間はいつ終わるのか、また、彼自身のものである時間はいつ始まるのか、を明らかにする」のである。なんと変わりはてたことだろう！（319f）

労働日の制限のための闘いは、労働者に「高度な活動」をするための自由時間を与えるだけではありません。労働者たちは、労働日の制限をめぐる闘いのなかで団結することの重要性を学んでいきます。

もちろん、この章の冒頭でみたように、彼らが最初に盾にとるのは「商品交換の法則」であり、労働力という商品の売り手としての権利です。ところが、実際には、そのような権利があるというだけでは、商品の買い手として同じように「商品交換の法則」を盾にとる資本家には、まったく太刀打ちできません。生産手段をもたず、生活手段の蓄えも十分ではない賃労働者たちが個人として、たえず膨大な剰余価値を搾取し、膨大な貨幣を手中にしている資本家の社会的権力に対抗するのは非常に困難だからです。それゆえ、「資本主義的生産のある一定の成熟段階では、孤立した労働者、自分の労働力の「自由な」売り手としての労働者は無抵抗に屈服する」のです。

とはいえ、資本に屈服しているかぎり、彼らは労働力商品の売り手としての権利を確保し、自らの生存を維持していくことはできません。それゆえ、彼らは闘いの中で、団結することにより、労働力商品の売り手としての権利を主張することを学んでいくのです。
もちろん、この闘いは、まだ商品の売り手としての正当な権利を主張し、それを国家の法律によって保障することを求めるものであり、資本主義的生産様式そのものを変革するための闘いではありません。しかし、この闘いのなかで、商品の売り手としての自分たちの「権利」そのものよりも、この闘いの手段である団結、すなわちアソシエーションのほうが重要であることに気づいていくのです。マルクスは若い頃に書いた『哲学の貧困』で次のように述べています。

団結は、つねに一つの二重目的、すなわちなかま同士の競争を中止させ、もって資本家に対する全面的競争をなしうるようにするという目的をもつ。たとえ最初の抗争目的が賃金の維持にすぎなかったにしても、つぎに資本家のほうが抑圧という同一の考えで結合するにつれて、最初は孤立していた諸団結が集団を形成する。そして、つねに結合している資本に直面して、アソシエーションの維持のほうが彼らにとって賃金の維持よりも重要になる。（『マルクス＝エンゲルス全集』④、一八八頁）

労働者たちにとって、団結すること、アソシエーションを形成していくことは、もはやたんなる手段ではありません。団結し、アソシエーションを形成していくことによってこそ、資本に強制されず、自由に働き、生活することができることを感じ取っていくからです。こうした闘いの中で、労働者たちがアソシエーションにおいてこそ自分たちの自由を実現できることを予感するようになれば、まさに資本主義を超える新しい社会の萌芽が芽生えたことになるでしょう。

第九章　剰余価値の率と量

本章では、前半部分で剰余価値の率と量の関係について検討し、後半部分で第三篇の内容を理論的に総括しています。

剰余価値の率と量の関係

剰余価値率をMとし、一人の労働者が平均して一日に引き渡す剰余価値をmとし、個々の労働力の購入に日々前貸しされる可変資本をv、可変資本の総額をV、一個の平均労働力の価値をkとし、その搾取度を $\frac{a'}{a}\left(\frac{剰余労働}{必要労働}\right)$ とし、充用労働者数をnとすれば、次のようになる。

$$M=\begin{cases}\frac{m}{v}\times V\\ k\times\frac{a'}{a}\times n\end{cases}$$ (322)

資本家になるために必要な価値量

［労働者一人の必要労働が八時間であり、剰余労働が四時間だとすれば］彼が普通の労働者のたった二倍だけ豊かに生活し、また生産される剰余価値の半分を資本に再転化させようとすれば、彼は労働者数とともに前貸資本の最小限を八倍にふやさなければならないであろう。もちろん、彼自身が彼の労働者と同じように生産過程で直接に働くこともできるが、その場合には、彼はただ資本家と労働者のあいだの中間物、「小親方」でしかない。資本主義的生産のある程度の高さは、資本家が資本家として、すなわち人格化された資本として機能する全時間を、他人の労働の取得、したがってまたその監督のために、またこの労働の生産物の販売のために、使用できるということを条件とする。手工業親方が資本家になることを、中世の同職組合制度は、一人の親方が使用してもよい労働者数の最大限を非常に小さく制限することによって、強制的に阻止しようとした。貨幣または商品の所持者は、生産のために前貸しされる最小額が中世的最大限をはるかに越えるときに、はじめて現実に資本家になるのである。ここでも、自然科学におけると同様に、ヘーゲルがその論理学のなかで明らかにしているこの法則、すなわち、単なる量的な変化がある点で質的な相違に転回するという法則の正しいことが証明されるのである。（326f）

［328ページの区切りの線よりあとの文章は、第三篇のまとめになっています。］

資本は剰余労働の汲出者としてそれ以前の直接的強制労働にもとづくあらゆる生産システムを凌駕する

生産過程のなかでは資本は労働にたいする、すなわち活動しつつある労働力または労働者そのものにたいする指揮権にまで発展した。人格化された資本、資本家は、労働者が自分の仕事を秩序正しく十分な強度で行なうように気をつけるのである。

資本は、さらに、労働者階級に自分の生活上の欲望の狭い範囲が命ずるよりも多くの労働を行なうことを強要する一つの強制関係にまで発展した。そして、他人の勤勉の生産者として、剰余労働の汲出者および労働力の搾取者として、資本は、エネルギー、無節度、および効果の点で、直接的強制労働にもとづく従来のすべての生産システムを凌駕している。（328）

奴隷はただ外的な恐怖に駆られて労働するだけで、彼の存在（彼に属してはいないが、保証されてはいる）のために労働するのではない。これにたいして、自由な労働者は自分の必要に駆られて労働する。自由な自己決定、すなわち自由の意識（またはむしろ表象）やそれと結びついている責任の感情（意識）は、自由な労働者を奴隷よりもはるかにすぐれた労働者にする。なぜなら、彼はどの商品の売り手もそうであるように、彼の提供する商品に責任を負っており、また、同種の商品の他の販売者によって打ち負かされないようにするためには、一定の品質で商品を提供しなければならないからである。奴隷と奴隷保有者との関係の連続性は、奴隷が直接的強制によって維持されているという関係である。これにたいして、自由な労働者は自ら関係の連続性を維持しなければならない。というのは、彼の存在も彼の家族の存在も、彼が絶えず繰り返し自分の労働能力を資本家に販売することに依存しているからである。（『直接的生産過程の諸結果』二四〇―一頁）

資本家は、前近代社会における奴隷主や封建領主のように、人格支配にもとづいて直接強制することによって搾取をしているのではありません。みてきたように、市場における自由な取引の結果として、他人の労働を搾取し、剰余価値を取得することができます。ところが、じつはこれこそが、資本主義において、他のどんな社会よりも過酷な搾取が可能になる理由なのです。というのも、それによって、剰余労働を強制的にひきだすのではなく、相手の自発性にもとづいてひきだすことが可能になるからです。右に引用した『直接的生産過程の諸結果』（『資本論』第一巻と第二巻をつなぐ部分として書かれた草稿です）の文章は、この事情を鮮やかに描き出していると言えるでしょう。

このような事情があるからこそ、「他人の勤勉の生産者として、剰余労働の汲出者および労働力の搾取者として、資本は、エネルギー、無節度、および効果の点で直接的強制労働にもとづく従来のすべての生産システムを凌駕」するのです。このような資本の力は次の第四篇「相対的剰余価値の生産」、さらには第七篇「資本の蓄積過程」に進むにつれ、より強力なものとして現れてくることになるでしょう。

生産過程における物象化

生産過程を労働過程の観点から考察すれば、労働者は生産手段にたいしてそれを資本とするようにして関わったのではなく、彼の合目的的な生産活動のたんなる手段および材料とするようにして関わったのである。たとえば製革業では、彼は獣皮を自分のたんなる労働対象として取り扱う。彼が皮をなめすのは、資本家のためではない。われわれが生産過程を価値増殖過程の観点から考察するやいなや、事情は一変する。生産手段はたちまち他人の労働を吸収するための手段に転化した。もはや、労働者が生産手段を使うのではなく、生産手段が労働者を使うのである。生産手段は、労働者によって彼の生産的活動の素材的要素として消費されるのではなく、労働者を生産手段自身の生活過程の酵素として消費するのであり、そして、資本の生活過程とは、自分自身を増殖する価値としての資本の運動にほかならない。熔鉱炉や作業用建物が夜間休止していてもはや生きている労働を吸収しないならば、それは資本家にとっては「純粋な損失」である。それだからこそ、熔鉱炉や作業用建物は、労働力の「夜間労働にたいする要求権」を作り出すのである。貨幣が生産過程の対象的諸要因すなわち生産手段に転化されるというただそれだけのことによって、生産手段は他人の労働および剰余労働にたいする権利的権原および強制的権原に転化されるのである。(328f)

たんなる形態的関係、すなわち資本主義的生産の発展の低い様式にも発展の高い様式にも共通なその一般的形態を考察する場合でさえも、生産手段、すなわち物象的な労働条件は労働者に従属するものとしては現れず、労働者がそれらに従属するものとして現れる。資本が労働を使用するのである。すでにこの関係がその単純なあり方において物象の人格化であるとともに人格の物象化である。[1](『直接的生産過程の諸結果』二八八頁)

すでに私たちは商品と貨幣について考察した第一篇において、人格と物象の関係が転倒するという物象化についてみてみました。大半の「マルクス経済学者」は、この物象化を商品や貨幣からなる流通部面においてのみ発生する現象だと考えてきました。しかし、『直接的生産過程の諸結果』の引用から明らかなように、マルクスは資本による生産過程においても、物象化が発生すると考えました。

もちろん、資本の生産過程も、使用価値を生産するという意味では、ほかの経済システムと変わりません。しかし、資本は使用価値の生産じたいを目的とするわけではありません。あくまでも目的は価値増殖です。ですから、資本は使用価値の生産をもっぱら価値増殖という目的にしたがって遂行することになります。

このとき、生産手段と労働者のあいだの関係に根本的な変化が生じます。使用価値の生産という観点からみれば、両者の関係は、労働者が原材料や道具などの生産手段をもちいて生産物をつくるというものです。ここでは、労働者が主体であり、生産手段は文字通り「手段」でしかありません。ところが、価値増殖という観点からみると、両者の関係は逆転してしまいます。というのも、そこでは、価値増殖が目的であり、賃労働者はそのための手段にすぎないからです。

じっさい、賃労働者たちは、資本価値の担い手である生産手段にたえず注意を払い、その価値を無駄なく生産物に移転しつつ、それに価値を付加しなければなりません。いわば労働者のほうが生産手段の都合にあわせて働かなければならないのです。逆にいえば、労働者がそのように生産手段を資本価値として扱うからこそ、生産手段はじっさいに資本価値としての意義をもち、生産過程において価値増殖の論理が貫徹するのです。

このような生産手段と労働者の転倒した関係が非常によくわかるのが、第八章で詳しくみた夜間労働のための交代制です。「熔鉱炉や作業用建物が夜間休止していてもはや生きている労働を吸収しないならば、それは資本家にとっては「純粋な損失」であり、だからこそ資本は、たとえ労働者の健康を犠牲にしようとも、交代制をしき、機械の都合にあわせて労働者に深夜労働をさせるのです。

こうして、資本の生産過程においては価値の担い手であり、労働力が生み出した価値を吸収する生産手段が主体となり、労働者の側は価値増殖のためのたんなる手段となってしまいます。これが資本の生産過程における物象化なのです。このような生産過程における転倒が、どれほど労働者の健康を害し、長期的には社会を衰退させてしまうかは第八章でみたとおりです。次章以降では、このような転倒が生産力の上昇とともにより強固になり、さらに強力なものとして現れてくることをみるでしょう。

1 ここでの「物象の人格化」は第二章でみたような物象の人格化ではなく、物象が人間のように主体となるという意味であり、ほぼ物象化と同じ意味になります。この箇所のように、「物象の人格化」が「人格の物象化」と対になって用いられるときには、おおむねこちらの意味になります。

コラム３　『資本論』第二巻と第三巻

「人と作品」でみたように、マルクスが完成させることができたのは第一部「資本の生産過程」を収めた『資本論』第一巻だけでした。現在、『資本論』第二巻（第二部「資本の流通過程」）および第三巻（第三部「総過程の諸姿態」）として刊行されているものは、のちにエンゲルスがマルクスの草稿を編集して刊行したものです。マルクスは『資本論』第一巻初版を一八六七年に刊行した時点で、すでに第二部と第三部のための第一稿を書き上げていましたが、さらに理論的な精度をあげるために、研究を続けました。とくに第二部については第八稿（一八八一年）までの草稿が残されています。

第二部は、第一部が資本主義的生産過程、すなわち剰余価値の生産過程および再生産過程がテーマになっていたのにたいし、資本の流通過程、すなわち剰余価値をふくむ商品を販売して、剰余価値を実現するとともに、入手した貨幣によって生産要素を購買する過程がテーマになっています。この第二部の第三章では、有名な「再生産表式」が登場します。第三部は、総過程の諸姿態、すなわち第一部と第二部で考察した資本の総過程（生産過程と流通過程の総体）が具体的に現象するさいの諸形態（利潤、生産価格、商業資本、利子生み資本、地代など）をテーマとしています。第一部において資本主義的生産様式の根本性格は明らかにされていますが、これが現実にどのように具体的に現象するかを把握し、現実のさまざまな問題を考察するには、第三部までを総体として理解することが必要になるでしょう。

第四篇　相対的剰余価値の生産

第三篇は労働日の延長による絶対的剰余価値の生産がテーマでしたが、第四篇では、剰余価値生産のもう一つの方法、すなわち生産力の増大による相対的剰余価値の生産がテーマになります。

第一〇章　相対的剰余価値の概念

絶対的剰余価値と相対的剰余価値

労働日の延長によって生産される剰余価値を私は絶対的剰余価値と呼ぶ。これにたいして、必要労働時間の短縮とそれに対応する労働日の両成分の大きさの割合の変化とから生ずる剰余価値を私は相対的剰余価値と呼ぶ。（334）

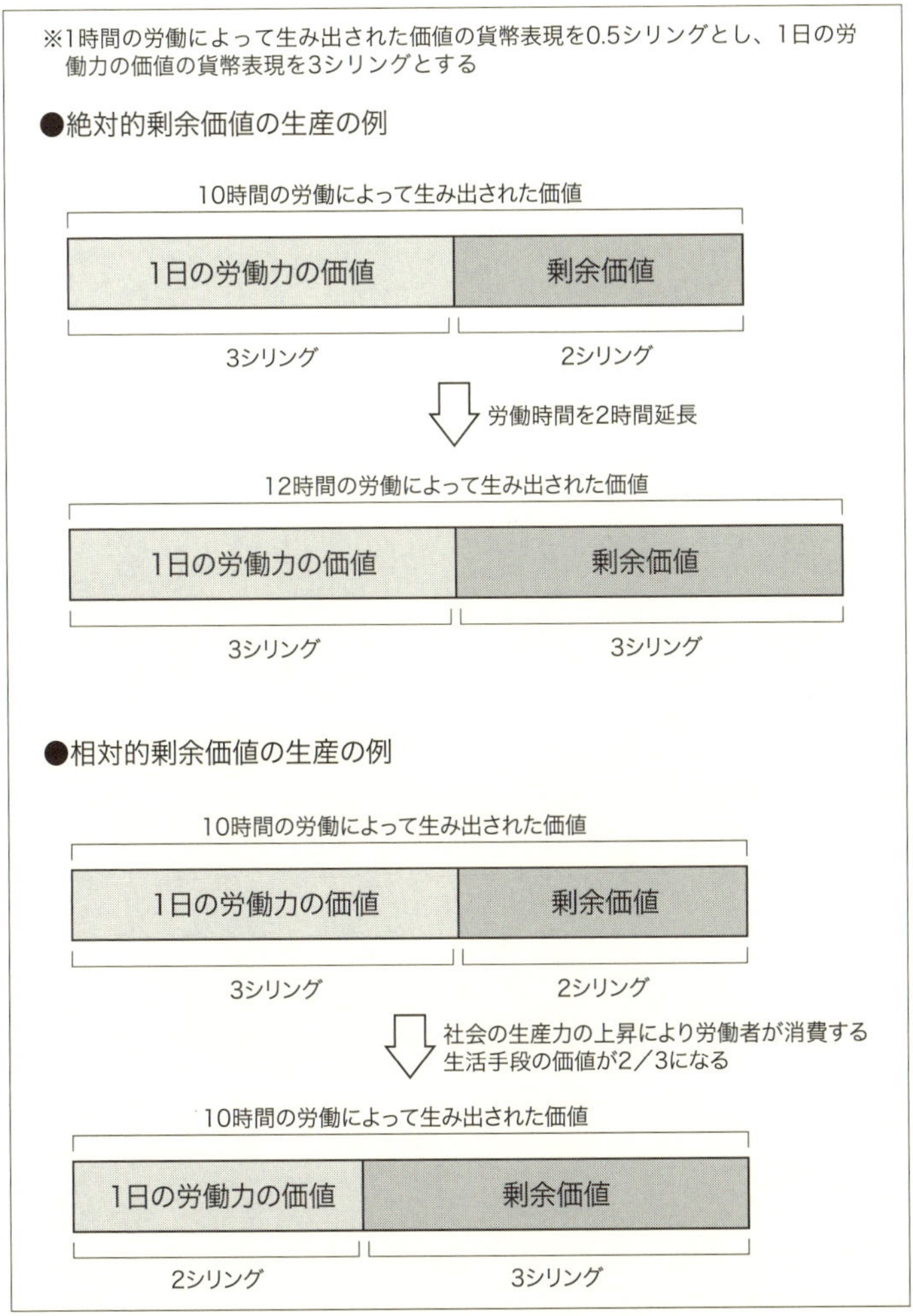

図5　絶対的剰余価値と相対的剰余価値

これまで考察してきた形態での剰余価値の生産では生産様式は与えられたものとして想定されていたのであるが、必要労働の剰余労働への転化による剰余価値の生産のためには、資本が労働過程をその歴史的に伝来した姿または現にある姿のままで取り入れてただその継続時間を延長するだけでは、けっして十分ではないのである。労働の生産力を高くし、そうすることによって労働力の価値を引き下げ、こうして労働日のうちのこの価値の再生産に必要な部分を短縮するためには、資本は労働過程の技術的および社会的諸条件を、したがって生産様式そのものを変革しなければならないのである。（333f）

すでにみたように、生産力が二倍になったとしても一時間あたりの労働量は変化せず、したがって生産される価値量も変化しませんが、他方で同じ時間に二倍の生産物が生産されるようになるので、生産物一個あたりに付加される価値は半減します。生産力が上がると、それだけ生産物の価値は下がるのです。

そのため、労働者の生活手段を生産する産業部門（あるいはその部門で使用される原材料や機械を生産する部門）で生産力が上がれば、労働者の生活手段の価値が下がります。労働力の価値は労働力の再生産費、すなわち労働者の生活手段の価値によって決まるのですから、労働者の生活手段の価値が下がれば、労働力の価値も下がります。

こうして、生産力の上昇は労働力の価値を下げることになります。それゆえ、労働日が不変だとすれば、剰余価値量は増大します。このように、労働力価値の低下によって生み出される剰余価値のことを相対的剰余価値と言います。図5の例を参照してください。

資本家たちは相対的剰余価値の生産を意識的に追求するわけではない

ある一人の資本家が労働の生産力を高くすることによってたとえばシャツを安くするとしても、けっして、彼の念頭には、労働力の価値を下げてそれだけ必要労働時間を減らすという目的が必ずしも浮かんでいるわけではない。しかし、彼が結局はこの結果に寄与するかぎりでは、彼は一般的な剰余価値率を高くすることに寄与するのである。(335)

資本家たちが直接に追求するのは特別剰余価値である[1]

一労働時間が六ペンスすなわち半シリングという金量で表されるとすれば、一二時間の一労働日には六シリングという価値が生産される。与えられた労働の生産力ではこの一二労働時間に一二個の商品がつくられると仮定しよう。各一個に消費される原料その他の生産手段の価値は六ペンスだとしよう。このような事情のもとでは一個の商品は一シリングになる。すなわち、生産手段の価値が六ペンス、それを加工するときに新しくつけ加えられる価値が六ペンスである。いま、ある資本家が、労働の生産力を二倍にすることに成功し、したがって一二時間の一労働日にこの種の商品を一二個ではなく二四個生産することができるようになったとしよう。生産手段の価値が変わらなければ、一個の商品の価値は今度は九ペンスに下がる。すなわち、生産手段の価値が六ペンスで、最後の労働によって新しくつけ加えられる価値が三ペンスである。……この商品の個別的価値は、いまではその社会的価値よりも低い。すなわち、この商品には、社会的平均条件のもとで生産される同種商品の大群に比べて、より少ない労働時間しかかからない。一個は平均して一シリングであり、言い換えれば、二時間の社会的労働を表わしている。変化した生産様式では、一個は九ペンスにしかならない。言い換えれば、一労働時間半しか含んでいない。しかし、商品の現実の価値は、その個別的価値ではなく、その社会的価値である。すなわち、この現実の価値は、個々の場合にその商品に生産者が実際に費やす労働時間によって計られるのではなく、その商品の生産に社会的に必要な労働時間によって計られるのである。だから、新しい方法を用いる資本家が自分の商品を一シリングというその社会的価値で売れば、彼はそれをその個別的価値よりも三ペンス高く売ることになり、したがって三ペンスの特別剰余価値を実現するのである。しかし、他方、一二時間の一労働日は、いまでは彼にとって以前のように一二個ではなく二四個の

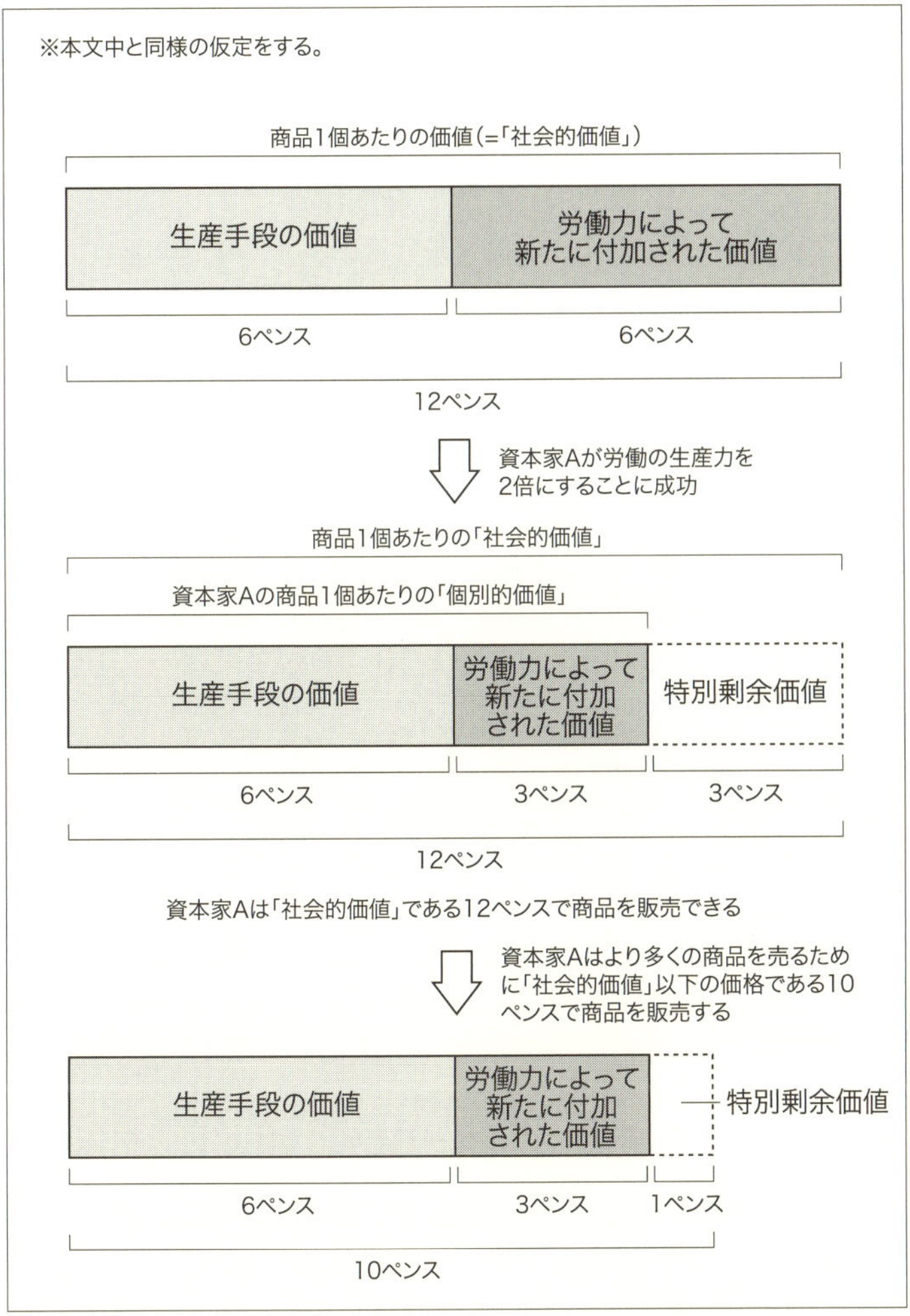

図6　資本家たちが直接に追求するのは特別剰余価値である

商品に表わされている。だから、一労働日の生産物を売るためには、彼は二倍の売れ行きまたは二倍の大きさの市場を必要とする。ほかの事情に変わりがなければ、彼の商品が市場のより広い範囲を占めるには、その価格を引き下げるよりほかはない。そこで、彼は自分の商品を、その個別的価値よりも高く、しかしその社会的価値よりも安く、たとえば一個一〇ペンスで売るであろう。それでも彼は各一個から一ペンスずつの特別剰余価値を取り出す。彼にとってこのような剰余価値の増大が生ずるのは、彼の商品が必要生活手段の範囲にはいるかどうかには、したがってまた労働力の一般的な価値に規定的にはいるかどうかには、かかわりがない。だから、このあとのほうの事情を度外視しても、どの個々の資本家にとっても労働の生産力を高くすることによって商品を安くしようとするという動機があるのである。(335f)

1　マルクス自身が示唆しているように、ここでの議論は厳密には『資本論』第三巻第二篇の市場価値および市場価格をめぐる議論において解決すべき内容を含んでおり、あくまでこれまで登場した概念によって相対的剰余価値の生産を説明するための暫定的な議論だと考えるべきでしょう。

特別剰余価値の追求の結果、生産力が上昇し、労働力の価値が低下する

しかし、他方、新たな生産様式が一般化され、したがってまた、より安く生産される商品の個別的価値とその商品の社会的価値との差がなくなってしまえば、あの特別剰余価値もなくなる。労働時間による価値規定の法則、それは、新たな方法を用いる資本家には、自分の商品をその社会的価値よりも安く売らざるをえないという形で感知されるようになるのであるが、この同じ法則が、競争の強制法則として、彼の競争相手たちを新たな生産様式の採用に追いやるのである。こうして、この全過程を経て最後に一般的剰余価値率が影響を受けるのは、生産力の上昇が必要生活手段の生産部門をとらえたとき、つまり、必要生活手段の範囲に属していて労働力の価値の要素をなしている諸商品を安くしたときに、はじめて起きることである。（337f）

それゆえ、商品を安くするために、そして商品を安くすることによって労働者そのものを安くするために、労働の生産力を高くしようとするのは、資本の内的な衝動であり、不断の傾向なのである。（338）

資本主義的生産においては生産力の発展による労働の節約は、労働日の短縮を目的としていない

このように、労働の生産力の発展による労働の節約は、資本主義的生産ではけっして労働日の短縮を目的としてはいないのである。それは、ただ、ある一定の商品量の生産に必要な労働時間の短縮を目的としているだけである。(339)

資本主義的生産における生産力の発展は剰余価値の増大を目的とするものであり、労働日の短縮を目的とするものではありません。それどころか、後の章では、資本主義的生産における生産力の発展がむしろ労働日を延長する動機と手段となることが明らかにされます。

第一一章　協業

第一一章から第一三章までは、相対的剰余価値を取得するための生産力上昇の方法が考察されます。これらの章で重要なのは、生産力上昇のための方法が同時に資本が賃労働者をより強力に支配するための方法になるということです。まず、最も基本的な方法である協業から見ていきましょう。

協業とは何か

同じ生産過程において、または同じではないが関連のあるいくつかの生産過程において、多くの人々が計画的にいっしょに協力して労働するという労働の形態を、協業という。(344)

協業による生産力上昇の効果

……たいていの生産的労働では、たんなる社会的接触が競争心や活力の独特な刺激を生みだして、それらが各人の個別的作業能力を高めるので、一二人がいっしょになって一四四時間の同時的一労働日に供給する総生産物は、めいめいが一二時間ずつ労働する一二人の個別労働者または引き続き一二日間労働する一人の労働者が供給する総生産物よりも、ずっと大きいのである。このことは、人間は生来、アリストテレスが言うように政治的な動物ではないにしても、とにかく社会的な動物だということからきている。(345f)

多くの人々が同じ作業かまたは同種の作業を同時に協力して行なうにもかかわらず、各人の個別労働が総労働の部分として労働過程そのものの別々の段階をなしていて、これらの段階を労働対象が、協業の結果として、いっそう速く通過することがありうる。たとえば、煉瓦積み工が煉瓦を足場の下から頂上まで運ぶためにたくさんの手で一つの列をつくるとすれば、彼らはめいめい同じことをするのであるが、それにもかかわらず個々の作業は一つの全体作業の連続的諸部分を、すなわちすべての煉瓦が労働過程で通過しなければならない別々の段階を、なすのであって、こうすることによって、全体労働者のたとえば二四本の手は、足場を登り降りする各個の労働者の二本の手よりも速く煉瓦を運ぶのである。労働対象が同じ空間をより短い時間で通過するのである（346）。……どんな事情のもとでも、結合労働日の独自な生産力は、労働の社会的生産力または社会的労働の生産力なのである。この生産力は協業そのものから生ずる。他人との計画的な協働のなかでは、労働者は彼の個体的な制限を脱け出て彼の種族的能力を発揮するのである。（349）

協業にとって不可欠な指揮が資本の機能になり、指揮の機能が独自な性格をもつようになる

最初は、労働にたいする資本の指揮も、ただ、労働者が自分のためにではなく資本家のために、したがってまた資本家のもとで労働するということの形態的な結果として現われただけだった。多数の賃労働者の協業が発展するにつれて、資本の指揮は、労働過程そのものの遂行のための必要事項に、一つの現実的生産条件に、発展してくる。生産場面での資本家の命令は、いまでは戦場での将軍の命令のようになくてはならないものになるのである。

すべての比較的大規模な直接に社会的または共同的な労働は、多かれ少なかれ一つの

指揮を必要とするのであって、これによって個別的諸活動の調和がもたらされ、独立な諸器官の運動とは違った生産体総体の運動から生ずる一般的な諸機能が果たされるのである。バイオリン独奏者は自分自身を指揮するが、オーケストラは指揮者を必要とする。この指揮や監督や調整の機能は、資本に従属する労働が協業的になれば、資本の機能になる。資本の独自な機能として、指揮の機能は独自な性格をもつことになるのである。（350）

なによりもまず、資本主義的生産過程の推進的な動機であり規定的な目的であるのは、資本のできるだけ大きな自己増殖、すなわちできるだけ大きい剰余価値生産、したがって資本家による労働力のできるだけ大きな搾取である。同時に従業する労働者の数の増大につれて彼らの抵抗も大きくなり、したがってまたこの抵抗を抑圧するための資本の圧力も必然的に大きくなる。資本家の指揮は、社会的労働過程の性質から生じて資本家に属する一つの特別な機能であるだけではなく、同時にまた一つの社会的労働過程の搾取の機能でもあり、したがって搾取者とその搾取材料との不可避的な敵対によって生み出される。同様に、賃労働者にたいして他人の所有物として対立する生産手段の規模が増大するにつれて、その適切な使用を監督することの必要も増大する。さらにまた、賃労働者の協業は、ただたんに、彼らを同時に使用する資本の作用である。彼らの諸機能の関連も生産体総体としての彼らの統一も、彼らの外にあるのであり、彼らを集めてひとまとめにしておく資本のうちにあるのである。それゆえ、彼らの労働の関連は、観念的には資本家の計画として、実践的には資本家の権威として、彼らの行為を自分の目的に従わせようとする他人の意志の力として、彼らに相対するのである。(350f)

第三篇までの内容においては、資本が賃労働者にたいしておこなう指揮は、資本家が賃労働者から彼の労働力を購買したことの「形態的な結果」(ここで形態的というのは貨幣が持つ経済的形態規定の力によって実現されている指揮だからです)として現れたものでしかありませんでした。しかしながら、生産方法として協業が採用されるやいなや、「資本の指揮は労働過程そのものを遂行するための必要事項に、現実的生産条件に発展」します。というのも、多くの労働者が同時に労働する協業においては、その社会的形態と関わりなく――すなわち資本主義的生産のもとでの協業であろうと、ピラミッドの建築などの奴隷制社会の協業であろうと――指揮が必要とされますが、資本主義的生産においては、この指揮の機能が、まさに資本の機能として遂行されるからです。

ところが、資本家による指揮は、それが資本の機能として行われることによって、それ以前にはなかった新たな性格を獲得します。というのも、資本家による指揮は、たんに協業に調和を与えるためだけではなく、賃労働者から剰余価値を搾取し、資本の自己増殖を可能にするものでなければならないからです。資本家は生産過程においてたえず賃労働者の抵抗やサボタージュの可能性に直面するので、資本家による指揮は、たんに個々人の作業に調和を与え、協業を可能にするために行われるだけでなく、賃労働者の抵抗を押さえつけ、サボタージュを防ぐためにも行われなければならないのです。

とはいえ、現実に資本家が指揮をおこなう際には、この二つの機能は分けることができず、渾然《こんぜん》一体となって現れます。個々の賃労働者は協業を円滑におこなうために指揮に従わなければなりませんが、その指揮は同時に賃労働者を押さえつけ、監視するという性格も持っています。つまり、賃労働者は、協業を行うためには、自分にとって敵対的な性格をもっている資本の指揮に従うしかありません。したがって、資本主義的生産過程では、協業という生産方法じたいが賃労働者の従属をうながすものとして作用してしまうのです。

資本家は指揮の機能を遂行する支配人や職工長を雇う

資本家は、彼の資本が本来の資本主義的生産の開始のためにどうしても必要な最小限度の大きさに達したとき、まず手の労働から解放されるのであるが、今度は、彼は、個々の労働者や労働者群そのものを絶えず直接に監督する機能を再び一つの特別な種類の賃労働者に譲り渡す。軍隊と同様に、同じ資本の指揮のもとで協働する一つの労働者集団は、労働過程で資本の名において指揮する産業将校（支配人、マネージャー）や産業下

士官（職工長、監督）を必要とする。監督という労働が彼らの専有の機能に固定されるのである。（351）

協業から生まれる労働の社会的生産力が資本の生産力として現れる

労働者は、自分の労働力の売り手として資本家と取引しているあいだは、自分の労働力の所有者なのであり、そして、彼が売ることのできるものは、ただ彼がもっているもの、彼の個人的な個別的な労働力だけである。この関係は、資本家が一つの労働力ではなく一〇〇の労働力を買うとしても、またはただ一人の労働者とではなく一〇〇人の互いに独立した労働者と契約を結ぶとしても、それによって少しも変えられるものではない。資本家は一〇〇人の労働者を協業させることなしに使用することもできる。それだから、資本家は一〇〇の独立した労働力の価値を支払うのではあるが、しかし百という結合労働力の代価を支払うのではない。独立の人格としては、労働者たちは個々別々の人間であり、彼らは同じ資本と関係を結ぶのではあるが、お互いどうしでは関係を結ばない。彼らの協業は労働過程にはいってからはじめて始まるのであるが、しかし労働過程では彼らはもはや自分自身のものではなくなっている。労働過程にはいると同時に彼らは資本に合体される。協業者としては、一つの活動有機体の手足としては、彼ら自身はただ資本の一つの特殊な存在様式でしかない。それだからこそ、労働者が社会的労働者として発揮する生産力は資本の生産力なのである。労働の社会的生産力は、労働者が一定の諸条件のもとにおかれさえすれば無償で発揮されるのであり、そして資本は彼らをこのような諸条件のもとにおくのである。労働の社会的生産力は資本にとってはなんの費用もかからないのだから、また他方この生産力は労働者の労働そのものが資本のものになるまでは労働者によって発揮されないのだから、この生産力は、資本が生来もっている生産力として、資本の内在的な生産力として、現われるのである。(352f)

そもそも資本主義的生産関係において協業を組織できるのは、ある一定以上の貨幣額を持つ者、すなわち資本家だけです。ここでは、人々は私的個人としてバラバラにされており、しかも資本家以外は協業を組織できるだけの貨幣を持っていません。それゆえ、賃労働者は自分たちの意志によって互いに協働して協業をおこなうことはできないのです。彼らは労働力を購買した資本によって結合させられ、協業をおこなうにすぎません。ここでは賃労働者は資本家に労働力を売り、資本によって互いに結合させられることなしには協業を行うことができないわけですから、協業によって実現される労働の社会的生産力は、資本がはじめから持っている生産力として現れるのです。

第一二章　分業とマニュファクチュア

ここでいうマニュファクチュアとは、次章でみる大工業のように機械が本格的に導入されておらず、道具を用いて手作業で生産を行っていた「工場制手工業」を指します。ここでは、たんに協業が行われるだけでなく、協業が作業場のなかでの分業として行われていました。マルクスは「マニュファクチュアが資本主義的生産過程の特徴的な形態として優勢になるのは、おおよそ、一六世紀の半ばから一八世紀の最後の三分の一期まで続く本来のマニュファクチュア時代のあいだである」(356)と述べています。

ここでも重要なのは、やはり分業という生産方法の変革が労働者に与える影響であり、資本主義的生産におけるその意味です。本章でも、これらの点に注目しながら読み進めていきましょう。

第一節　マニュファクチュアの二重の起源

一方では、ある一つの生産物が完成されるまでにその手を通らなければならないいろいろな種類の独立手工業の労働者たちが、同じ資本家の指揮のもとにある一つの作業場に結合される。たとえば一台の馬車は、車工、馬具工、指物工、錠前工、真鍮工、ろくろ工、レース工、ガラス工、画工、塗工、メッキ工など多数の独立手工業者の労働の総生産物だった。馬車マニュファクチュアは、これらのいろいろな手工業者をすべて一つの作業場に集め、そこで彼らは互いに助け合いながら同時に労働する。……ところが、やがて一つの重要な変化が現われる。ただ馬車の製造だけに従事している指物工や錠前工や真鍮工などは、自分の従来の手工業をその全範囲にわたって営む習慣とともに、その能力をもしだいに失ってしまう。他方、彼の一面化された動作は、いまでは、狭められた活動範囲のための最も目的に合致した形態を与えられる。元来は、馬車マニュファクチュアはいろいろな独立手工業の結合体として現われた。それは、しだいに、馬車生産をそのいろいろな特殊作業に分割するものになり、これらの作業のそれぞれが一人の労働者の専門的機能に結晶してそれらの全体がこれらの部分労働者の結合体によって行なわれるようになる。(356f)

しかし、マニュファクチュアはこれとは反対の道でも発生する。同じことまたは同じ種類のことを行なう、たとえば紙とか活字とか針とかをつくる多数の手工業者が同じ資本によって同じ時に同じ作業場で働かされる。これは、最も単純な形態の協業である。……しかし、やがて外部的な事情が、同じ場所に労働者が集まっていることや彼らが同時に労働することを別のやり方で利用させるようになる。……いろいろな作業を同じ手工業者に時間的に順々に行なわせることをやめて、それらの作業を互いに引き離し、孤立させ、空間的に並べ、それぞれの作業を別々の手工業者に割り当て、すべての作業がいっしょに協業者たちによって同時に行なわれるようにする。このような偶然的な分割が繰り返され、その特有な利点を現わし、しだいに組織的な分業に固まってゆく。商品は、いろいろなことをする一人の独立手工業者の個人的な生産物から、各自がいつでも一つの同じ部分作業だけを行なっている手工業者たちの結合体の社会的な生産物に転化する。(357f)

こうして、マニュファクチュアは、一方では一つの生産過程に分業を導入するかまたはいっそう発展させるかするのであり、他方では以前は別々だったいろいろな手工業を結合するのである。しかし、その特殊な出発点がどれであろうと、その最終の姿は同じもの、すなわち、人間をその諸器官とする一つの生産メカニズムである。(358)

第二節　部分労働者とその道具

作業の専門化による生産力の上昇

もっと詳しく細目に立ち入って見れば、まず第一に明らかなことは、一生涯同じ一つの単純な作業に従事する労働者は、自分の全身をこの作業の自動的な一面的な器官に転化させ、したがって、多くの作業を次々にやってゆく手工業者に比べればその作業により少ない時間を費やす、ということである。ところが、マニュファクチュアの生きたメカニズムをなしている結合全体労働者は、ただこのような一面的な部分労働者だけからなっているのである。それだから、独立手工業に比べれば、より少ない時間でより多くが生産されるのであり、言い換えれば、労働の生産力が高められるのである。(359)

すきま時間の圧縮による生産力の上昇

ある一つの作業から他の作業に移ることは、彼の労働の流れを中断し、いわば彼の労働日のなかのすきまをなしている。彼が一日じゅう同じ一つの作業を続けて行なうようになれば、これらのすきまは圧縮されるか、または彼の作業の転換が少なくなるにしたがってなくなってゆく。生産性の上昇は、この場合には、与えられた時間内の労働力の支出の増加、つまり労働の強度の増大のおかげか、または労働力の不生産的消費の減少のおかげである。（360f）

道具の専門化による生産力の上昇

労働の生産性は、労働者の技倆にかかっているだけではなく、彼の道具の完全さにもかかっている。……マニュファクチュア時代は、労働用具を部分労働者の専有な特殊機能に適合させることによって、労働用具を単純化し改良し多種類にする。（361）

第三節　マニュファクチュアの二つの基本形態
――異種的マニュファクチュアと有機的マニュファクチュア

異種的マニュファクチュア

時計は、ニュルンベルクの一手工業者の個人的製品から、無数の部分労働者の社会的生産物に転化した。……時計の部品のうちで違った手を経るものはわずかであり、これらのばらばらの四肢のすべては、それらを最終的に一つの完全なメカニズム〔時計〕に結合する手のなかではじめて一緒になるのである。(362f)

有機的マニュファクチュア

マニュファクチュアの第二の種類、マニュファクチュアの完成された形態は、互いに関連のあるいくつもの発展段階、すなわち一連の段階的諸過程を通る製品を生産するもので、たとえば、縫針マニュファクチュアにおける針金は、七二種から九二種にも及ぶ独自な部分労働者の手を通るのである。(364)

マニュファクチュアは労働者により強度の高い労働を強制する

それぞれの部分労働者の部分生産物は、同時に、ただ同じ製品の一つの特殊な発展段階でしかないのだから、一人の労働者が別の労働者に、または一つの労働者群が別の労働者群に、その原料を供給するわけである。一方の労働者の労働成果は、他方の労働者の労働のための出発点になっている。だから、この場合には一方の労働者が直接に他方の労働者を働かせるのである。……このような、労働と労働とのあいだの、したがってまた労働者どうしのあいだの直接的依存関係は、各個の労働者にただ必要時間だけを自分の機能のために費やすことを強制するのであり、したがって、独立手工業の場合とは、または単純な協業の場合とさえも、まったく違った労働の連続性や一様性や規則性や秩序が、ことにまた労働の強度［労働の密度］が生みだされるのだということは、明らかである。（365f）

ここで、第一章でも簡単に触れた労働の強度という概念について確認しておきましょう。というのも、ここでも指摘されているように、資本主義的生産においては、生産方法の変革によって、生産力だけでなく、労働の強度もまた高められる傾向があるからです。

労働の強度とは、労働の密度のことであり、労働者がより速いスピードで作業を行うことによって高めることができるものです。これにたいし、生産力は労働者の側の努力によっては高めることはできません。生産力はある一定の労働量にたいしてどれだけの生産物が生産されるかを表す概念ですから、労働者の側が労働の密度を高めて、ある一定時間により多くの生産物を作り出したとしても、その一定時間内にはそのぶん多くの労働量が支出されていることになり、生産力は変化しないということになります。生産力が上昇したといえるのは、同じ労働量、すなわち同じ労働の強度で同じ時間働いたとしても、以前よりも多くの生産物を生産することができる場合であり、このような生産力の上昇を実現するには、これまでみてきたような協業や分業、さらには次章でみるような機械の導入などが必要となります。

このように、生産力の上昇と労働強度の上昇は、概念的にはまったく別のものですが、資本主義的生産においては、この両者は絡み合っており、生産力の上昇にともなって労働の強度が上昇することが少なくありません。この引用文では、マニュファクチュアが有機的な生産メカニズムとして作動することが、個々の労働者によりいっそう強度の高い労働を強制するということが言われています。たとえば、ある人が布を裁断し、それから別の人がその布を縫うという作業工程があるとすると、裁断者が一定のペースで裁断しなければ、裁縫者が布を縫うことができず、作業が滞ってしまいます。それゆえ、それぞれの作業者には作業の連続性、規則性が求められ、結果として労働の強度が高められることになるのです。協業においては資本家の指揮にしたがう必要が労働者の資本に対する従属をうながしましたが、ここでは体系化された専門的作業として労働をおこなう必要が労働者の資本にたいする従属をうながすようになると言えるでしょう。

分業の固定化により労働力の価値が低下する

マニュファクチュアは、完全な労働能力を犠牲にして徹底的に一面化された専門性を練達の域にまで発達させるとすれば、それはまた、いっさいの発達の欠如をさえも一つの専門にしようとするのである。等級制的段階づけと並んで、熟練労働者と不熟練労働者とへの労働者の簡単な区分が現われる。後者のためには修業費はまったく不要になり、前者のためには、機能の簡単化によって手工業者の場合に比べて修業費は減少する。どちらの場合にも労働力の価値は下がる。……修業費の消失または減少から生ずる労働力の相対的な減価は、直接に資本のいっそう高い価値増殖を含んでいる。なぜならば、労働力の再生産に必要な時間を短縮するものは、すべて剰余労働の領域を延長するからである。（371）

この引用文は、この箇所だけを素直に読むと、非常に明快な議論ですが、第一章で扱った「単純労働」と「複雑労働」を思い出しながら読まれた読者の方は疑問をもたれたかもしれません。すでにみたように、養成により多くのコストがかかる複雑労働は、養成費がかからない単純労働にくらべて、その養成費の分だけより多くの価値を生み出すことができます。だとすれば、ここでマルクスが述べている、分業によって養成費が減ればそれだけ労働力の価値が減少し、したがって剰余価値が増大する、という議論は成り立たないようにみえます。というのも、たしかに養成費が減れば労働力の価値は減少しますが、他方でその労働力が生み出す価値もまた減少してしまうからです。

しかし、ある資本家がほかの資本家に先がけて新たな生産方法を導入し、生産力を上昇させ、労働力の価値が高い熟練労働者の代わりに、労働力の価値が低い不熟練労働者を雇うようになれば、その資本家はそれだけ剰余価値を増やすことができるでしょう。というのも、商品の社会的価値は相変わらずほかの平均的な資本家が雇用している熟練労働者が対象化する、より大きな労働によって規定されているからです。とはいえ、特別剰余価値の場合と同様に、ほかの資本家が同様に生産力を上昇し、熟練労働者を必要としなくなれば、このような不熟練労働者の導入による剰余価値増大の直接的な効果はなくなってしまいます。

第四節　マニュファクチュアの内部での分業と社会の内部での分業

マニュファクチュアの内部での分業と社会の内部での分業との違い

社会のなかでの分業は、いろいろな労働部門の生産物の売買によって媒介されており、マニュファクチュアのなかでのいろいろな部分労働の関連は、いろいろな労働力が同じ資本家に売られて結合労働力として使用されるということによって媒介されている。

……作業場のなかでの分業ではア・プリオリ〔はじめから〕に計画的に守られる規則が、社会のなかでの分業では、内的な、無言の、市場価格のバロメーター的変動によって知覚される、商品生産者たちの無規律な恣意を圧倒する自然必然性として、ただア・ポステリオリ〔あとから〕にのみ作用する。マニュファクチュア的分業は、資本家に所属する全メカニズムのただの手足でしかない人々にたいして資本家がもつ無条件的な権威を前提する。社会的分業は独立の商品生産者たちを互いに対立させ、彼らは、競争という権威のほかには、すなわち彼らの相互の利害関係の圧迫が彼らに加える強制のほかには、どんな権威も認めないのであって、それは、ちょうど、動物界でも万人にたいする万人の戦いがすべての種の生存条件を多かれ少なかれ維持しているのと同様である。それだからこそ、マニュファクチュア的分業、終生にわたる労働者の細部作業への拘束、資本のもとへの部分労働者の無条件的従属を、労働の生産力を高くする労働組織として賛美するブルジョア的意識が、同様に声高く、社会的生産過程のいっさいの意識的な社会的制御および規制を、個別的資本家の不可侵の所有権や自由や自律的「独創性」の侵害として非難するのである。工場システムの熱狂的な弁護者たちが、社会的労働のどんな一般的な組織に向かっても、それは全社会を一つの工場にしてしまうだろう、ということ以外になんの憤懣をも述べえないということは、きわめて特徴的である。（376f）

資本主義における分業と資本主義以前の社会における分業との違い

資本主義的生産様式の社会では、社会的分業の無秩序性とマニュファクチュア的分業の専制が互いに他方の前提になるとすれば、これにたいし、それ以前の社会形態では産業の分化がまず自然発生的に発展し、次いで結晶し、最後に法律的に固定されたのであって、このような社会形態は、一方では社会的労働の計画的で権威的な組織の姿を示すが、他方では作業場のなかでの分業をまったく排除するか、またはそれをきわめて小規模にしか、もしくは散在的かつ偶然的にしか発展させない。(377f)

第五節　マニュファクチュアの資本主義的性格

マニュファクチュアは労働力の根源を襲い、一つの奇形物にしてしまう

単純な協業の場合と同様に、マニュファクチュアにあっても、機能している労働体は資本の一つの存在形態である。多数の個別的部分労働者から構成されている社会的生産メカニズムは、資本家のものである。それゆえ、労働の結合から生ずる生産力は資本の生産力として現われる。本来のマニュファクチュアは、以前は独立していた労働者を資本

の指揮と規律とに従わせるだけではなく、そのうえに、労働者たち自身のあいだにも一つの等級制的編制をつくりだす。単純な協業はだいたいにおいて個々人の労働様式を変化させないが、マニュファクチュアはそれを根底から変革して、個人的労働力の根源を襲う。それは、生産的な衝動および素質のいっさいを抑圧し、労働者の細目的熟練を温室的に助長することによって、労働者をゆがめて一つの奇形物にしてしまう。(381)

分業は労働者に資本の所有物だという刻印を押す

ほんらい労働者は商品を生産するための物質的手段をもたないから自分の労働力を資本に売るのであるが、いまや、彼の個人的労働力そのものが資本に売られないかぎり役に立たない。その労働力は、それが売られた後にはじめて存在する関連のなかでしか、つまり資本家の作業場のなかでしか機能しないのである。マニュファクチュア労働者は、その自然的性質からも、独立なものをつくることができなくされており、もはやただ資本家の作業場の付属物として生産的活動力を発揮するだけである。エホバの選民の額には彼がエホバの所有物だということが書いてあったように、分業はマニュファクチュア労働者に、彼が資本の所有物だということを示す刻印を押すのである。(382)

部分労働者たちが失う精神的能力は彼らを支配する力になる

未開人があらゆる戦争技術を個人の知能として用いるように、独立の農民や手工業者が小規模ながらも発揮する知識や分別や意志は、今ではもはやただ作業場全体のために必要なだけである。生産上の精神的な諸能力は一つの面ではその規模を拡大するが、それは、多くの面でそれらがなくなるからである。部分労働者たちが失うものは、彼らに対立して資本のうちに集積される。部分労働者たちにたいして、物質的生産過程の精神的な諸能力を、他人の所有物として、また彼らを支配する権力として、対立させるということは、マニュファクチュア的分業の産物である。この分離過程は、個々の労働者たちにたいして資本家が社会的労働体の統一性と意志とを代表している単純協業において始まる。この過程は、労働者を不具にして部分労働者にしてしまうマニュファクチュアにおいて発展する。この過程は、科学を独立の生産能力として労働から切り離しそれに資本への奉仕を押しつける大工業において完了する。(382)

マニュファクチュアが資本主義的生産にとってもつ意義について論じた、この第五節は次章以降の内容を理解するうえでも重要な内容を含んでいます。とくに、ここの部分で述べられている内容は極めて重要です。

もともと賃労働者が労働力を商品として資本に売らなければならなかったのは、彼が生産手段をもっておらず自分で商品を生産することができないからでした。ところが、マニュファクチュアでは事情が変化します。いまや彼の労働力は資本によって買われ、分業の体系のなかに組み込まれないかぎりは役に立たないのです。独立の手工業者はたとえ限られたものであったとしても、生産についての知識をもち、洞察を働かせ、さまざまな状況に臨機応変に対応することができました。しかし、マニュファクチュア労働者はそのような独立の生産者としての精神的能力を奪い取られてしまい、資本が組織した分業の体系に組み込まれないかぎり役に立たない存在にされてしまいます。つまり、たとえ生産手段があったとしても、自力で生産活動を営み、生活していくことができない存在にされてしまうのです。

このように、マニュファクチュア労働者は独立の生産者としての能力を喪失することにより、たんに生産手段をもっていないというだけでなく、その生産能力の面からも、資本に依存しなければ生産的な活動力を発揮することができない存在にされてしまいます。マルクスが「分業はマニュファクチュア労働者に、彼が資本の所有物だということを示す刻印を押す」と述べている所以《ゆえん》です。前章においても、資本主義的生産では協業から発生する生産力が資本の生産力としてしか実現されないことが指摘されましたが、マニュファクチュアにおける分業においては労働の生産力が資本の生産力としてしか実現されないという事情がさらに明瞭《めいりょう》になって現れてきます。

さらに、マニュファクチュアにおいては、生産に必要な知識、洞察は、部分作業の体系化を組織する資本に集中され、賃労働者を支配する力として現れることになります。労働者の生産力を高め、彼の能力を豊かにするはずの知が、むしろ彼を支配し、搾取するための力になってしまうのです。

このような生産的知の労働者からの剝奪《はくだつ》と資本への集中は、資本主義的生産過程における資本による労働者の支配を考えるうえで、非常に重要なポイントになります。じっさい、貨幣の力によって労働力を購買し、その使用権を獲得するだけでは、資本による賃労働者の支配はまだ確固たるものではありません。なぜなら、じっさいの生産過程において生産手段を扱うのは賃労働者であり、賃労働者が生産にかんする知や技術をもっているうちは生産過程を資本の思うようにコントロールし、支配することはできないからです。資本は賃労働者から生産にかんする知や技術を奪い取ることにより、はじめて資本による賃労働の支配を現実のものにすることができるのです。このような生産的知をめぐる攻防は、次章においても重要なテーマになります。

マニュファクチュアによる労働者の支配の限界

本来のマニュファクチュア時代、すなわち、マニュファクチュアが資本主義的生産様式の支配的な形態である時代には、マニュファクチュア自身の諸傾向の十分な発達は多方面の障害にぶつかる。すでに見たように、マニュファクチュアは、労働者の等級制的編制をつくりだすと同時に熟練労働者と不熟練労働者との簡単な区分をつくりだすとはいえ、不熟練労働者の数は、熟練労働者の優勢によって、やはりまだ非常に制限されている。マニュファクチュアはいろいろな特殊作業をマニュファクチュアの生きている労働器官の成熟や力や発達のいろいろに違った程度に適合させ、したがってまた女性や子供の生産的搾取を促すとはいえ、このような傾向はだいたいにおいて慣習や男子労働者の抵抗に出会ってくじける。……手工業的熟練はマニュファクチュアでも相変わらずその基礎であり、マニュファクチュアで機能するメカニズム全体も労働者そのものから独立した客観的な骨組みはもっていないのだから、資本は絶えず労働者の不従順と戦っているのである。そこで、おなじみのユア〔『工場の哲学』の著者（一七七八―一八五七）〕は次のように叫ぶのである。

「人間性の弱点が大きく現われて、労働者は、熟練すればするほど、ますますわがままになって取り扱いにくくなり、その結果、彼のひどい気まぐれによってメカニズム全体

に重大な損害を与えることになる。」(389)

マニュファクチュアは賃労働者たちを部分労働者に変形し、技能を剝奪することによって彼らを支配しようとしますが、依然としてマニュファクチュアが手工業的熟練に依拠している限りで、マニュファクチュアによる労働者支配には大きな「障害」があります。このようなマニュファクチュアの限界は、次章で検討する大工業によって「克服」されていくことになります。

第一三章　機械と大工業

資本主義的生産様式は、科学を生産に意識的に応用する大工業において、はじめてみずからにふさわしい生産方法を手に入れます。ここでも、第一一章、第一二章と同様に、機械に典型的に現れる大工業的な生産方法が資本主義的生産においてもつ意味が重要なポイントとなります。マルクスがこの章の冒頭で述べているように、「機械設備は、剰余価値の生産のための手段」(391)なのです。かなり長大な章ですので、すべての論点をカバーすることはできませんが、重要な論点については可能なかぎり取り上げて、解説していきたいと思います。

第一節　機械の発達

機械とはなにか

すべて発達した機械は、三つの本質的に違う部分から成っている。原動機、伝動メカニズム、最後に道具機または作業機がそれである。原動機は全メカニズムの原動力として働く。それは、蒸気機関や熱機関や電磁気機関などのように、それ自身の動力を生みだすこともあれば、また、水車が落水から、風車が風からというように、外部の既成の自然力から原動力を受け取ることもある。伝動メカニズムは、節動輪、動軸、歯輪、渦輪、回転軸、綱、調帯、小歯輪、非常に多くの種類の伝動装置から構成されていて、運動を調節し、必要があれば運動の形態を、たとえば垂直から円形にというように、変化させ、それを道具機に分配し伝達する。メカニズムのこの両部分は、ただ道具機に運動を伝えるためにあるだけで、これによって道具機は労働対象をつかまえて目的に応じてそれを変化させるのである。機械のこの部分、道具機こそは、産業革命が一八世紀にそこから出発するものである。(393)

つまり、道具機というのは、適当な運動が伝えられると、以前に労働者が類似の道具で行なっていたのと同じ作業を自分の道具で行なう一つのメカニズムなのである。その原動力が人間から出てくるか、それともそれ自身また一つの機械から出てくるかは、少しも事柄の本質を変えるものではない。(394)

蒸気機関そのものも、一七世紀の末にマニュファクチュア時代のあいだに発明されて一八世紀の八〇年代の初めまで存続したそれは、どんな産業革命をも呼び起こさなかった。むしろ反対に、道具機の創造こそ蒸気機関の革命を必然的にしたのである。人間が、道具を用いて労働対象に働きかけるのではなくて、ただ単に動力として道具機に働きかけるだけになれば、動力が人間の筋肉を着ていることは偶然となって、風や水や蒸気などがそれに代わることができる。(395f)

ワットの第二のいわゆる複動蒸気機関の出現によってはじめて次のような原動機が見いだされた。それは、石炭と水を食って自分で自分の動力を生みだし、その力がまったく人間の制御に服し、可動的であるとともに移動の手段でもあり、都市的であって水車のように田舎的でなく、水車のように生産を田舎に分散させないで都市に集中することを可能にし、その技術的応用という点で普遍的であり、その所在地に関しては局地的な事情に制約されることの比較的少ない原動機だったのである。(398)

機械体系

機械の体系は、織布におけるように同種の作業機の単なる協業にもとづくものであろうと、紡績におけるように異種の作業機の組み合わせにもとづくものであろうと、それが一つの自動的な原動機によって運転されるようになれば、それ自体として一つの大きな自動装置をなすようになる。……作業機が、原料の加工に必要なすべての運動を人間の助力なしで行なうようになり、ただ人間の付き添いを必要とするだけになるとき、そこに機械の自動体系が現われる。(401f)

機械体系では協業は技術的必然になる

機械体系では大工業は一つのまったく客観的な生産有機体をもつのであって、これを労働者は既成の物質的生産条件として自分の前に見いだすのである。単純な協業では、また分業によって特殊化された協業の場合にさえも、個別的な労働者が社会化された労働者によって駆逐されるということは、まだ多かれ少なかれ偶然的なこととして現われる。機械は、のちに述べるいくつかの例外を除いては、直接に社会化された労働すなわち共同的な労働によってのみ機能する。だから、労働過程の協業的性格は、今では、労働手段そのものの性質によって命ぜられた技術的必然となるのである。(407)

第二節　機械から生産物への価値移転

機械による自然力および科学の無償利用

すでに見たように、協業や分業から生ずる生産力は、資本にとってはなんの費用もかからない。それは社会的労働の自然力である。蒸気や水などのように、生産的諸過程に取り入れられる自然力にも、やはりなんの費用もかからない。しかし、人間が呼吸するためには肺が必要であるように、自然力を生産的に消費するためには「人間の手の形成物」が必要である。水の動力を利用するためには水車が、蒸気の弾性を利用するためには蒸気機関が必要である。科学も、自然力と同じことである。電流の作用範囲内では磁針が偏向することにかんする法則や、周囲に電流が通じていれば鉄に磁気が発生することにかんする法則も、ひとたび発見されてしまえば、なんの費用もかからない。しかし、これらの法則を電信などに利用するためには、非常に高価で大仕掛けな装置が必要である。(407f)

機械と道具とから、それらの毎日の平均費用を引き去れば、すなわち、それらが毎日の平均損耗と油や石炭などの補助材料の消費とによって生産物につけ加える価値成分を引き去れば、機械や道具は、人間の労働を加えられることなく存在する自然力とまったく同じに、無償で作用することになる。機械の生産的作用範囲が道具のそれよりも大きければ大きいほど、機械設備の無償の役だちの範囲も道具のそれに比べてはるかに大きい。大工業においてはじめて人間は、自分の過去のすでに対象化されている労働の生産物を大きな規模で自然力と同じように無償で作用させるようになるのである。（409）

資本が自然力や科学を無償で利用することができるという事情は、資本主義という生産システムを特徴付ける、重要な要素になります。

すでにみたように、資本が協業や分業から発生する社会的労働の生産力を利用するさいには、なんの費用もかかりません。資本は個々の労働者にたいして労働力の対価を払いさえすれば、それらの結合から生まれる生産力を無償で利用することができるのです。同じように、資本は、自然力や科学を利用するとしても、それらに支払いをする必要はありません。ただ、それらを利用するための機械設備に支払いをすればよいのです。

もちろん、マニュファクチュアで用いられる道具と違い、機械設備は大規模であり、それだけ多くの労働が投下されており、したがって大きな価値を持つものが大半です。しかし、機械には道具と比べて高い耐久性をもち、より多くの生産物を生産することができるという利点があります。つまり、機械設備単体としては非常に大きな費用がかかりますが、生産物一個あたりに移転される機械設備の価値は非常に少ない額で済むのです。第六章でみたように、生産手段の価値は消耗分だけ徐々に生産物に移転してきますから、耐久性が高く、より多くの生産物を生産することができればできるほど、その機械が生産物一個ないし一単位あたりに移転する価値の量は少なくなります。

ですから、「大工業においてはじめて人間は、自分の過去のすでに対象化されている労働の生産物を大きな規模で……［少額の価値移転の分を除けば］無償で作用させるようになる」のであり、これによって自然力や科学を文字通り無償で利用することができるのです。とはいえ、ここでいう「無償」という言葉の意味には注意が必要です。というのも、ここでいう「無償」とは、あくまで資本にとっての「無償」でしかないからです。たとえば、水力や火力といった自然力を資本は「無償」のものとして利用しますが、「無償」だからといって際限なく利用すれば、廃水や排ガス、二酸化炭素の大量排出などによって人々の健康や生態系に深刻な被害を及ぼすことになるでしょう。しかし、剰余価値の生産だけを目的とする資本にとっては、このような社会的な「コスト」はコストではありません。資本にとっては、あくまで価値だけが、より端的にいえば、支出しなければならない貨幣だけがコストなのです。このように、資本にとっては価値だけがコストであり、社会的な「コスト」はコストとして現れないからこそ、資本による自然や科学の利用によってさまざまな環境破壊が未曾有《みぞう》の規模で引き起こされる可能性が生じるのです。このことについては、第一〇節「大工業と農業」において詳しく見ることになります。

機械の資本主義的生産における利用の限界

ただ生産物を安くするための手段としてだけ見れば、機械の使用の限界は、機械自身の生産に必要な労働が、機械の使用によって代わられる労働よりも少ないということのうちに、与えられている。だが、資本にとってはこの限界はもっと狭く表わされる。資本は、使用される労働を支払うのではなく、使用される労働力の価値を支払うのだから、資本にとっては、機械の使用は、機械の価値と機械によって代わられる労働力の価値との差によって限界を与えられるのである。(414)

この章の冒頭で確認したように、資本主義的生産においては、機械はあくまで剰余価値の生産のための手段であり、人間の労働を節約することを目的として導入されるものではありません。ですから、たとえそれを導入することによってそれぞれの生産物の生産に必要とされる労働時間を短縮し、生産物の価値を低下させることができるとしても、それだけでは機械を導入する理由にはなりません。機械の導入によって取得できる剰余価値が増えなければ意味がないからです。それゆえ、資本主義的生産においては機械の導入によって生産物の生産に必要とされる資本にとってのコスト（すなわち生産手段および労働力の価値）が低下する場合にしか、機械は導入されません。つまり、導入される機械の価値が、それを導入することによって削減することができる労働力の価値を下回る場合にだけ、機械は導入されるのです。ですから、労働者の賃金が異常に低かったり、労働日が異常に長かったりするなどの条件の下では、労働力に費やされるコストが低いのでなかなか機械が普及していかないということになります。

第三節　機械経営が労働者におよぼす直接的影響

a　資本による補助労働力の取得　婦人・児童労働

機械による婦人・児童労働の拡大

機械が筋力をなくてもよいものにするかぎりでは、機械は、筋力のない労働者、または身体の発達は未熟だが手足の柔軟性が比較的大きい労働者を使用するための手段になる。それだからこそ、婦人・児童労働は機械の資本主義的使用の最初の言葉だったのだ！こうして、労働と労働者とのこのたいした代用物は、たちまち、性の差別も年齢の差別もなしに労働者家族の全員を資本の直接的支配のもとに編入することによって賃金労働者の数をふやすための手段になったのである。資本家のための強制労働は、子供の遊びにとって代わっただけではなく、家庭内で慣習的な限界のなかで家族自身のために行なわれる自由な労働にもとって代わったのである。(416)

婦人・児童労働による労働力の価値低下

労働力の価値は、個々の成年労働者の生活維持に必要な労働時間によって規定されていただけではなく、労働者家族の生活維持に必要な労働時間によっても規定されていた。機械は、労働者家族の全員を労働市場に投ずることによって、成年男子の労働力の価値を彼の全家族のあいだに分割する。それだから、機械は彼の労働力を減価させるのである。たとえば四つの労働力に分割された家族を買うには、おそらく、以前に一人の家長の労働力を買うのにかかったよりも多くの費用がかかるであろう。しかし、そのかわりに一労働日が四労働日となり、その価格は、四労働日の剰余労働が一労働日の剰余労働を超過するのに比例して、下がってゆく。今では、一つの家族が生きるためには、四人がただ労働を提供するだけではなく、資本のための剰余労働をも提供しなければならない。こうして、機械は、はじめから、人間的搾取材料、つまり資本の最も固有な搾取領域を拡張すると同時に、搾取度をも拡張するのである。（417）

b　労働日の延長

機械は労働日を延長するための強力な手段となる

機械は、労働の生産性を高くするための、すなわち商品の生産に必要な労働時間を短縮するための、最も強力な手段だとすれば、機械は、資本の担い手としては、最初はまず機械が直接にとらえた産業で労働日をどんな自然的限界をも越えて延長するための最も強力な手段になる。機械は、一方では、資本が自分のこのような不断の傾向を赴くままにさせることを可能にする新たな諸条件をつくりだし、他方では、他人の労働にたいする資本の渇望をいっそう激しくする新たな動機をつくりだすのである。（425）

機械は労働者から独立に運動し、不断に生産を続けることができる

なによりもまず、機械においては労働手段の運動と働きとが労働者にたいして独立化されている。労働手段は、それ自体として、一つの産業的な永久運動器官となり、この器官は、もしそれが自分の人間的補助者におけるある種の自然的制限すなわち彼らの肉体的弱点や彼らのわがままに衝突しないならば、不断に生産を続けるであろう。だから、それは、資本としては――そして資本としては自動装置は資本家のうちに意識と意志とをもつのであるが――反抗的ではあるが弾力的な人間の自然的制限を最小の抵抗に抑えつけようとする衝動によって、活気づけられているのである。そうでなくても、この抵抗は、機械による労働の外観上の容易さと、より従順な婦人および児童の要素とによって、減らされているのである。(425)

機械はその利用によって損耗するだけでなく、時間的経過とともに物質的および社会的に損耗するので、できるだけ短期間のうちに機械の価値を回収しようとする衝動が生まれる

機械の物質的な損耗は二重である。一方は、個々の貨幣が流通によって摩滅するように、機械の使用から生じ、他方は、使われない剣が鞘のなかで錆びるように、その非使

用から生ずる。これは自然力による機械の消耗である。第一の種類の損耗は多かれ少なかれ機械の使用に正比例し、あとのほうの損耗はある程度まで機械の使用に反比例する。

しかし、物質的な損耗のほかに、機械はいわば無形の損耗の危険にもさらされている。同じ構造の機械がもっと安く再生産されうるようになるとか、この機械と並んでもっと優秀な機械が競争者として現われるようになるとかすれば、それに応じて機械は交換価値を失っていく。どちらの場合にも、たとえ機械そのものはまだ若くて生命力をもっていようとも、その価値は、もはや、実際にその機械自身に対象化されている労働時間によっては規定されないで、それ自身の再生産かまたはもっと優秀な機械の再生産に必要な労働時間によって規定されている。したがって、それは多かれ少なかれ減価している。機械の総価値が再生産される期間が短ければ短いほど、無形の損耗の危険は小さくなり、そして、労働日が長ければ長いほど、この期間は短い。(426f)

労働日の延長によって機械や建物に投じられる不変資本を節約することができる

ほかの事情が変わらず労働日も与えられているとすれば、二倍の労働者数を搾取するためには、機械や建物に投ぜられる不変資本部分も原料や補助材料などに投ぜられる不変資本部分も二倍にする必要がある。労働日を延長すれば、生産規模は拡大されるが、機械や建物に投ぜられる資本部分は不変のままである。したがって、剰余価値が増大するだけではなく、その搾取のために必要な支出が減少することになる。このことは、ほかの場合でも労働日が延長されればつねに多かれ少なかれ起きることではあるが、この場合にはいっそう決定的に重要である。というのは、ここ［機械経営］では労働手段に転化される資本部分が一般にいっそう大きな比重をもつからである。(427f)

資本は機械化による労働力の減少がもたらす剰余価値の減少を労働日の延長によって補おうとする

機械経営は、資本のうちの以前は可変［資本］だった部分、すなわち生きている労働力に転換された部分を、機械に、つまりけっして剰余価値を生産しない不変資本に、変える。たとえば、二四人の労働者からしぼり出すのと同じ量の剰余価値を二人の労働者からしぼり出すということは、不可能である。……だから、剰余価値を生産するために機械を使用するということのうちには一つの内在的な矛盾がある。というのは、機械の使用が、与えられた大きさの一資本によって生みだされる剰余価値の二つの要因のうちの一方の要因である剰余価値率を大きくするためには、ただ他方の要因である労働者数を小さくするよりほかはないからである。この内在的な矛盾は、一つの産業部門で機械が普及するにつれて、機械で生産される商品の価値が同種のすべての商品の規制的な社会的価値になれば、たちまち外に現われてくる。そして、この矛盾こそは、またもや資本を駆り立てて、資本自身はこのことを意識していないであろうが、搾取される労働者の相対数の減少を相対的剰余労働の増加によるだけではなく絶対的剰余労働の増加によっても埋め合わせるために、むりやりな労働日の延長をやらせるのである。(429f)

資本は機械を導入することによって、生産コストを低下させ、短期的には特別剰余価値を取得することができますし、長期的には労働力の価値を低下させ、相対的剰余価値を取得することができます。しかし、ここには「内在的な矛盾」があります。というのも、機械を導入すれば、それだけ労働者が機械に取って代わられてしまい、ある一定額の資本が雇用する労働者の数が減少せざるを得ないからです。労働力の数が減少すれば、当然、その一定額の資本が生み出す剰余価値も減少せざるを得ません。これを埋め合わせようとして、労働日の延長が追求されるのです。

もっとも、このような「内在的矛盾」は、直接には当事者たちには意識されず、社会全体の平均的な「利潤率の低下」として感知されることになります。利潤率とは、$\frac{\text{剰余価値}}{\text{前貸総資本（不変資本と可変資本の全体）}}$によって定義されるものであり、資本の現実的動向を規定する要因となります。これについて詳しく知るには『資本論』第三巻を読まなければなりませんので、ここでは取り上げませんが、次のことだけは指摘しておきましょう。

マルクスの時代に比べて圧倒的に生産力が高くなった現在では、利潤率が非常に低い水準まで低下しており、とりわけいわゆる先進資本主義国においてはこのことは顕著な傾向となっています。このような状況の中でおこなわれてきたのが、規制緩和や財政支出の削減などの「新自由主義的」な諸政策なのです。日本ではこのような政策は「構造改革」などと呼ばれ、あたかも「経済成長」を目的にしているかのように言われていますが、実際はそうではありません。利潤率の低下が進み、それゆえ経済の停滞が著しい状況のなかで、そう簡単に経済成長を実現できないことは誰にでもわかります。「新自由主義的」諸政策の本当の目的は、経済成長ではなく、社会保障なども含めた労働者の実質的な取り分を減少させることにより、剰余価値率を高め、利潤率の低下を補うことにあるのです。過度な労働時間による「過労死」がこれほど社会問題化しているにもかかわらず、むしろ、それに逆行するような、残業代不払いを合法化する法律の成立が資本によって要請されているのは、このような背景があるからにほかなりません。

c　労働の強化

ここでいう「労働の強化」とは、労働の強度を上昇させることを意味します。

標準労働日の制定と労働の強度の上昇の追求

しだいに高まる労働者階級の反抗が国家を強制して、労働時間を強権によって短縮させ、まず第一に本来の工場にたいして一つの標準労働日を命令させるに至ったときから、すなわち労働日の延長による剰余価値生産の増大の道がきっぱりと断たれたこの瞬間から、資本は、全力をあげて、また十分な意識をもって、機械体系の発達の促進による相対的剰余価値の生産に熱中した。……ところが、生産力の発展と生産条件の節約とに大きな刺激を与える強制的な労働日の短縮が、同時にまた、同じ時間内の労働支出の増大、より大きい労働力の緊張、労働時間の気孔のいっそう濃密な充塡、すなわち労働の濃縮を、短縮された労働日の範囲内で達成できるかぎりの程度まで、労働者に強要することになれば、事態は変わってくる。このような、与えられたある時間内により大量の労働が圧縮されたものは、いまや、それがあるがままのものとして、つまりより大きい労働量として、数えられる。……今では一〇時間労働日の密度の濃い一時間は、一二時間労働日の密度の薄い一時間に比べて、それと同じか、またはそれよりも多い労働すなわち支出された労働力を含んでいる。したがって、その一時間の生産物は、密度の薄い一1/5時間の生産物と同じかまたはそれよりも大きい価値をもっている。(432f)

労働日の短縮は、最初はまず労働の濃縮の主体的な条件、すなわち与えられた時間により多くの力を流動させるという労働者の能力をつくりだすのであるが、このような労働日の短縮が法律によって強制されるということになれば、資本の手のなかにある機械は、同じ時間により多くの労働をしぼり取るための客体的な、体系的に使用される手段になる。そうなるには二通りの仕方がある。すなわち、機械の速度を高くすることと、同じ労働者の見張る機械の範囲、すなわち彼の作業場面の範囲を広げることとである。(434)

労働の強度の上昇による労働力の破壊と再度の労働日の短縮

それゆえ、工場監督官たちは一八四四年および一八五〇年の工場法の良好な結果を倦むことなく、またまったく正当に称賛するのであるが、それにもかかわらず、彼らは、労働日の短縮が、労働者の健康を破壊するような、したがって労働力そのものを破壊するような労働の強度をすでに生みだしているということを、認めるのである。

「たいていの綿工場や梳毛糸工場や絹工場では、機械設備の運転速度が近年異常に高められているが、その機械設備につく労働に要する激しい疲労を伴う興奮状態が現れており、そのことが、グリーノウ博士が最近の驚嘆に値する報告のなかで指摘したような肺病による過大な死亡率の原因の一つだと思われる。」

少しも疑う余地のないことであるが、資本にたいして労働日の延長が法律によって最終的に禁止されてしまえば、労働の強度の系統的な引き上げによってその埋め合わせをつけ、機械の改良はすべて労働力のより以上の搾取のための手段に変えてしまうという資本の傾向は、やがてまた一つの転回点に向かって進まざるをえなくなり、この点に達すれば労働時間の再度の減少が避けられなくなる。（439f）

第四節　工場

マニュファクチュアにおける分業の技術的基礎が廃棄され、労働が均等化されていく

作業道具といっしょに、それを取り扱う巧妙さも労働者から機械に移る。道具の仕事能力は人間の労働力の個人的な限界から解放される。こうして、マニュファクチュアのなかでの分業がもとづいている技術的基礎が廃棄される。したがって、マニュファクチュアを特徴づけている専門化された労働者の等級制に代わって、自動的な工場では機械の助手たちがしなければならない労働の均等化または水平化の傾向が現われるのであり、部分労働者たちの人工的につくりだされた区別に代わって、年齢や性の自然的な区別のほうが主要なものになるのである。（442）

大工業における新たな固定的分業によって資本家への労働者の絶望的な従属が完成される

ところで、機械は古い分業体系を技術的にくつがえすとはいえ、この体系は当初はマニュファクチュアの遺習として慣習的に工場のなかでも存続し、次にはまた体系的に資本によって労働力の搾取手段としてもっといやな形で再生産され固定されるようになる。前には一つの部分道具を扱うことが終生の専門だったが、今度は一つの部分機械に仕えることが終生の専門になる。機械は、労働者自身を幼少時から一つの部分機械の部分にしてしまうために、乱用される。こうして労働者自身の再生産に必要な費用が著しく減らされるだけではなく、同時にまた、工場全体への、したがって資本家への、労働者の絶望的な従属が完成される。(444f)

大工業において資本の労働にたいする権力が完成する

……資本主義的生産がたんに労働過程であるだけではなく同時に資本の価値増殖過程でもあるかぎり、あらゆる資本主義的生産にとって労働者が労働条件を使うのではなく逆に労働条件が労働者を使うのだということは共通であるが、しかし、この転倒は機械によってはじめて技術的に一目瞭然な現実性を受け取るのである。一つの自動装置に転化することによって、労働手段は労働過程そのもののなかでは資本として、生きている労働力を支配し吸い尽くす死んだ労働として、労働者に相対するのである。生産過程の精神的な諸力が手の労働から分離するということ、そしてこの諸力が労働にたいする資本の権力に変わるということは、すでに以前にも示したように、機械の基礎の上に築かれた大工業において完成される。無内容にされた個別的な機械労働者の細部の技能などは、機械体系のなかに具体化されていてそれといっしょに「主人」の権力を形成している科学や巨大な自然力や社会的集団労働の前では、とるにも足りない小事として消えてしまう。それだからこそ、この主人、すなわちその頭のなかでは機械と自分の機械独占とが不可分に癒着しているこの主人は、争いが起きると、「職工たち」に向かって人をばかにした態度で次のように呼びかけるのである。

「工場労働者たちはこういうことをしっかりおぼえておかなくてはいけない、というのは、自分たちの労働がじつは非常に低級な種類の技能労働だということ、これほど身につけやすい労働、その質から見てこれほど報酬のよい労働はほかにはないということ、最低の経験者をちょっと訓練するだけでこれほど短時間にこれほどたっぷり得られる労働はほかにはないということである。じっさい、主人の機械は、六か月の教育で仕込むことができてどんな農僕にでもおぼえられるような労働者の労働や技能よりもずっと重

要な役を、生産の仕事で演ずるのである。」(446)

マニュファクチュアにおける分業においても作業の専門化が発生し、労働者たちが独立の生産能力を失ってしまいましたが、大工業における機械の導入によって、労働者の熟練はさらに不必要になっていきます。機械による生産においては、人間の労働の役割はもはや副次的なものでしかありません。マニュファクチュアにおいては、分業によって作業を単純化するとはいえ、依然として個々の作業者の技能や熟練は重要な意味をもっていました。ところが、大工業においては、労働者は機械の運動を補助する役割を果たすにとどまり、労働者の技能や熟練は重要な意味をもたなくなるのです。

このような労働者からの技能や熟練の剝奪《はくだつ》は、労働者の抵抗の基盤を奪い取ることになります。マニュファクチュアのように生産が個々の労働者の技能や熟練に依存しているうちは、生産のイニシアチブは労働者の側にあり、また、代わりの労働者を雇うことも容易ではありませんでした。ところが、大工業においては労働者は機械体系の補助として必要とされるのみであり、生産のイニシアチブは機械体系のほうにあります。また、代わりの労働者を雇うことも容易でしょう。

こうして、賃労働者たちは技術的にも生産手段に従属するようになってしまいます。生産方法のいかんにかかわらず、賃労働者たちが自分の労働力を売り、資本のもとで労働するかぎり、彼は生産手段を資本として扱わなければなりませんでした。すでに、この段階で生産手段が主体となり、労働者が手段となるという転倒した関係が成立していたのです。しかし、この段階ではたんに資本がもっている価値という形態の力によってこのような転倒が成り立っているだけであり、それはまだ現実的基盤を獲得していませんでした。ところが、大工業においてはこの転倒が現実的基盤を獲得します。すなわち、生産手段が主体となり、客体として労働者を支配するという転倒が形態的のみならず、技術的にも成立するのです。ここでは、生産に必要とされた生産者の知識や洞察は、近代的テクノロジーによって作られた機械体系にとってかわられてしまいます。生産過程における資本の権力は、生産的知を労働者から剝奪し、資本に集中する大工業においてはじめて確固たるものとなるのです。

工場における兵営的な規律

労働手段の一様な動きへの労働者の技術的従属と、男女の両性および非常にさまざまな年齢層の個人から成っている労働体の独特な構成とは、一つの兵営的な規律をつくりだすのであって、この規律は、完全な工場体制に仕上げられて、すでに前にも述べた監督労働を、したがって同時に筋肉労働者と労働監督者とへの、産業兵卒と産業下士官とへ

の、労働者の分割を十分に発展させるのである。（446f）

「緩和された徒刑場」

四季の移り変わりにも似た規則正しさでその産業死傷報告を生みだしている密集した機械設備のなかでの生命の危険は別としても、人工的に高められた温度や、原料のくずでいっぱいになった空気や、耳をろうするばかりの騒音などによって、すべての感覚器官は一様に傷つけられる。工場制度のもとではじめて温室的に成熟した社会的生産手段の節約は、資本の手のなかで、同時に、作業時における労働者の生活条件、すなわち空間や空気や光線の組織的な強奪となり、また、労働者の慰安設備などはまったく論外としても、生命に危険な、または健康に有害な生産過程の諸事情にたいする人体保護手段の強奪となる。フーリエ［フランスのユートピア社会主義者（一七七二―一八三七）］が工場を「緩和された徒刑場」と呼んでいるのは不当だろうか？（448ff）

第五節　労働者と機械との闘争

ラダイト運動

一七世紀にはほとんど全ヨーロッパが、リボンや笹縁を織る機械、いわゆるバントミューレ……にたいする労働者の反逆を体験した。一七世紀の最初の三分の一期の末には、あるオランダ人がロンドンの近くに設けた風力製材所が暴民の前に屈した。一八世紀の初めにも、イングランドの水力挽材機は、議会にも支持された民衆の反抗をかろうじて屈服させた。一七五八年にエヴァレットが最初の水力運転の剪毛機をつくったときには、それは一〇〇、〇〇〇人の失業者によって火をつけられた。アークライトの粗梳機や梳毛機にたいしては、それまで羊毛を梳いて暮らしていた五〇、〇〇〇人の労働者が議会に陳情した。一九世紀の最初の一五年間にイングランドの工業地区で行なわれた機械の大量破壊、ことに蒸気織機を利用したために起きたそれは、ラダイト運動という名で知られ、シドマスやカスルレーなどの反ジャコバン政府に最も反動的な強圧手段をとる口実を与えた。機械をその資本主義的利用から区別し、したがって攻撃の的を物質的生産手段そのものからその社会的利用形態に移すことを労働者がおぼえるまでには、時間と経験とが必要だったのである。（451f）

機械は資本の専制に反抗する労働者を打倒するための最も強力な武器になる

とはいえ、機械は、いつでも賃労働者を「過剰」にしようとしている優勢な競争者として作用するだけではない。機械は、労働者に敵対する力として、資本によって声高く、また意図的に、宣言され取り扱われる。機械は、資本の専制に反抗する周期的な労働者の反逆、ストライキなどを打倒するための最も強力な武器になる。ガスケルによれば、蒸気機関は初めから「人力」の敵手だったのであり、これによって資本家は、ようやく始まりつつあった工場システムを危機におとしいれようとした労働者たちの高まる要求を粉砕することができたのである。ただ労働者暴動に対抗する資本の武器として生まれただけの一八三〇年以来の発明を集めてみても、完全に一つの歴史が書けるであろう。(459)

本節でマルクスが指摘しているように、「機械としては労働手段はすぐに労働者自身の競争相手になる」のであり、「労働者階級のうちで、こうして機械のために余分な人口にされた部分、すなわちもはや資本の自己増殖に直接には必要でない人口にされた部分は……もっと侵入しやすいあらゆる産業部門にあふれるほど押し寄せ、労働市場に満ちあふれ、したがって労働力の価格をその価値よりも低く」(454) します。

しかし、機械は労働者の「競争相手」となるだけではありません。資本家は機械を、労働者の抵抗を打ち砕くための「最も強力な武器」として、意図的に導入することさえあります。というのも、機械によって省力化し、熟練を不要とすることによって、労働者の抵抗の基盤を奪い取ることができるからです。このように、機械はたんに生産コストを引き下げ、商品を安く販売するための手段としてだけではなく、労働運動を潰《つぶ》すための手段として意図的に導入されることもあるのです。

第六節　機械によって駆逐される労働者にかんする補償説

補償説とその誤り

多くのブルジョア経済学者、たとえばジェームズ・ミル、マカロック、トレンズ、シーニア、ジョン・スチュアート・ミル、等々の主張するところでは、労働者を駆逐するすべての機械設備は、つねにそれと同時に、また必然的に、それと同数の労働者を働かせるのに十分な資本を遊離させるということになる。(461)

ある資本家が、たとえば一つの壁紙工場で、一人一年三〇ポンド・スターリングで一〇〇人の労働者を使用すると仮定しよう。そうすれば、彼が一年間に支出する可変資本は三〇〇〇ポンドである。彼は労働者を五〇人解雇して、残りの五〇人に一台の機械をつけるが、この機械に彼は一五〇〇ポンドかけるとしよう。簡単にするために、建物や石炭などは問題にしないことにする。さらに、一年間に消費される原料にはこれまでと同じに三〇〇〇ポンドかかると仮定する。この変態によっていくらかでも資本が「遊離」されているだろうか？　古い経営様式では投下総額六〇〇〇ポンド・スターリングは、半分は不変資本、半分は可変資本から成っていた。それは今では四五〇〇ポンドの不変資本（原料に三〇〇〇ポンド、機械設備に一五〇〇ポンド）と一五〇〇ポンドの可変資本から成っている。可変資本部分、すなわち生きている労働力に転換される資本部分は、総資本の半分ではなくなって、たった四分の一である。この場合には資本の遊離が生ずるのではなく、もはや労働力とは交換されない形態での資本の拘束、すなわち可変資本から不変資本への転化が生ずるのである。六〇〇〇ポンドの資本は、ほかの事情が変わらないかぎり、今ではもはや五〇人より多くの労働者を使用することはできない。機械が改良されるごとに、資本が使用する労働者は少なくなる。（461f）

経済学的楽天主義にゆがめられた現実の事態は、次のようなものである。機械に駆逐される労働者は作業場から労働市場に投げ出されて、そこで、いつでも資本主義的搾取に利用されうる労働力の数を増加させる。第七篇で明らかになるように、ここ［補償説］

では労働者階級のための補償としてわれわれに示されているこのような機械の作用は、それとは反対に、最も恐ろしいむちとして労働者を苦しめるのである。(464)

第七節　機械経営の発展にともなう労働者の排出と吸引　綿業恐慌

大工業の弾力性と新たな国際的分業の形成

工場制度がある範囲まで普及して一定の成熟度に達すれば、ことに工場制度自身の技術的基礎である機械がそれ自身また機械によって生産されるようになれば、また石炭と鉄の生産や金属の加工や運輸が革命されて一般に大工業に適合した一般的生産条件が確立されれば、そのときこの経営様式は一つの弾力性、一つの突発的飛躍的な拡大能力を獲得するのであって、この拡大能力はただ原料と販売市場とにしかその制限を見いださないのである。機械は一方では原料の直接的増加をひき起こす。たとえば繰綿機が綿花生産を増加させたように。他方では、機械生産物の安価と変革された運輸交通機関とは、外国市場を征服するための武器である。外国市場の手工業生産物を破滅させることによって、機械経営は外国市場を強制的に自分の原料の生産場面に変えてしまう。こうして、東インドは大ブリテンのために綿花や羊毛や大麻や黄麻やインジゴなどを生産することを強制された。大工業の諸国での労働者の不断の「過剰化」は、促成的な国外移住と諸外国の植民地化とを促進し、このような外国は、たとえばオーストラリアが羊毛の生産地になったように、母国のための原料生産地に転化する。機械経営の主要所在地に対応する新たな国際的分業がつくりだされて、それは地球の一部分を、工業を主とする生産場面としての他の部分のために、農業を主とする生産場面に変えてしまう。(474f)

産業循環

工場制度の巨大な突発的な拡張可能性と、その世界市場への依存性とは、必然的に、熱病的な生産とそれに続く市場の過充とを生みだし、市場が収縮すれば麻痺状態が現われる。産業の生活は、中位の活況、繁栄、過剰生産、恐慌、停滞という諸時期の一系列に転化する。機械経営が労働者の就業に、したがってまた生活状態に与える不確実と不安定は、このような産業循環の諸時期の移り変わりに伴う正常事となる。繁栄期を除いて、資本家のあいだでは、各自が市場で占める領分をめぐって激烈きわまる闘争が荒れ狂う。この領分の大きさは、生産物の安さに比例する。そのために、労働力にとって代わる改良された機械や新たな生産方法の使用における競争が生みだされるほかに、どの循環でも、労賃をむりやりに労働力の価値よりも低く押し下げることによって商品を安くしよ

うとする努力がなされる一時点が必ず現われる。(476)

ここでいう産業循環とは、いわゆる「景気循環」のことです。資本主義的生産様式においては、生産が私的に、それゆえ無政府的に行われるために経済が偶然的な事情で変動するというだけでなく、好況と不況が周期的に発生します。しかも、この両者がゆるやかに交代するのではなく、八〇年代の日本のバブルのときのように、大変な好景気のあとに突然、恐慌がやってくることが一般的です。日本のバブル崩壊やリーマン・ショックのあとに、多くの労働者がリストラされたり、賃金をカットされたりしたことからもわかるように、賃労働者の労働条件はこのような産業循環にふりまわされることになります。

このような産業循環がどのようなメカニズムで発生するかは、第三巻で説明されることになりますが、産業循環がすでにみた利潤率の動向を軸にして発生することだけは指摘しておきましょう。マルクスがいう「中位の活況」の時期は、停滞状態から脱却し、市場が拡張していく時期なので利潤率も上昇していきますが、「繁栄期」になると生産力の上昇にともなって利潤率が低下し始めます。資本家たちは利潤率の低下をカバーするために、投下する資本量を増大させることによって、利潤を増やそうとしますが、そうすると今度は労賃や生産手段の価格が上昇し、利潤率がさらに低下することになります。それでも、「繁栄期」には多少の増産をしても景気が良いので市場が吸収してくれますが、やがてそれも限界になり、「過剰生産」の状態になってしまいます。こうして、ある時点で、投下する資本量を増やしてもそれ以上利潤を増やすことができないという「資本の絶対的過剰生産」の状態に陥り、生産の拡大がストップし、「恐慌」が発生するのです。そして経済は「停滞」状態に陥ります。

以上が産業循環の基本的なメカニズムですが、ここで重要なのはいっけん金融の問題のようにみえるバブル崩壊であっても、その背景には実体経済における利潤率の低下、さらには利潤の停滞ないし減少という現象があるということです。『資本論』第一巻でも、「経済学の浅薄さは、とりわけ、産業循環の局面転換の単なる兆候でしかない信用の膨張や収縮をこの転換の原因にしているということのうちに、現われている」（662）と述べられています。じっさい、TSSI（時間的単一体系解釈）という欧米の新しいマルクス経済学の潮流は、バブル崩壊に先立って利潤率が低下し、続いて利潤が頭打ちになり、それからバブル崩壊が起きていることを種々の統計の分析によって明らかにしています。

第八節　大工業によるマニュファクチュア、手工業、家内労働の変革

近代的家内工業

このいわゆる近代的家内工業と古い型の家内工業とには名称のほかにはなんの共通点もないのであって、後者のほうは、独立な都市手工業と独立な農民経営、そしてなによりもまず労働者家族の家を前提するものである。家内工業は今では工場やマニュファクチュアや問屋の外業部に変わっている。資本によって場所的に大量に集中され直接に指揮される工場労働者やマニュファクチュア労働者や手工業者のほかに、資本は、大都市のなかや郊外に散在する家内労働者の別軍をも、目に見えない糸で動かすのである。たとえば、アイルランドのロンドンデリのティリ会社のシャツ工場は、一〇〇〇人の工場労働者と田舎に分散している九〇〇〇人の家内労働者とを使用している。(485f)

マニュファクチュアと家内労働への工場制度の反作用

安価で未熟な労働力の搾取は、現代的マニュファクチュア［大工業にもとづく本来の工場以外の大規模な作業場］では、本来の工場で行なわれるよりももっと露骨になる。なぜならば、工場にある技術的基礎や筋力に代わる機械の使用や労働の容易さがマニュファクチュアにはほとんどないからであり、また同時に、マニュファクチュアでは女や未成年者の身体が最も容赦なく毒物などの影響にさらされているからである。この搾取はまた、いわゆる家内労働ではマニュファクチュアで行なわれるよりももっと露骨になる。なぜならば、労働者たちの抵抗能力は彼らの分散に伴って減ってゆき、多くの盗人的寄生者が本来の雇い主と労働者とのあいだに押し入り、どこでも家内労働は同じ生産部門の機械経営や少なくともマニュファクチュア経営と戦っており、貧窮は労働者からどうしても必要な労働条件である空間や光や換気などをさえも取り上げ、就業の不規則性は増大し、そして最後に、大工業と大農業とによって「過剰」にされた人身のこの最後の逃げ場では労働者どうしのあいだの競争が必然的に最高度に達するからである。機械経営によってはじめて体系的に完成される生産手段の節約は、はじめから、同時に冷酷きわまる労働力の乱費なのであり、労働機能の正常な諸前提の強奪なのであるが、それが今では、一つの産業部門のなかで労働の社会的生産力や結合労働過程の技術的基礎の発展が不十分であればあるほど、このような敵対的で殺人的な面をますます多くさらけ出すのである。(486)

第八章でもみたように、資本主義的生産様式は、旧来の生産様式をたんに解体するのではなく、それが利用できるものであるかぎり、みずからのシステムのなかに組み込み、徹底的に利用します。ここでも、独自な資本主義的生産様式としての大工業が、マニュファクチュアや家内労働を組み込み、苛烈《かれつ》な搾取を行うことが指摘されています。とりわけ家内労働は生産力が低く、「安価な労働力の無制限の搾取がそれらの競争力の唯一の基礎」

(499)をなしているため、「敵対的で殺人的な面をますます多くさらけ出」します。このような資本主義のもとでの前近代的な生産様式の徹底的な利用は、労働者たちが長年の闘争をつうじて勝ち取った工場法による労働日の規制によって、はじめて消滅することになります。

第九節　工場立法(保健・教育条項)　イングランドにおけるその一般化

工場法の保健条項

保健条項は、その用語法が資本家のためにその回避を容易にしていることは別としても、まったく貧弱なもので、実際には、壁を白くすることやその他いくつかの清潔維持法や換気や危険な機械にたいする保護などに関する規定に限られている。……知られるように、アイルランドでは最近の二〇年間に亜麻工業が大いに発達し、それにつれてスカッチング・ミル(亜麻を打って皮をはぐ工場)が非常にふえてきた。そこには一八六四年にはこの工場が約一八〇〇あった。周期的に秋と冬にはおもに少年と女、つまり近隣の小作人の息子や娘や妻で機械にはまったくなじみのない人々ばかりが、畑仕事から連れ去られて、スカッチング・ミルの圧延機に亜麻を食わせる。その災害は、数から見ても程度から見ても機械の歴史にまったく例がない。キルディナン（コークのそば）のたった一つのスカッチング・ミルだけでも、一八五二年から一八五六年までに六件の死亡と六〇件の不具になる重傷とがあったが、それらはどれもわずか数シリングのごく簡単な設備で防止できるものだった。ダウンパトリッグの諸工場の証明医ドクター・W・ホワイトは、一八六五年一二月一六日のある公式報告書のなかで次のように明言している。「スカッチング・ミルでの災害は最も恐ろしい種類のものである。多くの場合に四肢の一つが胴体からもぎ取られる。死亡か、そうでなくてもみじめな無能力と苦痛との前途かが、負傷の通例の結果である。この国での工場の増加は、もちろん、このような身の毛のよだつ結果を広げるであろう。私は、スカッチング・ミルにたいする適切な国家の監督によって身体生命の大きな犠牲が避けられることを確信する。」

資本主義的生産様式にたいしては最も簡単な衛生保健設備でさえも国家の側から強制法によって押しつけられなければならないということ、これ以上にこの生産様式を特徴づけうるものがあるだろうか？(505)

工場法の教育条項

工場法の教育条項は全体としては貧弱に見えるとはいえ、それは初等教育を労働の強制

条件として宣言した。（506f）

イングランドの工場法によれば、親が一四歳未満の子供を「取締りを受けている」工場にやろうとする場合には、同時に初等教育を受けさせなければならない。工場主にはこの法律を守る義務がある。（507）

大工業の原理と近代科学としてのテクノロジー

一八世紀までは特殊な生業が秘伝技と呼ばれ、その神秘の世界には、経験的かつ職業的に秘伝を伝授された者のみが入ることができたということは特徴的であった。人間にたいして彼ら自身の社会的生産過程を覆い隠し、種々の自然発生的に分化された生産諸部門を互いに謎にし、また各部門の精通者にとってさえ謎にしていたヴェールを大工業は引き裂いた。各生産過程を、それじたいとして、さしあたりは人間の手をなんら考慮することなく、その構成諸要素に分解するという大工業の原理は、テクノロジーというまったく近代的な科学を作り出した。社会的生産過程の多様な、外見上連関のない、骨化した諸姿態は、自然科学の意識的に計画的な、そしてめざす有用効果にしたがって系統的に特殊化された応用に分解された。テクノロジーは使用される道具がどれほど多様であろうとも、人間の身体のあらゆる生産行為が必然的にそのなかで行われる少数の大きな基本的運動諸形態を発見したのであるが、それはちょうど、機械学が、機械がどんなに複雑であっても単純な機械的力能の絶え間ない反復であることを見誤らないのと同じである。（510）

テクノロジーは、自然にたいする人間の能動的な関わりをあらわに示しており、人間の生活の、したがってまた人間の社会的生活関係やそこから生ずる精神的諸観念の直接的生産過程をあらわに示している。どんな宗教史も、この物質的基礎を無視するものは――無批判的である。じっさい、分析によって宗教的な幻像の現世的な核心を見いだすことは、それとは反対にそのつどの現実の生活関係からその天国化された諸形態を説明することよりも、ずっと容易である。あとのほうが、唯一の唯物論的な、したがって科学的な方法である。歴史的過程を排除する抽象的自然科学的唯物論の欠陥は、その唱道者たちが自分の専門の外にでしゃばるときに示す抽象的で観念論的な見解によってもわかるのである。（393）

ここから続く三つの項目はいずれも同じ段落から引用していますが、理論的には本章で最も重要なポイントを含んでいますので、内容ごとに分けて解説していきます。

まず、テクノロジーから見ていきましょう。内容を補足するために、本章の冒頭の注にあった文章も引用してあります。

テクノロジーと聞くと、純粋に自然科学の問題だと思うかもしれません。じっさい、私たちが大学の工学部で学ぶことができるテクノロジーは大半が自然科学的な科目から構成されています。しかし、ここまで読んできた読者にはすでに明らかだと思いますが、それはけっして「中立」的な学ではありません。むしろ、テクノロジーは「自然にたいする人間の能動的な関わり」がどういうものであるかを「あらわに示して」いるのです。もちろん、当時の数学者や機械学者がやったように、テクノロジーをたんなる物理学や化学などの自然科学に還元することは簡単にできます。しかし、それではテクノロジーを本当に理解したことにはならない、むしろ、テクノロジーは、それを生み出す「自然にたいする人間の能動的な関わり」がどういうものか、あるいは「人間の生活の、したがってまた人間の社会的生活関係やそこから生ずる精神的諸観念の直接的生産過程」がどういうものかを分析することによって解明しなければならない、とマルクスは言うのです。マルクスによれば、「あとのほうが、唯一の唯物論的な、したがって科学的な方法である」ということになります。[1]

では、テクノロジーはどのような「自然にたいする人間の能動的な関わり」から生まれてきたのでしょうか。ここでマルクスが述べているように、近代以前においては生産にかんする知識や技術はその生業を営む一部の人に独占されていました。つまり、秘伝技を世襲で伝えていたギルドに典型的なように、生産にかんする知は特定の人格と結びつけられていたのです。そこでは、一方では生産にかんする知が一部の人に独占され、社会から隠されていましたが、他方では生産にかんする知が労働者から一人歩きし、労働者に敵対することを防いでいました。

ところが、剰余価値を最大化するために、自然科学を意識的に応用し、可能な限り生産力を高めることを原理とする大工業においては、このような人間の側の事情は考慮されません。むしろ、大工業はテクノロジーという新しい知の様式を生み出し、生産にかんする知と労働者との結びつきを切断しようとします。つまり、大工業においてはこれまで労働者たちが独占していた知識や技術が労働者たちから切り離され、テクノロジーという近代科学として体系化されていきます。こうして、テクノロジーはじっさいの生産者のことを考慮することなく、生産方法を変革し、むしろこの新しい生産方法に生産者の行為を適応させようとするのです。すなわち、労働者が生産手段を使用するのではなく、生産手段が労働者を使用するという資本主義的生産過程の転倒した「自然にたいする人間の能動的な関わり」こそが、大工業の原理を生み出し、この原理が新たな知の様式であるテクノロジーを生み出したのです。

[1] ここでマルクスが「宗教史」を引き合いに出しているのは、「人と作品」で述べた若かりし頃の「ヘーゲル左派」との論争を想起しているからでしょう。「ヘーゲル左派」が宗教を「自己意識」や類としての「人間」に還元して説明しようとしたのにたいし、マルクスはむしろ人間たちの現実的な生活諸関係からいかにして宗教が発生するのかを説明しようとしました。このあたりの経緯については、拙著『カール・マルクス』（ちくま新書）の第一章をご覧ください。

大工業の本性は労働者の全面的可動性を要求する

近代工業は、一つの生産過程の現在の形態をけっして最終的なものとは見ないし、またそのようなものとしては取り扱わない。だからこそ、近代工業の技術的基礎は革命的なのであるが、以前のすべての生産様式の技術的基礎は本質的に保守的だったのである。機械や化学的工程やその他の方法によって、近代工業は、生産の技術的基礎とともに労働者の機能や労働過程の社会的結合をも絶えず変革する。したがってまた、それは社会のなかでの分業をも絶えず変革し、大量の資本と労働者の大群とを一つの生産部門から他の生産部門へと絶えまなく投げ出し投げ入れる。したがって、大工業の本性は、労働の転換、機能の流動、労働者の全面的可動性を必然的にする。他面では、大工業は、その資本主義的形態において、古い分業をその骨化した分枝をつけたままで再生産する。われわれはすでに、どのようにこの絶対的矛盾が労働者の生活状態の一切の静穏と固定性と確実性をなくしてしまうか、そして彼の手から労働手段とともに絶えず生活手段をもたたき落とそうとし、彼の部分機能とともに彼自身をもよけいなものにしようとするか、を見た。また、どのようにこの矛盾が労働者階級の不断の犠牲と労働力の無際限な乱費と社会的無政府の荒廃とのなかであばれ回るか、を見た。これは消極面である。(510f)

大工業は、生産者の側の事情を考慮することなく、自然科学を意識的に応用し、生産力を最大化しようとしますから、それ以前の生産様式とはことなり、その「技術的基礎は革命的」であり、「労働者の機能や労働過程の社会的結合をも絶えず変革」します。ですから、大工業じしんの原理、あるいはその「本性」にしたがえば、「労働の転換、機能の流動、労働者の全面的可動性」は必然的になっていきます。これは、労働者たちに固定的な分業からの解放をもたらしますから、大工業の積極的な側面だと言えるでしょう。大工業の原理は、相対的剰余価値の生産のために生まれてきたものであるにもかかわらず、自然科学の意識的応用による生産力の上昇と固定的分業からの解放の可能性という積極的な要素を人類にもたらすのです。

ところが、現実に生起する事態はそう単純ではありません。というのも、まさにそのような「労働者の全面的可動性」は労働者から生産的な知を剝奪することによって実現されるものであり、本章で詳細にみてきたように、それによって「労働者の生活状態のいっさいの静穏と固定性と確実性」が失われてしまうからです。また、前章で詳しくみたように、労働者を分業に縛り付け、他のことができない労働力にすることによって、それらの人々を従属させ、支配することが容易になりますから、大工業の内部でも新たに発生した分業を固定化し、労働者を支配しようとする傾向が生まれてきます。

ですから、大工業はその本性にしたがって、分業の廃棄と「労働者の全面的可動性」という傾向をもたらすにもかかわらず、他方では、労働者たちから生産的な知を剝奪し、彼らを従属させ、彼らの生活を不安定なものにするという事態をもたらすことになります。

職業教育および技術教育は変革の酵素となる

しかし、いまや労働の転換が、ただ圧倒的な自然法則としてのみ、また、至るところで障害にぶつかる自然法則の盲目的な破壊作用を伴ってのみ、実現されるとすれば、大工業は、いろいろな労働の転換、したがってまた労働者のできるだけの多様性を一般的な社会的生産法則として承認し、この法則の正常な実現に諸関係を適合させることを、大工業の破局そのものをつうじて、死活問題にする。大工業は、資本の転変する搾取欲求のために予備として保有され自由に使用されうる窮乏した労働者人口という奇怪事を、転変する労働需要のための人間の絶対的な使用可能性によって置き換えることを、すなわち、一つの社会的な細部機能のたんなる担い手にすぎない部分個人を、さまざまな社会的機能をかわるがわる行うような活動様式をもった、全体的に発達した個人によって置き換えることを死活問題とする。大工業を基礎として自然発生的に発展した、この変革過程の一契機は工学および農学の学校であり、もう一つの契機は、労働者の子どもたちがテクノロジーとさまざまな生産用具の実践的な取り扱いについて若干の授業をうける「職業学校」である〔フランス語版では「ブルジョアジーは自分の息子のために工学や農学などの学校を設立したが、それはただ近代的生産の内的傾向にしたがったまでのことで、プロレタリアには職業教育の影しか与えなかった」〕。工場立法は資本からやっともぎとった最初の譲歩として、初等教育を工場労働と結びつけるにすぎないとすれば、労働者階級による政治権力の不可避的な獲得によって、テクノロジー教育が、理論的にも実践的にも、労働者学校のなかにその席を獲得するであろうことは疑う余地がない。また、生産の資本主義的形態とそれに照応する労働者の経済的諸関係とが、そのような変革の酵素とも、また古い分業の止揚というその目的とも真正面から矛盾することは、同じように疑う余地がない。（511f）

　大工業は、前の項目でみたような積極面と消極面をもたらしますが、もし私たちが、大工業の本性にしたがって「合理的」に生産力の増大を追求しようとするならば、大工業の消極面は克服されなければなりません。つまり、「一つの社会的な細部機能のたんなる担い手にすぎない部分個人を、さまざまな社会的機能をかわるがわる行うような活動様式をもった、全面的に発達した個人によって置き換え」なければなりません。端的に言えば、科学の意識的応用によって絶えず生産過程を変革する大工業に対応することができる労働者を生み出さなければならないのです。

　しかし、現実には、このような「全面的に発達した個人」を資本に従属させ、搾取することは容易ではありません。そのため、資本は労働者を解雇し、失業者のなかから労働力を補給することにより、大工業の絶えざる生産過程の変革に対応しようとします。しかし、これは労働力を乱費し、社会を疲弊させることになり、「合理的」な生産力の上昇に反するやり方でしかありません。

　したがって、ここでは、「合理的」に生産力を上昇させるために「全面的に発達した個人」を必要とする大工業の本性と、価値増殖のために労働者たちを徹底的に従属させ、いつでも好きなように利用できるような存在に貶《おとし》めようとする資本の本性とが衝突します。マルクスは大工業の原理をけっして手放しで称賛しているわけではなく、むしろそれが相対的剰余価値の獲得のために生産力を上昇させる必要から生まれてくることを指摘しているわけですが、資本主義的生産様式は、労働者を従属させ、支配することにもとづいているので、このような大工業の原理とさえ矛盾してしまうのです。端的に言えば、資本主義は生産力を上昇させるための人間の発展、あるいはそのための教育とさえ、矛盾するようになるということにほかなりません。

ですから、大工業が要求する「全面的に発達した個人」をもたらすための職業教育および技術教育は、資本主義社会では、非常に不十分にしか実現されません。しかし、それでもマルクスは、大工業が要求する職業教育および技術教育は「変革の酵素」になると考えていました。なぜなら、それはいかに不十分であれ、徹底的に生産能力を奪われた賃労働者たちがふたたび知識や技術を取り戻すための拠点になりうるからです。つまり、マルクスは労働者たちの社会的および政治的力量の増大とともに職業教育および技術教育を充実させることによって、労働者の側に知を取り戻し、資本の支配に対抗していくことができると考えたのです。

大工業は家族や両性関係のより高度な形態のための新しい経済的基礎を作り出す

資本主義システムのなかでの古い家族制度の崩壊がどんなに恐ろしくいとわしく見えようとも、大工業は、家事の領域のかなたにある社会的に組織された生産過程で婦人や男女の少年や子供に決定的な役割を割り当てることによって、家族や両性関係のより高い形態のための新しい経済的基礎をつくりだすのである。言うまでもなく、キリスト教的ゲルマン的家族形態を絶対的と考えることは、ちょうど古代ローマ的、または古代ギリシア的、または東洋的形態を、しかも相互に一つの歴史的な発展系列を形成しているこれらの形態の一つを、絶対的と考えることと同様に、愚かなことである。また、同様に明らかなことであるが、男女両性の非常にさまざまな年齢層の諸個人から結合労働人員が構成されているということは、この構成の自然発生的な野蛮な資本主義的形態にあってこそ、すなわちそこでは生産過程のために労働者があるのであって労働者のために生産過程があるのではないという形態にあってこそ、退廃や奴隷状態の害毒の源泉であるとはいえ、それに相応する諸関係のもとでは逆に人間的発展の源泉に一変するにちがいないのである。(514)

マルクスは主要著作においてジェンダーに関連する体系的な叙述を残していません。それゆえ、一部のフェミニストからは「マルクスはジェンダーを無視している」という非難を受けてきました。じっさい、マルクスはヴィクトリア時代の道徳観念を共有しており、ジェンダーバイアスから自由ではありませんでした。『資本論』においても、今日なら問題視されるような、ジェンダーバイアスやパターナリズムにもとづく叙述がみられます。

しかし、他方で、マルクスは男女関係のあり方には若い頃から強い関心を抱いており、インタナショナルなどの活動への女性の参加を積極的に支持しました。広い意味ではジェンダーに関心を持っていたと言えるでしょう。この引用文からも、資本主義の発展がいわゆる女性の社会進出を促すことによって古い男女関係を変革し、より高度な形態での男女関係や家族のあり方を築き上げるための基礎を形成するとマルクスが考えていたことがわかります。生産関係と同じように、性にかんする社会関係や家族関係もまた、資本主義から脱却することで、より高度で自由なものに変革することができるのです。これについてマルクスは多くの叙述を残していませんが、晩年の共同体研究からは近代家族にたいするマルクスの批判的視座を窺《うかが》うことができます。

工場法の一般化は資本主義の矛盾とその変革の契機を成熟させる

労働者階級の肉体的精神的保護手段として工場立法の一般化が不可避になってきたとすれば、それは他方では、すでに示唆したように、小規模の分散的な労働過程から大きな社会的規模の結合された労働過程への転化を、したがって資本の集積と工場体制の専制とを、一般化し、促進する。工場立法の一般化は、資本の支配をなお部分的におおい隠している古風な形態や過渡形態をことごとく破壊して、その代わりに資本の直接のむき出しの支配をもってくる。したがってまた、それはこの支配にたいする直接の闘争をも一般化する。それは、個々の作業場では均等性、合則性、秩序、節約を強要するが、他方では、労働日の制限と規制とが技術に加える非常な刺激によって、全体としての資本主義的生産の無政府と破局、労働の強度、機械と労働者との競争を増大させる。それは、小経営や家内労働の諸部面を破壊するとともに、「過剰人口」の最後の逃げ場を、したがってまた社会メカニズム全体の従来の安全弁をも破壊する。それは、生産過程の物質的諸条件および社会的結合を成熟させるとともに、生産過程の資本主義的形態の矛盾と敵対関係とを、したがってまた同時に新たな社会の形成要素と古い社会の変革契機とを成熟させる。(525f)

ロバート・オーウェンは、協同組合工場や協同組合売店の父ではあるが、前にも述べたように、この孤立的な変革要素の意義について彼の追随者たちが抱いたような幻想はけっして抱いていなかったのであって、彼のいろいろな試みにおいて実際に工場システムから出発しただけではなく、理論的にもそれを社会革命の出発点だとしていた。(526)

工場法が社会変革にとって決定的な重要性をもっていることはすでに第八章で見たとおりですが、ここでは本章の議論をふまえて、さらに工場法の意義が全面的に展開されています。すでにみたように、工場法が一般化すると、資本は労働日の延長に頼ることができなくなるので、よりいっそうの社会的生産力の発展とそれによる労働の強化を追求します。また、前近代的生産様式は淘汰《とうた》され、「資本の直接のむき出しの支配」が現れてきます。資本の外部にあった前近代的社会関係という「安全弁」がなくなり、これまでにみてきたような資本主義的生産の矛盾が露骨に現れてくるようになります。こうして、より高度な社会形態を可能にするような社会的生産力が発展し、労働者たちが社会的に結合していくための条件が生まれるとともに、資本主義的生産の矛盾が激化することにより、それにたいする人々の敵対が生まれてきます。こうして、工場法は、「新たな社会の形成要素と古い社会の変革契機とを成熟させる」のです。

この工場法の例に示されているように、どんな改良的施策であれ、資本主義的生産様式それじたいの矛盾を解消することはできません。第二次世界大戦後のヨーロッパの福祉国家とその後の反動が示しているように、改良的施策により矛盾を緩和することをつうじて資本主義ないし商品経済が浸透していった結果、資本の矛盾が露骨に現れてくるようになることさえあります。しかし、やはりそれは、一方では、社会的生産力の発展をより「合理化」し、他方では、労働者階級の社会的結合、すなわちアソシエーションの可能性を生み出し、より高度な社会のための要素を成熟させていくという意味で重要な意味をもっているのです。

　ここでもう一点、重要なのは、変革の拠点を工場システムにみていたオーウェンを高く評価していることから見て取れるように、社会変革の契機として社会的生産力の発展をマルクスが重視していたということです。マルクスは法律や制度によって社会を変えることができるという「法学幻想」ないし「制度幻想」を『資本論』のなかで繰り返し批判し、生産関係の変革の重要性を強調していますが、だからといって一部の「アソシエーション」主義者たちが抱いているような協同組合などの「孤立的な変革要素」にたいする幻想は微塵《みじん》ももっていませんでした。もちろん、マルクスはその意義を全面否定するわけではありませんが、新たな社会の拠点は資本主義的生産様式のもとで社会化され、結合された多数の生産者たちの取り組みにあると考えたのです。じっさい、歴史はマルクスが予見した通りとなり、企業を横断して組織された産業別労働組合や一般的労働組合が社会を改良する大きな力となりました。現代では、情報テクノロジーの発展をつうじて、マルクスが目撃した工場システムとは異なるタイプの社会的生産力も形成されつつあり、このような社会的生産力の発展からどのような変革の契機をつかみ出すかが理論的にも実践的にも重要な課題となるでしょう。

第一〇節　大工業と農業

資本主義的生産は人間と自然とのあいだの物質代謝を攪乱し、それを体系的に再建することを人間たちに強制する

資本主義的生産は、それによって大中心地に集積される都市人口がますます優勢になるにつれて、一方では社会の歴史的動力を集積するが、他方では人間と土地とのあいだの物質代謝を攪乱する。すなわち、人間が食料や衣料の形で消費する土壌成分が土地に帰ることを、つまり土地の豊穣性の持続の永久的自然条件を、攪乱する。したがってまた、それは都市労働者の肉体的健康と農村労働者の精神生活を同時に破壊する。しかし、同時にそれは、かの物質代謝のたんに自然発生的に生じた状態を破壊することによって、それを、社会的生産の規制的法則として、また人間の十分な発展に適合する形態で、体系的に再建することを強制する。農業でも、製造工業の場合と同様に、生産過程の資本主義的変革は同時に生産者たちの殉難史として現われ、労働手段は労働者の抑圧手段、搾取手段、貧困化手段として現われ、労働過程の社会的な結合は労働者の個人的な活気や自由や独立の組織的圧迫として現われる。農村労働者が比較的広い土地の上に分散しているということは同時に彼らの抵抗力を弱くするが、他方、集中は都市労働者の抵抗

力を強くする。都市工業の場合と同様に、現代の農業では労働の生産力の上昇と流動化の増進とは、労働力そのものの荒廃と衰弱とによってあがなわれる。そして、資本主義的農業のどんな進歩も、ただ労働者から略奪するための技術の進歩であるだけではなく、同時に土地から略奪するための技術の進歩でもあり、一定期間の土地の肥沃度を高めるためのどんな進歩も、同時にこの肥沃度の不断の源泉を破壊することの進歩である。ある国が、たとえば北アメリカ合衆国のように、その発展の背景としての大工業から出発するならば、その度合いに応じてそれだけこの破壊過程も急速になる。それゆえ、資本主義的生産は、ただ、同時にいっさいの富の源泉を、土地をも労働者をも破壊することによってのみ、社会的生産過程の技術と結合とを発展させるのである。（528ff）

じっさい、自由の国は、必要と外的な合目的性によって規定される労働がなくなったところで、はじめて始まる。したがって、それは、当然に、本来の物質的生産の領域の彼岸にある。未開人が、自分の欲望を満たすために、自分の生活を維持し再生産するために、自然と格闘しなければならないように、文明人もそうしなければならず、しかも、すべての社会諸形態において、ありうべきすべての生産諸様式のもとで、そうしなければならない。彼の発達とともに、彼の諸欲望も増大するのだから、この自然必然性の国は増大する。しかし、同時に、この諸欲望をみたす生産諸力も増大する。この領域における自由は、ただ、社会化した人間、アソーシエイトした生産者たちが、盲目的な力としての、自分たちと自然との物質代謝によって制御されることをやめて、この物質代謝を合理的に規制し、自分たちの共同的な制御のもとにおくということ、つまり、力の最小の消費によって、自分たちの人間性にもっともふさわしくもっとも適合した諸条件のもとでこの物質代謝をおこなうということである。しかし、これはやはりまだ必然性の国である。この国のかなたで、自己目的として認められる人間の力の発展が、真の自由の国が始まるのであるが、しかし、それはただ、かの必然性の国をその基礎としてのみ開花することができるのである。労働日の短縮が土台である。（『資本論』第三部草稿第一稿）

第二節でもみたように、資本による生産方法の変革は労働者だけではなく、自然環境にたいしても大きな影響を与えます。

資本は、賃労働者の再生産を顧慮することなく、労働日を延長しようとするように、自然の再生産を顧慮することなく、自然力を使い尽くそうとします。というのも、資本は、過剰労働による労働者の寿命の短縮にコストを払う必要がないように、自然の利用による環境破壊にたいしてコストを払う必要がないからです。資本にとって自然は、労働力と同じように、価値増殖の手段であるにすぎません。それゆえ、人間と自然とのあいだの物質代謝が攪乱《かくらん》されてしまうのです。たとえば、資本が農業を営む場合、ある一定期間のあいだだけ生産力を上げ、剰余価値を獲得することだけが重要であり、長期的に人間と自然との物質代謝をどのように維持していくかということには関心をもちません。その結果、物質代謝を考慮しない酷使により、土地は疲弊してしまい、肥沃《ひよく》度を持続的に維持することができなくなってしまいます。

第五章でみたように、ほんらい労働とは人間と自然との物質代謝を媒介し、規制し、制御する行為であるはずでした。ところが、資本主義的生産においては、この物質代謝を制御するはずの労働が、賃労働という特殊な形態をとり、資本の価値増殖を目的として行われるために、逆に持続可能な物資代謝を攪乱してしまうのです。

このような資本主義的生産の傾向はやがて自然力や労働力を使い潰し、資本どころか、人間自身の存在すらも脅かすことになるでしょう。にもかかわらず、労働日の場合とまったく同じように、絶えざる競争にさらされている資本家たちは、この環境破壊を自分たちの手では止めることができないのです。

資本は生産方法を変革することをつうじて、資本にとってふさわしい生産手段として自動機械体系を作り出し、他方で資本にとって都合のよい従属的な賃労働者をうみだしました。資本は生産過程を自分に適合するように作り替えたのです。ところが、資本はまさにこのような試みにおいて深刻な困難に直面します。資本による剰余価値生産だけを目的とした生産力上昇は、人間と自然との物質代謝を攪乱し、資本主義社会、ひいては人類の存在すら脅かすようになります。資本は自分に似せて世界を作り替えることによって危機に陥るのです。

このように考えると、資本主義による生産力の発展はあるところにまで達すると限界にぶつかることがわかります。マルクスが言うように、労働が人間と自然の物質代謝を媒介する行為だとすれば、ほんらい生産力とは人間と自然との物質代謝を規制し制御する能力のことにほかなりません。それは、けっして生産テクノロジーと同義ではないのです。いくら生産テクノロジーが発展したとしても、それが現在の人間と自然との物質代謝を攪乱しているのだとしたら、生産力の発展とは言えないでしょう。

したがって、マルクスは価値増殖を最優先する資本主義的生産関係のもとでは、人間と自然との持続可能な物質代謝を可能にする合理的な生産力を実現することができないということを問題としたのです。だからこそ、資本主義は変革されなければならないし、むしろ、変革されなければ自然も人間も破壊されてしまい、生きていくことはできないという意味で、人間たちはその変革を強制される。これがマルクスにとってもっとも根本的な変革の根拠だったのです。ここで二つ目に掲げた『資本論』第三巻の草稿の一節において、マルクスが未来社会の展望を、たんにアソーシエイトした諸個人が労働配分や生産物分配のあり方を社会的に規制することにではなく、「アソーシエイトした人間たちが……物質代謝を合理的に規制し、自分たちの共同的な制御のもとにおくということ、つまり、力の最小の消費によって、自分たちの人間性にもっともふさわしくもっとも適合した諸条件のもとでこの物質代謝をおこなうということ」に求めている理由も、以上から容易に理解できるでしょう。

コラム4　文学と『資本論』

マルクスの文学好きは有名な話です。幼少のころ、父親の友人、ルートヴィヒ・フォン・ヴェストファーレン（彼の娘が後のマルクスの妻イェニーです）から文学の手ほどきをうけたマルクスは、ホメロスやシェイクスピアを暗唱するほどでした。大学入学後には、文学者を志し、多くの詩や小説を書いています。共産主義者として活動し始めてからも、文学好きは変わらず、ハイネとも親交をむすびました。

『資本論』にもシェイクスピア、ゲーテ、バルザックなどさまざまな文学作品の登場人物や言い回し、あるいはそのパロディが登場し、著作に豊かな精彩を与えています。筆者がとくに印象に残っているのは、機械による労働者の搾取を正当化しようとするブルジョア経済学者を、ディケンズの小説の登場人物を引き合いに出し、皮肉っている箇所です。「まるであの有名な首切り犯ビル・サイクス〔『オリヴァー・ツイスト』に登場する強盗〕の論法そっくりである。「陪審員諸公よ、たしかにこの行商人の首は切られた。だが、この事実は私の罪ではない、それはナイフの罪だ。こんな一時の不都合のためにわれわれはナイフの使用をやめなければならないだろうか？　考えてもみられよ！　ナイフがなければ、どこに農業や手工業があろうか？　それは外科手術では治療に役だつし、解剖では知識を与えるではないか？　しかも楽しい食卓では従順な召使いではないか？　ナイフを廃止してみよ——それはわれわれを野蛮のどん底に投げもどすことになるだろう」」（465f）。

第五篇　絶対的および相対的剰余価値の生産

第一四章　絶対的および相対的剰余価値

本章では、第三篇および第四篇の考察にもとづいて、理論的な整理を行います。

協業においては生産的労働の概念は拡張される

労働過程が純粋に個人的な過程であるかぎり、のちには分離してゆく諸機能のすべてを同じ一人の労働者が一身に兼ねている。彼は、自分の生活目的のために自然対象を個人的に獲得する場合には、自分自身を制御する。のちには彼が制御される。個々の人間は、彼自身の筋肉を彼自身の脳の制御のもとに活動させることなしには、自然に働きかけることはできない。自然のシステムでは頭と手が組になっているように、労働過程は頭の労働と手の労働とを合一する。のちにはこの二つが分離して、ついには敵対的に対立するようになる。およそ生産物は、個人的生産者の直接的生産物から一つの社会的生産物に、一人の全体労働者の共同生産物に、すなわち労働対象の取扱いに直接または間接に携わる諸成員が一つに結合された労働要員の共同生産物に、転化する。それゆえ、労働過程そのものの協業的な性格とともに、必然的に、生産的労働の概念も、この労働の担い手である生産的労働者の概念も拡張されるのである。生産的に労働するためには、もはやみずから手を下すことは必要ではない。全体労働者の器官であるということだけで、つまりその部分機能のどれか一つを果たすということだけで、十分である。(531)

資本主義的生産においては生産的労働の概念は狭くなる

ところが、他方では、生産的労働の概念は狭くなる。資本主義的生産は単に商品の生産であるだけではなく、それは本質的に剰余価値の生産である。労働者が生産をするのは、自分のためではなく、資本のためである。だから、彼がなにかを生産するというだけでは、もはや十分ではない。彼は剰余価値を生産しなければならない。生産的であるのは、ただ、資本家のために剰余価値を生産する労働者、すなわち資本の自己増殖に役だつ労働者だけである。(532)

資本のもとへの労働の形態的包摂と実質的包摂

相対的剰余価値の生産は、一つの独自な資本主義的生産様式を前提するのであって、この生産様式は、その諸方法、諸手段、諸条件そのものとともに、最初はまず資本のもとへの労働の形態的包摂を基礎として自然発生的に成立し、育成される。この形態的包摂に代わって、資本のもとへの労働の実質的包摂が現れるのである。(533)

労働過程は、価値増殖過程の、資本の自己増殖──剰余価値の生産──の過程の手段となる。労働過程は資本のもとに包摂されて(それは資本自身の過程となる)、資本家は指揮者、管理者として、この過程にはいる。それは資本家にとっては同時に他人の労働の直接的搾取過程でもある。私はこれを資本のもとへの労働の形態的包摂と呼ぶ。それはすべての資本主義的生産過程の一般的な形態である。(『直接的生産過程の諸結果』二一五―六頁)

形態的包摂の一般的な特徴、すなわち技術的にはどんな様式で営まれていようとも、資本のもとへの労働過程の直接的な従属は、変わらない。しかし、この基礎のうえでは実体的な性質をもその実体的諸条件をも変化させる、技術的にもその他の点でも独自な生産様式──

資本主義的生産様式が立ち上がる。この生産様式が現れるとき、はじめて資本のもとへの労働の実質的包摂が生ずるのである。（『直接的生産過程の諸結果』二四七—八頁）

資本は、賃労働者から労働力を買うことで、賃労働者にたいする指揮命令権を獲得し、労働過程を自らの価値増殖活動にしたがわせます。マルクスはこれを「資本のもとへの労働の形態的包摂」と呼んでいます。ここでは、まだ生産方法の変化は生じていませんが、それでも生産過程内部の関係に根本的な変化が生じています。第九章でみたように、労働者が生産手段を使用するのではなく、生産手段が労働者を使用するという生産過程における物象化が発生するからです。

さらに、資本は労働過程を技術的に変革することをつうじて、労働過程を技術的な次元でも自らの支配下に置きます。これが「資本のもとへの労働の実質的包摂」です。いまや形態的包摂において発生していた転倒は技術的にも実現されることになります。資本は分業を組織することによって、労働者の作業を一面化・単純化し、労働者を分業に組み入れられることによってしか生産できない存在へと変え、さらに大工業においては生産手段が機械となることによって現実に能動性を獲得し、労働者はその付属物にされてしまいます。このようにして、資本は技術的な変革をつうじて賃労働者を従属させ、賃労働者にたいする支配を実質的なものにするのです。

第一五章　労働力の価格と剰余価値の量的変動

この章で論じられている労働力の価格と剰余価値の量的関係は非常に明瞭《めいりょう》ですので、とくに興味深い二つのポイントだけを取り扱うことにします。

労働日がある限界を超えると労働力の消耗が急激に進み、その価値も急激に増大するので、名目的な労賃が増えたとしても、労働力の価値を下回ることがある

労働日が延長されれば、労働力の価格は、たとえ名目的には変わらないか、または上がりさえしても、労働力の価値よりも低く下がることがありうる。すなわち、労働力の日価値は、前に述べたことを思い出せば、労働力の標準的な平均耐久力、または労働者の標準的な寿命にもとづいて、また、生命実体が適切に、正常に、人間の天性に適して、運動に転換されることにもとづいて、評価される。労働日の延長と不可分な労働力の消耗の増大は、ある点までは、代償の増加によって埋め合わされることができる。この点を越えれば、この消耗は幾何級数的に増大してゆき、それと同時に労働力のすべての正常な再生産条件と活動条件とは破壊される。労働力の価格と労働力の搾取度とは、相互に同じ単位で計量される大きさではなくなる。(549)

資本主義社会では、ある一つの階級のための自由時間が、大衆のすべての生活時間を労働時間に転化することによって、生み出される

労働の強度と生産力とが与えられていれば、労働がすべての労働能力のある社会成員のあいだに均等に配分されていればいるほど、すなわち、社会の一つの層が労働の自然必然性を自分からはずして別の層に転嫁することができなければできないほど、社会的労働日のうちの物質的生産に必要な部分はますます短くなり、したがって、個人の自由な精神的・社会的活動のために獲得された時間部分はますます大きくなる。労働日の短縮の絶対的限界は、この面から見れば、労働の普遍性である。資本主義社会では、ある一つの階級のための自由な時間が、大衆のすべての生活時間を労働時間に転化することによって、生み出されるのである。(552)

以上の二つの論点のうち、とくに前者はくりかえし登場する論点となります。

第一六章　剰余価値率を表す種々の定式

本章も明快ですので、引用を中心に見ていきます。

古典派経済学における剰余価値率の派生的定式

すでに見たように、剰余価値率は次のような定式で表される。

I　$\frac{\text{剰余価値}(m)}{\text{可変資本}(v)} = \frac{\text{剰余価値}}{\text{労働力の価値}} = \frac{\text{剰余労働}}{\text{必要労働}}$

はじめの二つの定式が価値と価値との比率として表わしているものを、第三の定式は、これらの価値が生産される時間と時間との比率として表わしている。これらの互いに補足し合う定式は、概念的に厳密なものである。だから、古典派経済学ではこれらの定式が、たとえ事実上は完成されていても、意識的には完成されていないのが見いだされる。

むしろ、古典派経済学ではわれわれは次のような派生的な諸定式に出会うのである。

$$\mathrm{II}\quad \frac{\text{剰余労働}}{\text{労働日}}=\frac{\text{剰余価値}}{\text{生産物価値}}=\frac{\text{剰余生産物}}{\text{総生産物}}$$

ここでは一つの同じ比率が、順々に、労働時間の形態と、労働時間が具体化されている価値の形態と、この価値がそのなかに存在する生産物の形態とで表現されている。もちろん、生産物の価値というのはただ労働日の価値生産物だけを意味しており、生産物価値の不変部分は除外されているものと想定されるのである。（553）

古典派経済学の定式においては労働者と資本家の協同関係という偽りの外観が現れる

剰余価値と労働力の価値とを価値生産物の諸部分として表わすということは……資本関係の独自な性格、すなわち可変資本と生きている労働力との交換やそれに対応する生産物からの労働者の排除を覆い隠す。それに代わって、労働者と資本家とが生産物をそれのいろいろな形成要因の割合に従って分け合う一つの協同関係という偽りの外観が現れる。（555）

資本は不払労働にたいする指揮権である

したがって、資本は、A・スミスが言うように、労働にたいする指揮権であるだけではない。それは本質的には不払労働にたいする指揮権である。いっさいの剰余価値は、それが後に利潤や利子や地代などというどんな特殊な姿に結晶しようとも、その実体から見れば不払労働時間の物質化である。資本の自己増殖の秘密は、一定量の不払他人労働にたいする資本の処分権に解消される。(556)

私たちの日常的な感覚では、働いて生み出した価値のうち、どれだけが自分の取り分になり、どれだけが会社の取り分になるのかと考えてしまいますが、それは「偽りの外観」でしかありません。むしろ、私たちは労働力の再生産費と引き換えに、自分の生活に必要な範囲を超える労働を強制されているのです。ですから、労働者と資本が協働し、生み出した価値を両者のあいだで分け合っているのではなく、資本が労働力の購買によって賃労働者に剰余労働を強制し、剰余価値を絞り出しているというのが事柄の本質なのです。

第一七章　労働力の価値または価格の労賃への転化

第四章で賃労働者が販売するのは労働力であると述べましたが、現実の私たちの日常においては賃金は「労働の対価」という外観をとってあらわれてきます。典型的なのが時間給であり、「時給一〇〇〇円」などとして、つまり一時間の労働の対価が一〇〇〇円であるというふうに表されます。この章では、このように労働力の価値が「労働の価格」としてなぜ、いかにして現象するのかが問題となります。

ブルジョア社会の表面では労働者の賃金は、労働力の価格としてではなく、労働の価格として現れる

ブルジョア社会の表面では、労働者の賃金は労働の価格として、すなわち一定量の労働に支払われる一定量の貨幣として現われる。そこでは労働の価値が論ぜられ、この価値の貨幣表現が労働の必要価格とか自然価格とか呼ばれる。他方では、労働の市場価格、すなわち労働の必要価格の上下に振動する価格が論じられる。(557)

労働それじたいは商品にはならず、価値も持たない

商品として市場で売られるためには、労働は、売られる前にとにかく存在していなければならないであろう。だが、もし労働者が労働に自立的な存在を与えることができるとすれば、彼が売るものは商品であって労働ではないということになるであろう。(558)

商品市場で直接に貨幣所持者に向かい合うのは、じっさい、労働ではなくて労働者である。労働者が売るものは、彼の労働力である。彼の労働が現実に始まれば、それはすでに彼のものではなくなっており、したがってもはや彼によって売られることはできない。労働は、価値の実体であり内在的尺度ではあるが、それ自身は価値をもってはいないのである。(559)

第四章の解説で、賃労働者が売るのは労働力であって、労働ではないと述べましたが、より正確にいえば、ここでマルクスが指摘しているように、そもそも労働は販売することができるようなものではなく、価値も持っていません。もし労働者が生産手段を持っており、労働力を売ることなく労働できるのであれば、生産した使用価値が物質的な物であれ、無形のサーヴィスであれ、その使用価値を商品として販売するでしょう。賃労働者のように、生産手段をもっていないのであれば、労働は労働力を販売した後にその労働力の買い手の指揮の下に行われるのであり、もはやその労働は労働者のものではなく、彼によって売ることはできません。

また、このように、労働は商品にはならないのですから、当然、価値も持っていません。労働量は価値の大きさを規定しますが、労働それじたいは商品ではなく、価値を持たないのです。それにもかかわらず、以下にみるように、労働力の価値は必然的に労賃形態、すなわち「労働の価格」という形態をとって現れてくることになります。

「労働の価値」という転倒した表現は、生産関係そのものから生じる

「労働の価値」という表現では、価値概念はまったく消し去られているだけではなく、その反対物に変えられている。それは一つの想像的な表現であって、たとえば土地の価

値というようなものである。とはいえ、このような想像的な表現は生産関係そのものから生じる。それらは、本質的な諸関係の現象形態についてのカテゴリーである。現象では事物がしばしば転倒して示されるということは、経済学以外では、どの科学でもかなりよく知られていることである。(559)

労働力の価値と価格は労賃というそれらの転化形態においてどのように現れるか

かりに、慣習的な一労働日は一二時間、労働力の日価値は三シリングで、これは六労働時間を表わす価値の貨幣表現だとしよう。もし労働者が三シリングを受け取るならば、彼は一二時間機能する彼の労働力の価値を受け取るわけである。いま、この労働力の日価値が一日の労働の価値として表現されるならば、一二時間の労働は三シリングの価値をもつという定式が生ずる。労働力の価値は、このようにして、労働の価値を規定し、あるいは、貨幣で表わせば、労働の必要価格を規定する。反対に、労働力の価格が労働力の価値から乖離するならば、労働の価格もまたいわゆる労働の価値から乖離する。(561)

労賃形態は不払労働の存在を覆い隠す

さらに、明らかなように、一労働日の支払部分すなわち六時間の労働を表わしている三シリングという価値は、支払われない六時間を含む一二時間の一労働日全体の価値または価格として現われる。つまり、労賃という形態は、労働日が必要労働と剰余労働とに分かれ、支払労働と不払労働とに分かれることのいっさいの痕跡を消し去る。すべての労働が支払労働として現われるのである。夫役では、夫役民が自分のために行なう労働と彼が領主のために行なう強制労働とは、空間的にも時間的にもはっきりと感覚的に区別される。奴隷労働では、労働日のうち奴隷が彼自身の生活手段の価値を補塡するだけの部分、つまり彼が事実上自分のために労働する部分さえも、彼の主人のための労働として現われる。彼のすべての労働が不払労働として現われる。賃労働では、反対に、剰余労働または不払労働でさえも、支払われるものとして現われる。前のほうの場合には奴隷が自分のために労働することを所有関係がおおい隠すのであり、あとのほうの場合には賃労働者が無償で労働することを貨幣関係がおおい隠すのである。

このことから、労働力の価値と価格が労賃という形態に、すなわち労働そのものの価値と価格とに転化することの決定的な重要性がわかるであろう。このような、現実の関係を目に見えなくしてその正反対を示す現象形態は、労働者にも資本家にも共通ないっさいの法＝権利表象、資本主義的生産様式のいっさいの欺瞞、この生産様式のすべての自由幻想、俗流経済学のいっさいの弁護論的空論の基礎である。(562)

労働力の価値が労働の価格という形態をとって現れることの必然性

資本と労働とのあいだの交換は、人間の知覚には、さしあたりは他のすべての商品の売買とまったく同じ仕方で現われる。買い手はある貨幣額を与え、売り手は貨幣とは違ったある物品を与える。法＝権利的意識はここではせいぜい素材の相違を認めるだけで、それは、権利的な対等を意味する次のような言い方に表わされている。汝が与えるために我は与える、汝がなすために我は与える、汝が与えるために我はなす、汝がなすために我はなす。

さらに、［初版には以下の文章が続いている。「商品のあらゆる売買は、支払いをうけるものは商品の使用価値であるという幻想をともなっている。もっとも、この幻想は、どんなにちがった物品でも同じ価格をもっているし、また、同じ物品でも――それの使用価値またはこの使用価値にたいする欲望がかわらなくても――いろいろと違った価格をもっているという単純な事実にすでに躓いているのだが。」］交換価値と使用価値とはそれ自体としては通約のできない量なのだから、「労働の価値」とか「労働の価格」とかいう表現も、「綿花の価値」とか「綿花の価格」とかいう表現以上に不合理なものには見えない。そのうえに、労働者は自分の労働を提供したあとで支払を受けるということが加わってくる。(563)

現象形態の背後に隠されたものは科学によってはじめて発見されなければならない

ともかく、「労働の価値および価格」または「労賃」という現象形態は、現象となって現われる本質的な関係としての労働力の価値および価格とは区別されるのであって、このような現象形態については、すべての現象形態とその背後に隠されているものについて言えるのと同じことが言えるのである。現象形態のほうは普通の思考形態として直接にひとりでに再生産されるが、その背後にあるものは科学によってはじめて発見されなければならない。古典派経済学は真実の事態にかなり近く迫ってはいるが、それを意識的に定式化することはしていない。古典派経済学は、ブルジョアの皮にくるまれているかぎり、それができないのである。(564)

じっさい、もし「本質的な関係」と現象形態がまったく同じであれば、私たちが事柄を理解することはまったく難しくありません。近年も、マルクスが述べている「本質的関係」と私たちの眼前にある現象形態の違いを「根拠」に『資本論』の理論的意義を否定するような水準の低い議論が後を絶ちませんが、むしろ重要なのは、本質的関係から現象形態がなぜ、いかにして発生するかを明らかにすることなのです。

第一八章　時間賃金

本章では、労賃の典型形態である「時間賃金」について扱います。

時間賃金とは

労働力の売りは、われわれが記憶しているように、つねに一定の時間を限って行なわれる。それゆえ、労働力の日価値、週価値、等々が直接にとる転化形態は、「時間賃金」という形態、つまり日賃金、等々なのである。(565)

労働の価格と日賃金および週賃金の量的関係

労働者が自分の日労働や週労働などと引き換えに受け取る貨幣額は、彼の名目賃金、すなわちその価値で計算された労賃の額を形成する。しかし、明らかに、労働日の長さが違えば、つまり彼が一日に供給する労働量が違えば、それに応じて同じ日賃金や週賃金などが非常に違った労働の価格を、すなわち同量の労働にたいする非常に違った貨幣額を示すことがありうる。(565f)

ここでいう「労働の価格」とはある一定量の労働に対する価格であり、それゆえ一労働時間の価格を尺度としてその大小を測ることができます。労働の価格と日賃金および週賃金の量的関係は以下の数式で表すことができます。

$$\text{一労働時間の価格} = \frac{\text{労働力の日価値［労働力の一日の価値］}}{\text{慣習的な一労働日の時間数［慣習的な一日の労働時間］}}$$

日賃金＝一労働時間の価格×一日の労働時間

週賃金＝一労働時間の価格×一週間の労働時間

過少就業から生ずる苦悩の源泉

時間賃金の度量単位、一労働時間の価格は、労働力の日価値を慣習的な一労働日の時間数で割った商である。かりに一労働日は一二時間であり、労働力の日価値は三シリングで六労働時間の価値生産物だとしよう。一労働時間の価格はこの事情のもとでは三ペンスであり、その価値生産物は六ペンスである。ところで、もし労働者が一日に一二時間よりも少なく（または一週に六日よりも少なく）、たとえば六時間か八時間しか働かされないとすれば、彼は、この労働の価格では、二シリングか一1/2シリングの日賃金しか受け取らない。……人々は、前には過度労働の破壊的な結果を見たのであるが、ここでは過少就業から生ずる労働者の苦悩の源泉を見いだすのである。（567f）

このような異常な過少就業の結果は、労働日の一般的な強制法的な短縮の結果とはまったく違ったものである。前者は労働日の絶対的な長さにはなんの関係もなく、一五時間労働日の場合でも六時間労働日の場合でも同じように生じうる。（567）

資本にとっての時間賃金の「利点」

もし時間賃金が、資本家が日賃金や週賃金を支払う約束をしないで、ただ自分が労働者を働かせたいと思う労働時間の支払だけを約束するという仕方で確定されるならば、資本家は最初に時間賃金つまり労働の価格の度量単位の算定の基礎になった時間より短く労働者を働かせることができる。……今では資本家は、労働者に彼の自己維持のために必要な労働時間をゆるすことなしに、労働者から一定量の剰余労働を取り出すことができる。資本家は、就業の規則性をまったく無視して、ただ便宜や気ままや一時的な利害に従って極度の過度労働と相対的または全面的失業とをかわるがわるひき起こすことができる。彼は、「労働の正常な価格」を支払うという口実のもとに、労働者に相応の代償をなんら与えることなく、労働日を異常に延長することができる。(568)

低い労働の価格は労働時間延長への刺激として作用する

「労働の価格が与えられていれば、日賃金や週賃金は供給される労働の量によって定まる」という法則からは、まず第一に次のことが出てくる。すなわち、労働の価格が低ければ低いほど、労働者が単にみじめな平均賃金を確保するだけのためにも、労働量はますます大きくなければならず、言い換えれば、労働日はますます長くなければならない、ということである。この場合には労働の価格の低いことが労働時間を長くすることへの刺激として作用するのである。(570)

労働日延長は労働の価格の低下を引き起こす

［労働日の延長の結果、］一人が一1/2人分とか二人分とかの仕事をするようになれば、市場にある労働力の供給は変わらなくても、労働の供給は増大する。このようにして労働者のあいだにひき起こされる競争は、資本家が労働の価格を押し下げることを可能にし、労働の価格の低下は、また逆に資本家が労働時間をさらにいっそう引き延ばすことを可能にする。しかし、このような、異常な、すなわち社会的平均水準を超える不払い労働量を自由に利用する力はやがて、資本家たちのあいだの競争手段となる。商品価格の一部分は労働の価格から成っている。労働の価格のうちの支払われない部分は、商品価格では計算しなくてもよい。この部分は商品の買い手にただで贈ってもよい。これは、競争が駆り立てる第一歩である。競争が強要する第二歩は、労働日の延長によって生みだされる異常な剰余価値の少なくとも一部分を同様に商品の販売価格から除くことである。このようにして、異常に低い商品の販売価格がまずところどころに形成され、しだいに固定されて、以後はそれが過度な労働時間のもとでのみじめな労賃の不変な基礎になる。

(571)

本章の叙述から明らかだと思いますが、ここで問題になっているのは労働力の価値が

「時間賃金」という現象形態をとることにより、その「本質的関係」が隠蔽《いんぺい》されてしまうということだけではありません。むしろ重要なのは、そのような「時間賃金」という労働力価値の現象形態が、資本が賃労働者を搾取するための重要な手段となるということです。同じことは次章の「出来高賃金」にも当てはまります。

第一九章　出来高賃金

本章は、生産した生産物の量にしたがって賃金をうけとる「出来高賃金」について扱います。

出来高賃金は時間賃金の転化形態である

時間賃金が労働力の価値または価格の転化形態であるのと同じように、出来高賃金は時間賃金の転化形態にほかならない。(574)

ここで行なわれるのは、一個の価値をそれに具体化されている労働時間で計ることではなく、逆に、労働者の支出した労働を彼の生産した個数で計ることである。時間賃金の場合には労働がその直接的持続時間で計られ、出来高賃金の場合には一定の持続時間中に労働が凝固する生産物量で労働が計られるのである。労働時間そのものの価格は、結局は、日労働の価値＝労働力の日価値という等式によって規定されている。だから、出来高賃金はただ時間賃金の一つの変形でしかないのである。(576)

出来高賃金の場合には、労働の価格と日賃金は次のような量的関係をもっています。

生産物一個［一単位］あたりの労働の価格＝労働力の日価値／平均的な労働による一日の生産量

日賃金＝生産物一個あたりの労働の価格×一日の生産量

出来高賃金は大部分の労働監督を不要にする

出来高賃金の場合には労働の質や強度が労賃の形態そのものによって制御されるのだから、この形態は労働監督の大きな部分を不要にする。したがって、この形態は、前に述べた近代的家内労働の基礎をなすと同時に、搾取と抑圧との階層制的に編成されたシステムの基礎をなすのである。(577)

出来高賃金は労働の強度を高くすることを容易にする

出来高賃金が与えられたものであれば、労働者が自分の労働力をできるだけ集約的に緊張させるということは、もちろん労働者の個人的利益ではあるが、それが資本家にとっては労働の標準強度を高くすることを容易にするのである。(577)

時間賃金の場合には、わずかな例外を別とすれば、同じ機能には同じ労賃というのが一般的であるが、出来高賃金の場合には、労働時間の価格は一定の生産物量によって計られるとはいえ、日賃金や週賃金は、それとは反対に、労働者たちの個人差、すなわち一人は与えられた時間内に最小限の生産物しか供給せず、別の一人は平均量を、第三の一人は平均量よりも多くを供給するというような個人差につれて、違ってくる。だから、この場合には現実の収入については、個々の労働者の技能や体力や精力や耐久力などの相違に従って、大きな差が生ずるのである。……出来高賃金のほうが個性により大きい活動の余地を与えるということは、一方では労働者たちの個性を、したがってまた彼らの自由感や独立心や自制心を発達させ、他方では労働者どうしのあいだの競争を発達させるという傾向がある。それゆえ、出来高賃金は、個々人の労賃を平均水準よりも高くすると同時にこの水準そのものを低くする傾向があるのである。(578f)

マルクスは、この引用文で述べられている理由から、「出来高賃金は資本主義的生産様式に最もふさわしい労賃形態である」(580)と述べました。しかし、現実には、出来高賃金という労賃形態は徐々に採用されなくなっていきます。これにはさまざまな理由がありますが、とくに重要なのは、賃労働者たちが、労働の強度をたかめて多くの生産物を生産し、一時的に多くの賃金を手に入れたとしても、それが標準化すればやがて生産物一単位あたりの賃金を引き下げられてしまうということを経験的に学習し、出来高賃金のもとでも自発的には労働の強度を高めなくなっていったということです。

まさにこのような困難を突破するために資本によって考案されたのが「テイラー主義」です。これは、たんにノルマを課すというような労務管理の手法ではなく、作業工程そのものを徹底的に分析し、「合理化」することによって、構想と実行の分離、すなわちマルクスのいう頭の労働と手の労働の分離を遂行することを目指したものでした。これはまさにマルクスが第一三章で描いた大工業の原理を徹底しようとしたものにほかなりません。こうして、労働の強化は、資本が労働者から生産的な知を徹底的に剝奪《はくだつ》して自らに集中し、労働過程を資本のもとに実質的に包摂することによって成し遂げられていくことになります。

第二〇章　労賃の国民的相違

本章では、国によって労賃が高かったり、低かったりという事情がどのようにして発生するのかということが問題となります。もちろん、これには様々な事情が影響しますが、ここでは主に労働の強度と生産力の違いに焦点を当てています。

より資本主義が発展している国においては同じ時間により多くの価値を生産する

……個々の国々をその構成部分とする世界市場では……労働の中位の強度は国によって違っている。……これらの種々の国民的平均は一つの階梯をなしており、その度量単位は世界的労働の平均単位である。だから、強度のより大きい国民的労働は、強度のより小さい国民的労働に比べれば、同じ時間により多くの価値を生産するのであって、この価値はより多くの貨幣で表現されるのである。

しかし、価値法則は、それが国際的に適用される場合には、さらに次のようなことによっても修正される。すなわち、世界市場では、より生産的な国民的労働も、そのより生産的な国民が自分の商品の販売価格をその価値まで引き下げることを競争によって強制されないかぎり、やはり強度のより大きい国民的労働として数えられるということによって、である。（584）

より資本主義が発展している国のほうが名目労賃は高い

ある一国で資本主義的生産が発達していれば、それと同じ度合いでそこでは労働の国民的な強度も生産性も国際的水準を上回っている。だから、違った国々で同じ労働時間に生産される同種商品のいろいろに違った分量は、不等な国際的価値をもっており、これらの価値は、いろいろに違った価格で、すなわち国際的価値の相違に従って違う貨幣額で、表現されるのである。だから、貨幣の相対的価値［貨幣がある一国において、どれだけの社会的労働時間を表示しているか］は、資本主義的生産様式がより高く発達している国民のもとでは、それがあまり発達していない国民のもとでよりも小さいであろう。したがって、名目労賃、すなわち貨幣で表現された労働力の等価も、第一の国民のもとでは第二の国民のもとでよりも高いであろうということになる。（584）

剰余価値に比べての相対的な労働の価格はより資本主義が発展している国の方が低い
しかし、違った国々での貨幣価値のこのような相対的相違は別としても、しばしば見られるように、日賃金や週賃金などは第一の国民のもとでは第二の国民のもとでよりも高いが、相対的な労働の価格、すなわち剰余価値に比べての労働の価格も、生産物の価値に比べての労働の価格も、第二の国民のもとでのほうが第一の国民のもとでよりも高いのである。(584)

『資本論』第一巻では世界市場については本格的に検討されませんが、本章の内容は、現実のグローバルに展開する資本主義システムについて考察するさいの理論的基礎を提示していると考えてよいでしょう。

コラム５　『資本論』第一巻以降のマルクス

『資本論』第一巻刊行以降のマルクスの研究ノートには、いっけん『資本論』とは無関係にみえる、農芸化学、生理学、地質学、鉱物学、植物学、有機化学などの著作からの浩瀚《こうかん》な抜粋が含まれています。この晩年の自然科学抜粋を理解するための鍵《かぎ》となるのは、物質代謝という概念です。本文で詳論したように、資本主義は人間の生活過程である物質代謝を攪乱《かくらん》してしまいます。このような物質代謝の合理的制御の可能性を展望するために、マルクスは自然科学をも徹底的に研究したのです。

マルクスは『資本論』第一巻初版で「現代のあらゆる経済学者の諸著作よりも多くの光明を含んでいる」と激賞した農芸化学者リービッヒの見解さえも相対化し、物質代謝の論理を具体的に把握するための飽くなき探究の旅を続けました。たとえば、マルクスはカール・フラースの著作を集中的に抜粋し、物質代謝の攪乱をより多面的に把握するようになります。フラースは土地疲弊の原因などについてリービッヒと対立する見解をもち、気候変動の問題にも注目していました。マルクスのフラースの著作への取り組みはあくまでも一例にすぎません。マルクスは森林破壊や土地疲弊にかんする著作を一八七〇年代に入っても読み続けました。また、物質代謝の合理的な制御という観点から前近代的共同体の「生命力」にも注目し、それについての浩瀚な抜粋も作成しました。このような晩年の取り組みからも、マルクスがいかに根本的なところから資本主義の変革を構想していたかがわかるでしょう。

第七篇　資本の蓄積過程

第七篇では資本の蓄積過程、すなわち資本が価値増殖過程を繰り返すことにより、自らの資本の規模を拡大していくプロセスについて考察します。

ただし、ここでは資本の流通過程、すなわち資本が生産した商品がいかにして販売され、入手した貨幣でいかにして生産要素を購買するかというプロセスについては考察しません。これは『資本論』第二巻で考察されることになります。それゆえ、本篇では、こうした資本の流通過程は滞りなく、進行するということが前提されます。

また、価値増殖活動を直接に組織する資本家が取得する剰余価値は、利子や商業利得、地代などとして他の資本家や地主の手に渡っていきますが、これについても考察しません。これは『資本論』第三巻で考察されることになります。それゆえ、本篇では、生産活動を組織する資本家が全剰余価値の所有者だと見なされることになります。

第二一章　単純再生産

再生産過程

生産過程は、その社会的形態がどのようであるかにかかわりなく、連続的でなければならない。言い換えれば、周期的に絶えず繰り返し同じ諸段階を通らなければならない。社会は、消費をやめることができないように、生産をやめることもできない。それゆえ、どの社会的生産過程も、それを一つの恒常的な関連のなかで、またその更新の不断の流れのなかで見るならば、同時に再生産過程なのである。(591)

資本主義的な再生産過程

もし生産が資本主義的形態のものであれば、再生産もそうである。資本主義的生産様式では労働過程はただ価値増殖過程の一手段として現われるだけであるが、同様に再生産もただ前貸価値を資本として、すなわち自己増殖価値として再生産するための一手段として現われるだけである。資本家という経済的扮装がある人間に固着しているのは、ただ彼の貨幣が絶えず資本として機能しているということだけによるのである。たとえば一〇〇ポンドの前貸貨幣額が今年資本に転化して二〇ポンドの剰余価値を生むとすれば、それは来年もそれから先も同じ働きを繰り返さなければならない。資本価値の周期的増加分、または過程進行中の資本の周期的果実としては、剰余価値は資本から生ずる収入という形態を受け取る。(591f)

単純再生産

もしこの収入が資本家にとってただ消費ファンドとして役だつだけならば、言い換えれば、周期的に得られる分と同じだけ周期的に消費されるならば、他の事情が変わらないかぎり、単純再生産が行なわれる。この単純再生産は、同じ規模での生産過程の単なる繰り返しであるとはいえ、この単なる繰り返しまたは連続がこの過程にいくつかの新しい性格を刻印するのである。または、むしろ、それを単なる個別的な過程のように見せる外観上の性格を解消させるのである。(592)

ここでマルクスが述べているように、本章のポイントとなるのは、個別的な資本主義的生産過程だけを見ていたのではわからなかったことが、それを連続的な再生産過程としてとらえることによって見えてくるということです。この点を念頭におきながら、以下を読み進めていきましょう。

可変資本は労働ファンドの特殊な歴史的現象形態でしかない

……労賃の形で絶えず労働者の手に還流するのは、労働者自身によって絶えず再生産される生産物の一部分である。資本家は労働者に商品価値を、もちろん貨幣で支払う。だが、この貨幣はただ労働生産物の転化した形態でしかない。労働者が生産手段の一部分を生産物に転化させているあいだに、彼の以前の生産物の一部分は貨幣に再転化する。先週とか過去半年間とかの彼の労働によって彼の今日の労働とか今後半年間の労働とかが支払を受けるのである。貨幣形態が生みだす幻想は、個別資本家や個別労働者に代わって資本家階級と労働者階級とが考察されるならば、たちまち消え去ってしまう。資本家階級は労働者階級に、後者によって生産されて前者によって取得される生産物の一部分を指示する証文を、絶えず貨幣形態で与える。この証文を労働者は同様に絶えず資本家階級に返し、これによって、彼自身の生産物のうちの彼自身のものになる部分を資本家階級から引き取る。生産物の商品形態と商品の貨幣形態とがこの取引を変装させるのである。

こういうわけで、可変資本は、ただ、労働者が彼の自己維持と再生産とのために必要とし社会的生産のどんなシステムのもとでもつねに自分で生産し再生産しなければならない生活手段ファンドまたは労働ファンドの一つの特殊な歴史的現象形態でしかない。

(592f)

単純再生産においても長期の期間のあとには資本は剰余価値のかたまりになる

一〇〇〇ポンドの資本で周期的に生産される剰余価値、たとえば毎年生産される剰余価値が二〇〇ポンドであって、この剰余価値が毎年消費されるとすれば、この過程が五年繰り返されたあとでは消費された剰余価値の総額は五×二〇〇だということ、言い換えれば、最初に前貸しされた資本価値一〇〇〇ポンドに等しいということは明らかである。……資本家が、自分は他人の不払労働の産物である剰余価値を消費して最初の資本価値を保持しているのだと考えても、その考え方によって事実を変えることは絶対にできない。ある年数が過ぎたあとでは、彼が所有する資本価値は同じ年数のあいだに等価なしで取得した剰余価値の総額に等しく、彼が消費した価値額は最初の資本価値に等しい。……

だから、およそ蓄積というものを無視しても、生産過程のたんなる連続でも、すなわち単純再生産でも、長期の期間のあとには、どの資本をも必然的に蓄積された資本、あるいは資本化された剰余価値に転化させるのである。資本そのものが生産過程にはいったときにはその使用者が自分で働いて得た財産だったとしても、遅かれ早かれ、それは、等価なしで取得された価値、または、貨幣形態にあろうとなかろうと、他人の不払労働の物質化になるのである。（594f）

ここの部分はややわかりにくいかもしれませんので、念のため解説しておきましょう。この例では、資本家は一〇〇〇ポンドの資本をもっており、これを一年間投資することによって二〇〇ポンドの剰余価値を獲得できます。単純再生産ですから、この二〇〇ポンドはすべて資本家の収入となり、毎年、彼が生活するために消費されます。このとき、もし資本家がはじめにもっている一〇〇〇ポンドを資本として用いず、消費してしまったらどうなるでしょうか。資本家が生きていくためには毎年二〇〇ポンドが必要なのですから、彼ははじめの一〇〇〇ポンドを五年で使い尽くしてしまうでしょう。

それゆえ、彼は一〇〇〇ポンドを資本として用いることにより、たんに毎年二〇〇ポンドの収入をえることができたというだけではありません。彼は自分の生活を剰余価値によって賄うことによって、一〇〇〇ポンドを資本として維持したのです。つまり、資本家が一〇〇〇ポンドを維持するには、それを資本として使用し、剰余価値を取得することによって自らの人格を再生産しなければなりません。このように、たとえ資本蓄積をまったくしないとしても、一〇〇〇ポンドの資本は他人の不払労働の取得の結果としてしか存在することができません。だからこそ、マルクスは、はじめの一〇〇〇ポンドは他人の不払労働の物質化になると述べているのです。

単純再生産において資本主義的生産の前提条件である生産手段と労働力の分離が再生産される

われわれが第四章で見たように、貨幣を資本に転化させるためには、商品生産と商品流通とが存在するだけでは足りなかった。まず、一方には価値または貨幣の所持者、他方には価値を創造する実体の所持者が、一方には生産手段と生活手段との所持者、他方にはただ労働力だけの所持者が、互いに買い手と売り手として相対していなければならなかった。つまり、労働生産物と労働そのものとの分離、客体的な労働条件と主体的な労働力との分離が、資本主義的生産過程の事実として与えられた基礎であり出発点だったのである。

　ところが、はじめはただ出発点でしかなかったものが、過程のたんなる連続、単純再生産によって、資本主義的生産の特有な結果として絶えず繰り返し生産されて永久化されるのである。一方では生産過程は絶えず素材的富を資本に転化させ、資本家のための価値増殖手段と享楽手段とに転化させる。他方ではこの過程から絶えず労働者が、そこに入ったときと同じ姿で――富の人格的源泉ではあるがこの富を自分のために実現するあらゆる手段を失っている姿で――出てくる。彼がこの過程にはいる前に、彼自身の労働は彼自身から疎外され、資本家のものとされ、資本に合体されているのだから、その労働はこの過程のなかで絶えず他人の生産物に対象化されるのである。生産過程は同時に資本家が労働力を消費する過程でもあるのだから、労働者の生産物は、絶えず商品に転化するだけではなく、資本に、すなわち価値を創造する力を搾取する価値に、人格を買う生活手段に、生産者を使用する生産手段に、転化するのである。それだから、労働者自身は絶えず客体的な富を、資本として、すなわち彼にとって疎遠な、彼を支配し搾取する力として、生産するのであり、そして資本家もまた絶えず労働力を、主体的な、それ自身を対象化し実現する手段から切り離された、抽象的な、労働者の単なる肉体のうちに存在する富の源泉として、生産するのであり、簡単に言えば労働者を賃労働者として、生産するのである。このような、労働者の不断の再生産または永久化が、資本主

義的生産の不可欠の条件なのである。(595f)

ここの部分は『資本論』第一巻の全体の理論構成を理解する上でも非常に重要な箇所になります。すでに第四章でみたように、資本主義的生産が可能になるには、たんに商品流通が存在するだけでなく、価値を創造することができる唯一の商品、すなわち労働力商品が存在しなければならず、労働力商品が存在するには労働者たちが生産手段から分離されていなければなりませんでした。このような条件が歴史的にどのように形成されるかは第二四章でみることになりますが、ともかく、なんらかの歴史的経緯のなかで、このような生産手段と労働力の分離がなされていることが資本主義的生産が成立するための前提条件でした。ところが、資本主義的生産は、それがいったん成立するやいなや、再生産過程をつうじて、自らの前提条件である生産手段と労働力の分離をも絶えず再生産するのです。

ここでとくに重要なのは、傍線部からもわかるように、この再生産がまさに特殊な様式での労働、すなわち賃労働によって可能になっているということです。たしかに資本家は生産手段と労働力を購買し、生産を組織しますが、現実に労働するのは賃労働者たちにほかなりません。この賃労働者たちが自分たちの労働を「資本家のもの」として行うからこそ、彼らは「絶えず客体的な富を、資本として、すなわち彼にとって疎遠な、彼を支配し搾取する力として、生産する」のであり、また、資本家は、そのような賃労働者自身が生み出した、賃労働者を「支配し、搾取する力」によって賃労働者を支配し、従属させ、労働力と生産手段の分離を生産するのです。まさに、賃労働者たちの賃労働こそが、賃労働者たちを支配する力を再生産し、賃労働の前提条件である労働力と生産手段の分離を再生産していることがわかります。

すでに第一章において物象化を克服するには、それを生み出す私的労働をアソシエーションにおける共同的な労働に置き換えなければならないことが示唆されていました。ここでは、私的労働が資本主義的生産においてとる、より具体的な形態である賃労働が、より高度な物象化された関係である資本主義的生産関係を再生産し、その前提である生産手段との分離を再生産していること、したがってそれを克服するには、賃労働を生産手段との結びつきを回復した自由な労働に置き換えなければならないことが示されていると言えるでしょう。この点については、また後で立ち返ることになります。

資本は労働者階級の再生産を安んじて労働者の自己維持本能と生殖本能にゆだねる

資本家が彼の資本の一部分を労働力に転換すれば、それによって彼は彼の総資本を増殖する。彼は一石で二鳥を落とす。彼は、自分が労働者から受け取るものからだけではなく、自分が労働者に与えるものからも利得する。労働力と引き換えに手放される資本は生活手段に転化され、この生活手段の消費は、現存する労働者の筋肉や神経や骨や脳を再生産して新しい労働者を生みだすことに役だつ。それゆえ、絶対的に必要なものの範囲内では、労働者階級の個人的消費は、資本によって労働力と引き換えに手放された生活手段の、資本によって新たに搾取されうる労働力への再転化である。それは、資本家にとって最も不可欠な生産手段である労働者そのものの生産であり再生産である。つまり、労働者の個人的消費は、それが作業場や工場などのなかで行なわれようと外で行なわれようと、労働過程のなかで行なわれようと外で行なわれようと、つねに資本の生産および再生産の一契機なのであり、ちょうど機械の掃除が、労働過程で行なわれようとその一定の中休み時間に行なわれようと、つねに資本の生産および再生産の一契機であるのと同じである。労働者は自分の個人的消費を自分自身のために行なうのであって資本家を喜ばせるために行なうのではないということは、少しも事柄を変えるものではない。たとえば、役畜の食うものは役畜自身が味わうのだからといって、役畜の行なう消費が生産過程の一つの必然的な契機だということに変わりはない。労働者階級の不断の維持と再生産も、やはり資本の再生産のための恒常的な条件である。資本家はこの条件の充足を安んじて労働者の自己維持本能と生殖本能とにゆだねることができる。（597f）
第八章で労働日を考察したときには、賃労働者の一日の生活時間は労働日と自由時間に分割されました。ところが、再生産過程としてみた場合には、このような区別は相対化されます。というのも、自由時間に賃労働者がおこなう個人的消費や休息もまた、それが資本にとって不可欠な労働力を再生産するものである以上、「つねに資本の生産および再生産の一契機」であるからです。

とはいえ、資本の支配下にある賃労働とは異なり、自由時間におこなわれる個人的消費や休息について、資本はそれを命令したり、管理したりする必要はありません。資本家は労働力の再生産を「安んじて労働者の自己維持本能と生殖本能とにゆだねることができる」のです。ですから、労働力の再生産過程は資本の再生産の一契機をなすにもかかわらず、資本はその再生産過程じたいには何のコストも費やす必要はありません。資本はただ自らが使用する労働力の対価として、労働力の再生産に必要な商品を購買するための貨幣を支払いさえすればよいのです。まさに「一石で二鳥を落とす」というわけです。

労働者階級は資本の付属物である

こういうわけで、社会的立場から見れば、労働者階級は、直接的労働過程の外でも、生命のない労働用具と同じように資本の付属物である。労働者階級の個人的消費でさえも、ある限界のなかでは、ただ資本の再生産過程の一契機でしかない。しかし、この過程は、このような自己意識のある生産用具が逃げてしまわないようにするために、彼らの生産物を絶えず一方の極の彼らから反対の極の資本へと遠ざける。個人的消費は、一方では彼ら自身の維持と再生産とが行なわれるようにし、他方では、生活手段をなくしてしまうことによって、彼らが絶えず繰り返し労働市場に現われるようにする。ローマの奴隷は鎖によって、賃労働者は見えない糸によって、その所有者につながれている。賃労働者の独立という外観は、個々の雇い主が絶えず替わることによって、また契約という法的擬制によって維持される。

以前には、資本は、自分にとって必要だと思われた場合には、自由な労働者にたいする自分の所有権を強制法によって発動させた。たとえば、機械労働者の移住はイングランドでは一八一五年に至るまで重刑をもって禁止されていた。（598f）

この引用文にあるように、労働者階級は、自分たちの賃労働がたえず再生産する資本主義的生産関係のもとで、たえず労働力を販売し、賃労働をおこなうことを強制されます。ローマの奴隷のように直接的な強制力によって所有者につながれ、剰余労働を強制されるわけではありませんが、商品経済において生活手段を購買しなければならないという「見えない糸」によって資本家階級につながれ、剰余価値生産を強制されるのです。資本主義社会においては、賃労働者は資本の付属物となり、資本家階級にたいする「経済的隷属」

を強いられることになります。(603)

先ほどの引用では、労働者の自由時間もまた資本の再生産の一契機をなしているにもかかわらず、その自由時間におこなわれる労働力の再生産を「安んじて労働者の自己維持本能と生殖本能とにゆだねることができる」ことを確認しましたが、だからといって資本が労働者の自由時間になんの介入もしないというわけではありません。資本が直接に手をくだすわけではありませんが、近代国家の手を借りて、賃労働者たちの生活過程全般に対して介入し、自由時間に行われる個人的消費や休息が労働力の再生産という資本の目的に合致するように制御しようとします。一番わかりやすいのは、ここでも挙げられている労働力の数を調整するための労働者の移動の制限ないし管理ですが（これはいまでも出入国管理として行われています）、それにとどまりません。近代国家は社会から徴収した税によって、治安や公衆衛生、都市機能、社会保障制度などを整備し、資本主義的生産様式に不可欠な労働力の再生産を保障する役割を果たすのです。

後でみるように、このような介入は、資本主義的生産様式だけによっては確保することができない生活条件を国家によって補完するという面もあり、一概に否定的に捉《とら》えられるものではありません。近代国家による介入がより積極的な性格をもつか、それともより否定的な性格をもつかは、資本と賃労働の力関係に依存することになります。

第二二章　剰余価値の資本への転化

第一節　拡大された規模での資本主義的生産過程
商品生産の所有法則の資本主義的取得法則への転回

資本蓄積

剰余価値の資本としての使用、または剰余価値の資本への再転化は、資本の蓄積と呼ばれる。(605)

剰余価値を資本に転化し、資本の規模を拡大することを資本蓄積と言います。まれに資本の価値増殖と資本蓄積を区別していない研究者がいますが、両者は概念的にはまったく別のものです。単純再生産においても価値増殖はおこなわれますが、剰余価値がすべて資本家によって消費されるので、資本蓄積は行われません。本章では、剰余価値が資本に転化され、再生産が拡大再生産として行われるケースについて考察していきます。

他人労働を搾取すればするほど、より大きな規模で他人労働を搾取することができる

最初の一〇、〇〇〇ポンドの資本は、二〇〇〇ポンドの剰余価値を生み、それが資本化される。あらたな二〇〇〇ポンドの資本は四〇〇ポンドの剰余価値を生む。これがまた資本化されて、つまり第二の追加資本に転化されて新たな剰余価値八〇ポンドを生み、同じことが繰り返される。(607)

第一の追加資本二〇〇〇ポンドの蓄積の前提は、資本家が前貸しし、彼の「最初の労働」によって彼のものになっている一〇、〇〇〇ポンドという価値額だった「最初の資本額は自己労働の産物だと想定されている」。ところが、第二の追加資本四〇〇ポンドの前提は、第一の追加資本二〇〇〇ポンドの蓄積が先に行なわれているということにほかならないのであって、第二の追加資本は第一の追加資本の剰余価値が資本化したものである。過去の不払労働の所有が、今では、生きている不払労働をますます大きな規模でいま取得するためのただ一つの条件として現われるのである。資本家が蓄積したものが多ければ多いほど、ますます多く彼は蓄積することができるのである。(609)

商品生産の所有法則は資本主義的取得法則へと転回する

このように、資本主義的取得様式は商品生産の本来の諸法則にはまっこうからそむくように見えるとはいえ、それはけっしてこの諸法則の侵害から生まれるのではなく、反対にこの諸法則の適用から生まれるのである。資本主義的蓄積を終結点とする一連の運動段階を簡単に振り返ってみれば、このことはいっそう明らかになるであろう。

われわれがはじめにみたように、ある価値額の資本への最初の転化は、まったく交換の諸法則にしたがって行われた。契約当事者の一方は自分の労働力を売り、他方はそれを買う。前者は自分の商品の価値を受け取り、それと同時に、その商品の使用価値——労働——は後者に引き渡されている。そこで、後者は、すでに彼のものである生産手段を、やはり彼のものである労働の助けによって、ある新しい生産物に転化させるのであって、この生産物もまた正当な権利として彼のものである。

この生産物の価値は、第一に、消費された生産手段の価値を含んでいる。……

新たな生産物の価値は、さらに、労働力の価値の等価と剰余価値とを含んでいる。しかも、それを含んでいるのは、幾日とか幾週とかいう一定の期間を定めて売られる労働力のもっている価値が、同じ期間にその労働力の使用がつくりだす価値よりも小さいからである。とはいえ、労働者は、自分の労働力の交換価値を支払ってもらい、それと同時にその使用価値を手放したのである――どの売買でもそうであるように。

この特殊な商品、労働力が、労働を供給し、したがって価値を創造するという、独特な使用価値をもっているということも、商品生産の一般的法則には影響を与えない。だから、労賃として前貸しされた価値額が生産物のうちにただたんに再現するだけではなく、剰余価値のぶんだけ増えて現われるとしても、それは、売り手をだますことから起きるのではなく、売り手はたしかに自分の商品の価値を受け取っているのであって、それはただ買い手がこの商品を消費することから起きるだけである。

交換の法則が要求する同等性は、ただ、交換によって互いに引き渡される商品の交換価値の同等性だけである。しかも、交換の法則は、これらの商品の使用価値の相違をはじめから要件としているのであって、取引が終了してからはじめて始まるこれらの使用価値の消費とはまったくなんの関係もない。

だから、貨幣の資本への最初の転化は、商品生産の経済的諸法則とも、そこから派生する所有権とも、最も厳密に一致して行なわれるのである。だが、それにもかかわらず、この転化は次のような結果を生む。

（1）生産物は資本家のものであり、労働者のものではない。

（2）この生産物の価値は、前貸資本の価値のほかに剰余価値を含んでおり、この剰余価値は労働者には労働を費やさせたが、資本家にはなにも費やさせなかったにもかかわらず、資本家の正当な所有物となる。

（3）労働者は引き続き自分の労働力を保持していて、買い手が見つかりしだい再びそれを売ることができる。（610f）

今日機能している資本が経てきた周期的再生産や先行した蓄積の列がどんなに長くても、この資本はいつでもその最初の処女性を保持している。個別的にみた、それぞれの交換行為で交換の諸法則が守られるかぎり、取得様式は、商品生産に適合した所有権には少しも触れることなしに、全面的な変革をこうむることができる。同じこの権利は、生産物が生産者のものであって生産者は等価と等価とを交換しつつただ自分の労働によってのみ富を得ることができるという最初の時期に有効であるのと同様に、資本主義時代にも、すなわち、社会の富が、ますます大きくなる度合いで、絶えず繰り返し他人の不払労働を取得する地位にある人々の所有になるという時代にも、有効なのである。（613）

すでに第二章で、資本主義社会における所有が物象の力にもとづく近代的な所有となることをみました。この「商品生産の所有法則」は、すでに第五章でみたところからも明らかなように、他人労働を取得する権利に転化します。というのも、物象の所持者が互いの物象を欲し、売買の契約を取り結ぶ場合には、物象の等価性しか問題にならないからです。たとえば、資本家が労働力の価値を賃労働者に支払い、他方で賃労働者が自ら労働力の処分権を資本家に引き渡すとすれば、このとき、両者は互いに自分の意志にもとづいて交換をおこない、しかも等しい価値をもつ物象どうしを交換したことになるでしょう。この取引は「商品生産の所有法則」にしたがえば、完全に正当です。

しかし、その結果はどうでしょうか。資本家は賃労働者から買った労働力を消費し、他人の労働の成果を手に入れ、剰余価値を取得することができます。他方、賃労働者は自らの労働の成果を手に入れることはできません。受け取った労賃で自らの労働力の再生産を賄うことができるだけです。

どうしてこのようなことが可能なのでしょうか。それは、商品生産の所有法則が物象の力によって成り立っているからにほかなりません。所有している商品の使用によってどのような結果がもたらされようと、その所有が自由な等価交換にもとづくかぎり、それは正当なものだとされるのです。

それゆえ、資本家と賃労働者の等価交換においては、「商品生産の所有法則」は他人労働を取得する権利へと転化してしまいます。つまり、物象化された関係が必然的に生み出す近代的所有の原則に従うかぎり、資本家はなんの正当性も失うことなく他人労働を搾取し、取得することが可能なのです。

それだけではありません。資本家はもともと持っている資本価値だけでなく、剰余価値を資本に転化し、蓄積された資本をもちいてさらに他人労働を搾取します。つまり、他人労働の搾取の成果によって他人労働を搾取することができるのです。こうして、「商品生産の所有法則」は、他人の剰余労働によって他人の剰余労働を取得する権利にさえ、転化してしまいます。まさに、「個別的にみた、それぞれの交換行為で交換の諸法則が守られるかぎり、取得様式は、商品生産に適合した所有権には少しも触れることなしに、全面的な変革をこうむることができる」のです。

商品生産は賃労働がその基盤となるときにはじめて全面化する

このような結果は、労働力が労働者自身によって商品として自由に売られるようになれば、不可避的になる。しかしまた、そのときからはじめて商品生産は一般化されるのであって、それが典型的な生産形態になるのである。そのときからはじめて、どの生産物もはじめから販売のために生産されるようになり、いっさいの生産された富が流通を通るようになる。賃労働がその基礎となるとき、はじめて商品生産は自分を全社会に押しつける。しかしまた、そのときはじめて商品生産はそのいっさいの隠された力を発揮する。賃労働の介入は商品生産を不純にする、と言うことは、商品生産は不純にされたくなければ発展してはならない、と言うことである。商品生産がそれ自身の内在的諸法則に従って資本主義的生産に成長してゆくのにつれて、それと同じ度合いで商品生産の所有法則は資本主義的取得の諸法則に一変するのである。（613）

それゆえ、人々はプルードンのずるさに驚くのである。彼は、資本主義的所有に対立させて商品生産の永遠の所有法則を有効にすることによって、資本主義的所有を廃止しようとするのだ！（613）

第二節　拡大された規模での再生産にかんする経済学上の誤った見解

ブルジョア経済学にとって決定的に重要だったのは、資本の蓄積を市民の第一の義務として告げることだったのであり、また、出費するよりも多くのものをもたらす追加的な生産的労働者を獲得するために収入のかなりの部分を支出するということをしないで、収入の全部を食べ尽くしてしまうのでは、蓄積することはできない、と飽きることなく説教することだったのである。（614f）

だが、古典派経済学の誤りもまたここから始まる。アダム・スミスは、蓄積をただ生産的労働者による剰余生産物の消費として説明すること、または、剰余価値の資本化を剰余価値がただ労働力に転換されることとして説明することを、はやらせた。(615)

第三節　剰余価値の資本と収入とへの分割　禁欲説

剰余価値の消費ファンドと蓄積ファンドへの分割は資本家の意志行為である

剰余価値の量が与えられていれば、これらの部分の一方［資本家の個人的な消費にあてられる部分。消費ファンド］が小さければ小さいほど他方［資本蓄積にあてられる部分。蓄積ファンド］はそれだけ大きいであろう。他の事情はすべて変わらないと仮定すれば、この分割が行なわれる割合は蓄積の大きさを決定する。しかし、だれがこの分割を行なうかといえば、それは剰余価値の所有者、つまり資本家である。だから、この分割は資本家の意志行為である。(618)

資本家は、人格化された資本として、より高度な社会形態のための物質的生産条件の創造を人類に強制する

資本家はただ人格化された資本であるかぎりでのみ、一つの歴史的な価値とあの歴史的存在権、すなわち機知に富んだリヒノフスキー［シュレージェンの反動的な大地主］の言葉で言えば、日付のないものではない存在権をもっているのである。ただそのかぎりでのみ、彼自身の一時的な必然性は資本主義的生産様式の一時的な必然性のうちに含まれるのである。だがまた、そのかぎりでは、使用価値と享楽がではなく、交換価値とその増殖とが彼の推進的動機なのである。価値増殖の狂信者として、彼は容赦なく人類に生産のための生産を強制し、したがってまた社会的生産諸力の発展を強制し、そしてまた、各個人の十分な自由な発展を根本原理とするより高度な社会形態の唯一の現実の基礎となりうる物質的生産条件の創造を強制する。ただ資本の人格化としてのみ、資本家は尊重される。このようなものとして、彼は貨幣蓄蔵者と同様に絶対的な致富欲をもっている。だが、貨幣蓄蔵者の場合に個人的な熱中として現われるものは、資本家の場合には社会的メカニズムの作用なのであって、このメカニズムのなかでは彼は一つの動輪でしかないのである。そのうえ、資本主義的生産の発展は一つの産業的企業に投ぜられる資本がますます大きくなることを必然的にし、そして、競争は各個の資本家に資本主義的

生産様式の内在的な諸法則を外的な強制法則として押しつける。競争は資本家に自分の資本を維持するために絶えずそれを拡大することを強制するのであり、また彼はただ累進的な蓄積によってのみそれを拡大することができるのである。(618)

現代化した資本家は資本蓄積をみずからの享楽衝動の「禁欲」として理解する

だが、原罪の結果はどこにも現われる。資本主義的生産様式が発展し蓄積が増進し富が増大するにつれて、資本家は資本の単なる化身ではなくなる。彼は自分自身のアダムに「人間的な共感」をおぼえる。そして、禁欲への熱中を古風な貨幣蓄蔵者の偏見として嘲笑するように教育される。古典的な資本家は、個人的消費に、資本家の職分に反する罪悪であり、蓄積の「抑制」であるという刻印を押すのであるが、現代化された資本家は、蓄積を彼の享楽欲の「禁欲」として理解することができるのである。「彼の胸には、ああ、二つの魂が住んでいて、それが互いに離れたがっているのだ!」(619f)

蓄積せよ、蓄積せよ! これがモーセであり、預言者である!

蓄積せよ、蓄積せよ! これがモーセであり、預言者である! 「勤勉は材料を与え、それを倹約が蓄積する。」だから、倹約せよ、倹約せよ！　すなわち、剰余価値または剰余生産物のできるだけ大きな部分を資本に再転化させよ！　蓄積のための蓄積、生産のための生産、この定式のなかに古典派経済学はブルジョア時代の歴史的使命を言い表わした。古典派経済学は富の生みの苦しみについては一瞬も思い違いはしなかった。だが、歴史的必然を嘆いてもなんの役に立つだろうか？　古典派経済学にとっては、プロレタリアはただ剰余価値を生産するための機械として認められるだけだとすれば、資本家もまたただこの剰余価値を剰余資本に転化させるための機械として認められるだけである。古典派経済学は資本家の歴史的機能を大まじめに問題にする。(621)

第四節　資本と収入への剰余価値の分割比率とは別に蓄積の規模を規定する諸事情

労働力の搾取度――労働の生産力――使用される資本と消費される資本との差額の増大――前貸資本の大きさ

ここでは、これまで見てきた様々な要素、たとえば労働日の延長として現れる労働力の弾力性、自然の無償性、労働の生産力の発展が、資本の膨張力として、すなわち資本蓄積の急激な拡大をもたらす力として現れることが論じられています。

労働力の弾力性および自然の無償性による蓄積ファンドの増大

……ある工場では一〇〇人の労働者が八時間労働で八〇〇労働時間を供給するとしよう。もし資本家がこの総計を半分だけ大きくしようと思うならば、彼は五〇人の新しい労働者を雇えばよい。しかし、その場合には彼は新たな資本を、賃金のためだけではなく、労働手段のためにも前貸ししなければならない。だが、彼はもとからの一〇〇人の労働者に八時間ではなく一二時間労働させてもよいのであって、その場合には前からある労働手段だけで十分であり、ただそれがいっそう速く痛むだけである。こうして、労働力のいっそう大きい緊張によって生みだされる追加労働は、剰余生産物と剰余価値、つまり蓄積の実体を、不変資本部分の比例的増大なしに、増大させることができるのである。

採取産業、たとえば鉱山業では、原料は前貸資本の構成部分にはならない。労働対象はここでは過去の労働の生産物ではなく、自然から無償で贈られたものである。金属鉱石、鉱物、石炭、石材などがそれである。ここでは不変資本はほとんどただ労働手段だけからなっており、この労働手段は労働量が増加しても（たとえば労働者の昼夜交替）十分まにあうものである。しかし、そのほかの事情はすべて変わらないとすれば、生産物の量も価値も使用労働に正比例して増加するであろう。はじめて生産が始まった日にそうだったように、ここでは、本源的な生産物形成者であり、したがってまた資本の素材的諸要素の形成者でもある人間と自然とが、協力する。労働力の弾力性のおかげで、蓄積の領域が、あらかじめ不変資本が拡大されることなしに拡大されてきたのである。（629f）

一般的に結論すれば次のようになる。資本は、富の二つの本源的形成者である労働力と土地とを自分に合体することによって、一つの膨張力を獲得するのであって、これによって資本は、外観上は資本自身の大きさによって画されている限界を越えて、すなわち資本の定在がそのなかにあるところのすでに生産されている生産手段の価値と量とによって画されている限界を越えて、それ自身の蓄積の諸要素を拡大することができるのである。（630f）

科学や技術は資本の膨張力を形成する

化学の進歩は、すべて、有用な素材の数をふやし、すでに知られている素材の利用を多様にし、したがって資本の増大につれてその投下部面を拡大するが、ただそれだけではない。それは、同時に、生産過程と消費過程との排泄物を再生産過程の循環のなかに投げ返すことを教え、したがって、先行する資本投下を必要としないで新たな資本素材をつくりだす。ただたんに労働力の緊張度を高めることによって自然の富の利用を増進するように、科学や技術は、現に機能している資本の与えられた大きさにはかかわりのない資本の膨張力を形成する。同時に、科学や技術は、原資本のうちのすでに更新期にはいった部分にも反作用する。原資本は、その新たな形態のなかに、その古い形態の背後で行なわれた社会的進歩を無償で取り入れる。(632)

第五節　いわゆる労働ファンド

この研究の過程で明らかになったように、資本はけっして固定した量ではなく、社会的富のうちの弾力性のある一部分であり、剰余価値が収入と追加資本とにどう分かれるかにしたがって絶えず変動する一部分である。さらに、われわれが見たように、現に機能している資本の大きさは与えられたものであっても、これに合体される労働力や科学や土地(土地は、経済学的には、人間の助力なしに天然に存在する労働対象のすべてを含むものと考えてよい)はこの資本の弾力的な力をなすものであって、これらの力はこの資本に、ある限界のなかでは、資本そのものの大きさにはかかわりのない作用範囲を許すのである。……古典派経済学は、以前から、社会的資本を固定した作用度をもつ一つの固定した量と考えることを好んだ。しかし、この偏見をはじめてドグマとして固定したのは、生粋の俗物ジェレミ・ベンサム、この、一九世紀の平凡な市民常識のおもしろくもない知ったかぶりで多弁な託宣者だった。……このドグマは、ベンサム自身によっても、またマルサスやジェームズ・ミルやマカロックなどによっても、弁護論的な目的のために利用された。ことに、資本の一部分である可変資本、すなわち労働力に転換される資本を、一つの固定量として説明するために、利用された。可変資本の素材的存在、すなわち労働者にとって可変資本が表している生活手段量、またはいわゆる労働ファンドは、社会的富のうちの、自然の鎖で区切られていて越えることのできない特殊部分にでっちあげられた。……このドグマの根底にある事実は次のようなものである。一方では、労働者は、非労働者の享楽手段と生産手段とへの社会的富の分割に口出しはできないということ、他方では、労働者は、ただ例外的な恵まれた場合にのみ、富者の「収入」の犠牲においていわゆる「労働ファンド」を拡大することができるということである。(636f)

ここで指摘されているように、前節でみた資本の弾力性を理解しておくことによって、さまざまな経済学的誤謬《ごびゅう》に陥ることを回避することができます。ここでは労働ファンドを固定量として把握する謬論が批判されていますが、それにかぎりません。たとえば、このような資本の弾力性を考慮にいれることなく、『資本論』第二巻で登場する社会的総資本の再生産を表現した「再生産表式」によって、資本蓄積の運動を把握できると考えるのはおよそ一面的な見方でしかありません。にもかかわらず、そのような見方は「マルクス経済学」の内部において猛威をふるってきました。ここで詳細に立ち入ることはしませんが、このような浅薄な『資本論』理解は、単純な資本主義「自動崩壊論」やケインズ主義的なマルクス理解をもたらし、『資本論』研究に大きな混乱をもたらすことになりました。

第二三章　資本主義的蓄積の一般的法則

本章の冒頭で述べられているように、この章では、「資本の増大」、すなわち資本蓄積が「労働者階級の運命におよぼす影響」を取り扱います(640)。ここでは、これまでも何回か論及された、生産力の増大にともなう、資本価値のうちの可変資本部分の相対的減少が重要なポイントとなります。

第一節　資本構成の不変な場合に蓄積にともなう労働力需要の増加

資本の価値構成、技術的構成、有機的構成

資本の構成は、二重の意味に解されなければならない。価値の面から見れば、それは、資本が不変資本すなわち生産手段の価値と、可変資本すなわち労働力の価値、労賃の総額とに分かれる割合によって規定される。生産過程で機能する素材の面から見れば、そ

れぞれの資本は生産手段と生きた労働力とに分かれる。この構成は、一方における使用される生産手段の量と、他方におけるその使用のために必要な労働量との割合によって、規定される。私は第一の構成を資本の価値構成と呼び、第二の構成を資本の技術的構成と呼ぶことにする。二つの構成のあいだには密接な相互関係がある。この関係を表わすために、私は資本の価値構成を、それが資本の技術的構成によって規定されその諸変化を反映するかぎりで、資本の有機的構成と呼ぶことにする。簡単に資本の構成と言う場合には、いつでも資本の有機的構成を意味するものと考えられるべきである。(640)

ここで、資本の構成、すなわち資本が不変資本と可変資本に分かれる割合に言及しているのは、後にみるように、資本蓄積の進行とともに資本はその構成を変化させていくからです。まず明らかなことは、生産力の上昇によって生産手段の物量がそれを使用する労働量に比して増大するということです。たとえば、生産力が二倍になったとすれば、同じ労働時間で生産できる生産物量が二倍になるのですから、当然、同じ労働時間で労働によって使用され、消費される生産手段の量も二倍になります。これに対応して、可変資本の価値にたいする不変資本の価値の割合も増大することになります。

もちろん、生産力の増大は、労働力の価値だけではなく、不変資本を構成する生産手段の価値も減少させますから、生産手段の物量の増大とまったく同じだけ不変資本の価値の大きさが増大するわけではありません。しかし、後で詳しくみるように、全体的な傾向としては、物量の増大に対応して不変資本の価値が増大し、可変資本の価値にたいする不変資本の価値の割合が増大することになります。このように技術的な変化に対応して、可変資本の価値にたいする不変資本の価値の割合が増大するという現象を捉《とら》えるために、マルクスは「資本の有機的構成」という概念をここで登場させているのです。

資本主義的生産様式においては蓄積とともに生産力が上昇しますから、生産力の上昇をともなう不変資本の割合の増大、すなわち「資本の有機的構成の高度化」が起こるのが普通です。とはいえ、しばらくはこのような資本の有機的構成の変化が起こらないものとして、議論が進められていきます。また、以下では、個々の資本の有機的構成ではなく、すべての生産部門の資本の平均的な構成だけが問題になります。

資本蓄積は賃労働者を増大させる

資本の増大は、その可変成分、すなわち労働力に転換される成分の増大を含んでいる。追加資本に転化される剰余価値の一部分は、つねに可変資本すなわち追加労働ファンドに再転化されなければならない。他の諸事情とともに資本の構成も不変だということ、すなわち、一定量の生産手段または不変資本が動かされるためにはつねに同量の労働力が必要だということを前提すれば、明らかに、労働にたいする需要と労働者の生計ファンドとは、資本の増大に比例して増大し、資本が急速に増大すればそれだけ急速に増大する。……毎年、前年よりも多くの労働者が使用されるのだから、おそかれ早かれいつかは、蓄積の欲望が通常の労働供給を上回り始める点が、つまり賃金上昇の始まる点が、現われざるをえないのである。(641)

資本蓄積による労賃の上昇が資本主義システムを脅かす点まで進むことはありえない

剰余価値の生産、すなわち利殖は、この生産様式の絶対的法則である。労働力が生産手段を資本として維持し自分自身の価値を資本として再生産し不払労働において追加資本の源泉を与えるかぎりでのみ、ただそのかぎりでのみ、労働力は売れるのである。だから、労働力の販売の条件のうちには、労働者にとってより有利であろうとより不利であろうと、労働力の不断の再販売の必然性と、資本として富の不断の拡大再生産とが含まれているのである。労賃は、すでに見たように、その性質上、つねに労働者の側からの一定量の不払労働の提供を条件とする。労働の価格の低下を伴う労賃の上昇などはまったく別としても、労賃の増加は、せいぜい、労働者がしなければならない不払労働の量的な減少を意味するだけである。この減少は、それがシステムそのものを脅かすような

点までは決して進みえない。（647）

賃金の上昇が蓄積の進行を妨げず、賃金の上昇が続く場合

……資本の蓄積から生ずる労働の価格の上昇は次の二つの場合のどちらかになる。その一つは、労働の価格の上昇が蓄積の進行を妨げないのでその上昇が続くという場合である。これは少しも不思議なことではない。そのわけについてアダム・スミスは次のように言っている。

「利潤が下がる場合でも資本は増加する。それは以前より急速にさえ増大する。……一般に、大資本は、利潤が減少する場合にも、利潤が大きい場合の小資本よりも急速に増大する。」（『諸国民の富』第一巻、一八九頁）

この場合には、不払労働の減少もけっして資本の支配の増大を妨げないということは明白である。［フランス語版には続いて次の一文がある。「この変動は、逆に、自分の雇い主の致富のなかに自分の唯一の救済の機会をみるように労働者を習慣づける。」］（647f）

賃金が上昇して、多少、剰余価値が圧迫されたとしても、資本蓄積によって剰余価値の量を拡大できるのであれば、資本蓄積は継続され、賃金は上昇を続けます。戦後の資本主

義においては、五〇年代から六〇年代にかけてこのような現象が発生しました。こうした「資本主義の黄金時代」とも呼ばれるような状況の中で、「経済成長」によって自分たちの生活を改善できるという観念も労働者階級のなかに浸透していきました。しかし、このような賃金の上昇にはやがて限界がやってきます。

賃金の上昇が利得の刺激を鈍くし、蓄積が衰える場合

または、これがもう一つの場合であるが、労働の価格の上昇の結果、利得の刺激が鈍くなるので、蓄積が衰える。蓄積は減少する。しかし、この減少につれて、その減少の原因、すなわち、資本と搾取可能な労働力とのあいだの不均衡はなくなる。つまり、資本主義的生産過程のメカニズムは、自分が一時的につくりだす障害を自分で取り除くのである。労働の価格は、再び、資本の増殖欲求に適合する水準まで下がる。この水準が、賃金上昇の始まる前に標準的と認められていた水準よりも低いか、高いか、それとも同じかは別として、とにかく労働の価格は下がる。(648)

さらに賃金が上昇し、剰余価値を圧迫していくと、資本蓄積によって増大させることができる剰余価値の量がますます減少しますので、資本家を資本蓄積に向かわせる刺激が鈍

くなっていきます。こうなると蓄積が減少し、労賃が下がることになります。マルクスが述べているように、資本主義のメカニズムは、自分が蓄積によって作り出す障害を、蓄積の減少によってみずから取り除くのです。

蓄積が独立変数であり、賃金の大きさは従属変数である

要するに、第一の場合には、労働力または労働者人口の絶対的または比率的増大の減退が資本を過剰にするのではなく、反対に、資本の増加が搾取可能な労働力を不足にする。第二の場合には、労働力または労働者人口の絶対的または比率的増大の増進が資本を不足にするのではなく、反対に、資本の減少が搾取可能な労働力またはむしろその価格を過剰にする。このような資本の蓄積における絶対的諸運動が、搾取可能な労働力の量における相対的諸運動として反映するのであり、したがって、労働力の量そのものの運動に起因するように見えるのである。数学的表現を用いて言えば、蓄積の大きさは独立変数であり、賃金の大きさは従属変数であって、その逆ではない。(648)

労働者階級によって供給され資本家階級によって蓄積される不払労働の量が、支払労働の異常な追加によらなければ資本に転化できないほど急速に増大すれば、賃金は上がる

のであって、他の事情がすべて変わらないとすれば、不払労働はそれに比例して減少するのである。ところが、この減少が、資本を養う剰余労働がもはや正常な量では供給されなくなる点に触れるやいなや、そこに反動が現われる。収入のうちの資本化される部分は小さくなり、蓄積は衰え、賃金の上昇運動は反撃を受ける。つまり、労働の価格の上昇は、やはり、ある限界のなかに、すなわち資本主義システムの基礎を単にゆるがさないだけではなく、増大する規模でのこのシステムの再生産を保証するような限界のなかに、閉じ込められているのである。だから、一つの自然法則にまで神秘化されている資本主義的蓄積の法則が実際に表わしているのは、ただ、資本関係の不断の再生産と絶えず拡大される規模でのその再生産とに重大な脅威を与えるおそれのあるような労働の搾取度の低下や、またそのような労働の価格の上昇は、すべて、資本主義的蓄積の本性によって排除されている、ということでしかない。労働者が現存の価値の増殖欲求のために存在するのであって、その反対に対象的な富が労働者の発展欲求のために存在するのではないという生産様式では、そうであるほかはない。人間は、宗教では自分の頭の産物に支配されるが、同様に資本主義的生産では自分の手の産物に支配されるのである。(649)

以上からわかるのは、資本蓄積の運動が事態のイニシアチブをにぎっている「独立変数」であり、賃金の運動は文字通り「従属変数」でしかないということです。これは、「労働者が現存の価値の増殖欲求のために存在するのであって、その反対に対象的な富が労働者の発展欲求のために存在するのではないという生産様式」の必然的帰結にほかなりません。資本主義的生産様式における生産の主体は資本であり、この資本の運動こそが人々が労働できるかどうか、どのような条件で労働できるかを規定するのです。すでに私たちは、第一章で商品生産における物象化、第九章で資本主義的生産過程における物象化についてみてきましたが、この物象化が資本蓄積においても貫徹していることがわかります。すなわち人間が自らの産物である物象に支配されるという転倒が、私たちの生活の再生産過程において、貫徹するのです。資本蓄積によって私たちの再生産過程はますます資本主義に包摂され、資本主義的再生産過程に転化させられていきますから、このことは社会全体において資本が主体であり、人間たちが客体であるという転倒が貫徹していくということを意味します。

一部の「マルクス経済学者」は根本的な思い違いをしていますが、本章の課題はけっして失業者が増えるか増えないかなどという量的な問題に限定できるようなものではなく、資本蓄積の運動が人間たちの再生産過程を編成する主体となることによって、労働者たちがどのような状態に置かれ、どのような影響を被るかということなのです。

第二節　蓄積とそれに伴う集積の進行途上での可変資本の相対的減少

生産力の増大にともなう生産手段の相対的増大

たとえば、マニュファクチュア的分業や機械の使用が進むにつれて、同じ時間により多くの原料が加工されるようになり、したがってより大きな量の原料や補助材料が労働過程にはいるようになる。これは労働の生産性の増大の結果である。他方、使用される機械や役畜や鉱物性肥料や排水管などの総量は労働の生産性の増大の条件である。また、建物や巨大な炉や運輸機関などとして集積された生産手段の総量もやはりそうである。とはいえ、条件であろうと結果であろうと、生産手段に合体される労働力に比べての生産手段の量的規模の増大は、労働の生産性の増大を表わしている。(650f)

資本の価値構成は技術的構成の変化を近似的に反映する

このような、資本の技術的構成の変化、すなわち、生産手段の量がそれに生命を与える労働力の量に比べて増大するということは、資本の価値構成に、資本価値の可変成分を犠牲としての不変成分の増大に、反映する。(651)

しかし、不変資本部分に比べての可変資本部分の減少、または資本価値の構成の変化は、資本の素材的諸成分の構成の変動をただ近似的に示すだけである。たとえば、紡績業に投ぜられている資本価値は、今日では7/8が不変部分で1/8が可変部分であるが、一八世紀の初めには1/2が不変部分で1/2が可変部分だった。ところが、一定量の紡績労働が今日生産的に消費する原料や労働手段などの量は、一八世紀の初めに比べれば何百倍にもなっている。理由は簡単で、労働の生産性の上昇につれて労働の消費する生産手段の規模が増大するだけではなく、その規模に比べてその価値が低下するということである。つまり、その価値は、絶対的には上がるが、その規模に比例しては上がらないのである。(651)

この引用文でマルクスが述べていることは本章の冒頭の「資本の価値構成、技術的構成、有機的構成」の項目においてすでに解説しました。ここでは、次のことを付け加えておきましょう。一部のマルクス経済学者のなかには、ここでのマルクスの想定よりもさらにいっそう急速に生産手段の価値が低下すれば、資本の有機的構成、すなわち可変資本にたいする不変資本の割合は変化しない、あるいはむしろ低下しうるのであり、マルクスの議論は成り立たないと主張する人々がいます。むしろ、日本では通説になってしまっているとさえ言えるでしょう。

しかし、このような議論が見落としているのは、現実に生産力が上昇する際の動態的なプロセスです。数式などを用いずにポイントだけを指摘すれば、どんな生産過程でも生産手段は過去に生産されたものであり、この過去に生産された生産手段の価値が新生産物に移転するということです。この部分の価値は基本的に現在の生産力の上昇の影響をうけません。[1] どんな資本家もいま生産されている生産手段を買うことはできないからです。これにたいし、労働者が付加する労働は生産力の上昇の影響をただちに受け、新生産物一単位あたりに必要な労働が減少し、それに付加する価値もそれだけ減少します。つまり、生産手段の価値がそれに含まれる付加労働の減少によって徐々にしか減少していかないのにたいし、新生産物の生産に必要な労働量は生産力の上昇によって直ちに減少します。ですから、技術的構成とはかけ離れた比率になるとしても、やはりマルクスが言うように、技術的構成の影響をうけ、可変資本にたいする不変資本の割合が増大するということにならざるをえないのです。[2] じっさい、生産力の上昇にともない、可変資本にたいする不変資本の割合が増大することはさまざまな研究によって実証的にも証明されています。

[1] もちろん、第六章でみたように、大半の資本家が減価した価値で生産手段を入手し、生産を行うようになれば、より高い価値で生産手段を入手した資本家の生産手段の価値も減価しますが、そのような状態になるにはある程度の時間が経過しなければならず、いずれ

にしろ、資本を構成している生産手段の価値は、現在の生産力の変化の影響をただちに被ることはありません。また、このような生産手段価値の減価は、これからその生産手段を買う資本家の資本構成には影響を及ぼしますが、すでにその生産手段を購買した資本家の資本構成には、影響を及ぼしません。いったん購買した生産手段の価値が後に減少したとしても、資本家にとってははじめに投資した資本の価値構成が変化するわけではなく、たんにはじめに投資した不変資本価値を回収することが困難になったということでしかないからです。

[2] ここでは、資本の技術的構成の高度化を抑制する資本節約型の生産力の上昇についても考慮する必要がありますが、その効果には限界がありますので、傾向としては資本の有機的構成が高度化することになります。

蓄積が生産力の増大を促進し、生産力の増大が蓄積を促進する

しかし、この基礎の上で成長するところの、労働の社会的生産力を増大させるための方法は、すべて、同時にまた剰余価値または剰余生産物の生産を増加させる方法であり、この剰余生産物はそれ自身また蓄積の形成要素である。だから、この方法は、同時に、資本による資本の生産の方法、または資本の加速的蓄積の方法である。剰余価値から資本への連続的な再転化は、生産過程にはいる資本の量が増大して行くこととして現われる。この増大はまた、生産規模の拡大の基礎となり、それに伴う労働の生産力の増大方法の基礎となり、剰余価値の加速的生産の基礎となる。こうして、ある程度の資本蓄積が独自な資本主義的生産様式の条件として現われるとすれば、後者はまた反作用的に資本の加速的蓄積の原因になるのである。それだから、資本の蓄積につれて独自な資本主義的生産様式が発展するのであり、また独自な資本主義的生産様式の発展につれて資本の蓄積が進展するのである。この二つの経済的要因は、互いに与え合う刺激に複比例して資本の技術的構成の変化を生みだすのであって、この変化によって可変成分は不変成分に比べてますます小さくなって行くのである。(652f)

資本の集中

それは、すでに形成されている諸資本の集積であり、それらの個別的独立の解消であり、資本家による資本家からの収奪であり、少数のより大きな資本への多数のより小さい資本の転化である。……一方で資本が一つの手のなかで膨張して大きな総量になるのは、他方で多くの手のなかから資本がなくなるからである。これは、蓄積および集積とは区別される本来の集中である。(654)

資本の集中による技術的変革の促進

しかし、蓄積、すなわち再生産が円形から螺旋形に移って行くことによる資本の漸次的増加は、ただ社会的資本を構成する諸部分の量的編成を変えさえすればよい集中に比べて、まったく緩慢なやり方だということは明らかである。もしも蓄積によって少数の個別資本が鉄道を敷設できるほどに大きくなるまで待たなければならなかったとすれば、世界はまだ鉄道なしでいたであろう。ところが、集中は、株式会社を媒介として、たちまちそれをやってしまったのである。また、集中は、このように蓄積の作用を強くし速くすると同時に、資本の技術的構成の変革を、すなわちその可変部分の犠牲においてその不変部分を大きくし、したがって労働にたいする相対的な需要を減らすような変革を拡大し促進するのである。(656)

第三節　相対的過剰人口または産業予備軍の累進的生産

相対的過剰人口

資本の蓄積は最初はただ資本の量的拡大として現われたのであるが、それが、いま見てきたように、資本の構成の不断の質的変化を伴って、すなわち資本の可変成分を犠牲としての不変成分の不断の増大を伴って、行なわれる。(657)

労働にたいする需要は総資本の大きさに比べて相対的に減少し、またこの大きさが増すにつれて加速的累進的に減少する。総資本の増大につれて、その可変成分、すなわち総資本に合体される労働力も増大するにはちがいないが、その増大の割合は絶えず小さくなって行くのである。(658)

このような、総資本の増大につれて速くなり、そして総資本そのものの増大よりももっと速くなるその可変成分の相対的な減少は、他面では、反対に、可変資本すなわち労働者人口の雇用手段の増大よりもますます速くなる労働者人口の絶対的な増大のように見える。そうではなく、むしろ、資本主義的蓄積は、しかもその精力と規模とに比例して、絶えず、相対的な、すなわち資本の中位の増殖欲求にとって余分な、したがって過剰な、あるいは余剰な労働者人口を生みだすのである。(658)

相対的過剰人口という概念は、もちろん、たんに人口が増えすぎて過剰であるということを意味するのではありません。マルクスが述べているように、「資本の中位の増殖欲求にとって余分」であるという意味で過剰な、すなわち資本の通常の増殖欲求にたいして「相対的」に過剰である人口のことを意味します。

もう一点、注意しなければならないのは、相対的過剰人口はたんなる失業者を意味するのではない、ということです。ここで注意していただきたいのは、マルクスが、資本の「中位の」増殖欲求と述べているということです。たとえ雇用されていたとしてもそれが一時的であったり、あるいは極端な低賃金であったりする場合には、「資本の中位の増殖欲求」にもとづく雇用だと言うことはできず、労働力の再生産をおこなうことも困難です。そのような状態にある労働者は、いわゆる「半失業」の状態にあり、相対的過剰人口の一部をなしています。現代日本では、利潤率が低下し、資本蓄積が停滞するなかで、「非正規雇用」という名のもとに極端な低賃金不安定労働が蔓延《まんえん》し、いまや全体の雇用の四割に達していますが、このことは日本においてみかけの「失業率」をはるかに上回る相対的過剰人口が存在することを示しています。

相対的過剰人口は資本蓄積の存在条件としての産業予備軍になる

しかし、過剰労働者人口が蓄積の、言い換えれば資本主義的基礎の上での富の発展の、必然的な産物だとすれば、逆にまたこの過剰人口は、資本主義的蓄積のテコに、じつに資本主義的生産様式の一つの存在条件になるのである。それは自由に利用されうる産業予備軍を形成するのであって、この予備軍は、まるで資本が自分の費用で育て上げたものでもあるかのように、絶対的に資本に従属しているのである。この過剰人口は、資本の変転する増殖欲求のために、いつでも搾取できる人間材料を、現実の人口増加の制限にはかかわりなしに、つくりだすのである。(661)

[資本主義的生産様式の産業循環における] 生産規模の突発的な発作的な膨張は、その突発的な収縮の前提である。収縮はまた膨張を呼び起こすのであるが、しかし膨張のほうは、利用可能な人間材料なしには、人口の絶対的増加に依存しない労働者の増加なしには、不可能である。このような増加は、労働者の一部分を絶えず「遊離させる」単純な過程によって、生産の増加に比べて使用労働者数を減らす方法によって、つくりだされる。だから、近代産業の全運動形態は、労働者人口の一部分が絶えず失業者または半失

業者に転化することから生ずるのである。(662)

相対的過剰人口が労働者階級の就業部分にくわえる圧力

こうして、蓄積の進行につれて、一方ではより大きい可変資本が、［労働日の延長、労働の強化などによって］より多くの労働者を集めることなしに、より多くの労働を流動させるのであり、他方では同じ大きさの可変資本が同じ量の労働力でより多くの労働を流動させるのであり、最後により高級な労働力を駆逐することによってより多くのより低級な労働力を流動させる。

それゆえ、相対的過剰人口の生産または労働者の遊離は、そうでなくても蓄積の進行につれて加速する生産過程の技術的変革よりも、またそれに対応する不変資本部分に比べての可変資本部分の比率的減少よりも、もっと速く進行するのである。……労働者階級の就業部分の過度労働はその予備軍の隊列を膨張させるが、この予備軍がその競争によって就業部分に加える圧力の増大は、また逆に就業部分に過度労働や資本の命令への服従を強制するのである。労働者階級の一方の部分が他方の部分の過度労働によって強制的怠惰という罰を加えられるということ、またその逆のことは、個々の資本家の致富手段になり、また同時に、社会的蓄積の進展に対応する規模での産業予備軍の生産を速くする。どんなにこの契機が相対的過剰人口の形成において重要であるかを示すのは、たとえばイングランドである。イングランドがもっている労働の「節約」のための技術的手段は巨大なものである。それにもかかわらず、もし明日にでも一般的に労働が合理的な基準に制限され、また労働者階級のいろいろな層についてさらに年齢や性に応じて労働の等級が区分されるようなことがあれば、その場合には国民的生産を今日の規模で続行するには現存の労働者人口では絶対的に不足であろう。（665f）

産業予備軍は停滞や中位の好況の時期には現役の労働者軍を圧迫し、また過剰生産や発作の時期には現役軍の要求を抑制する。だから、相対的過剰人口は、労働の需要供給の法則が運動する背景なのである。それは、この法則の作用範囲を、資本の搾取欲と支配欲とに絶対的に適合している限界のなかに、押しこむのである。（668）

ここでマルクスが述べていることは、相対的過剰人口という概念の理論的含意を理解する上で重要なポイントになります。相対的過剰人口は、みずからを貧困状態に陥れるだけではありません。競争をつうじていま就業している労働者にたいする圧力となり、彼らに「過度労働や資本の命令への服従を強制」します。というのも、失業ないし半失業状態にある労働者は、現在の状況から抜け出すために、劣悪な労働条件でも受容する傾向があるからです。いま就業している労働者は、相対的過剰人口と競争関係におかれ、それにとって代わられないように、より劣悪な労働条件でも受容せざるを得なくなってしまいます。すなわち、相対的過剰人口が存在すればするほど、それと競争しなければならない就業労働者の労働条件もまた悪化していくのです。後で見るように、このような相対的過剰人口を絶えず生み出すことによってこそ、継続的な資本蓄積が可能になるのです。

資本蓄積は労働の需要と供給の両面において作用する

労働にたいする需要は資本の増大と同じことではなく、労働の供給は労働者階級の増大と同じことではなく、したがって、互いに独立な二つの力が互いに作用し合うのではない。サイコロはいかさまだ。資本は両方の側で同時に作用するのである。一方で資本の蓄積が労働にたいする需要をふやすとき、他方ではその蓄積が労働者の「遊離」によって労働者の供給をふやすのであり、同時に失業者の圧力は就業者により多くの労働を流動させることを強制して或る程度まで労働の供給を労働者の供給から独立させるのである。この基礎の上で行なわれる労働の需要供給の法則の運動は、資本の専制を完成する。それだからこそ、労働者たちが、自分たちがより多く労働し、より多く他人の富を生産し、自分たちの労働の生産力が増進するにつれて、自分たちにとっては資本の価値増殖手段としての自分の機能までがますます不安定になるというのは、いったいどうしてなのか、という秘密を見抜いてしまうやいなや、また彼らが、彼ら自身のあいだの競争の強さの程度はまったくただ相対的過剰人口の圧力によって左右されるものだということを発見するやいなや、したがってまた、彼らが労働組合などによって就業者と失業者との計画的協力を組織して、かの資本主義的生産の自然法則が彼らの階級に与える破滅的な結果を克服または緩和しようとするやいなや、資本とその追従者である経済学者とは、「永遠な」いわば「神聖な」需要供給の法則の侵害について叫びたてるのである。(669f)

今まで見てきたところから明らかなように、資本蓄積は労働力の需要を増大させるように作用するだけではありません。それは同時に、可変資本部分を相対的に減少させることをつうじて、あるいは労働日の延長などによって同じ可変資本でより少ない労働者を雇用することをつうじて、労働力の供給を増大させるようにも作用します。まさに、「資本は両方の側で同時に作用する」のです。このように、資本は労働者をたえずより大きな規模で雇用しながら、彼らをたえず失業させることによって彼らの賃金をある一定の範囲に押さえ込み、失業者との競争の圧力をつうじて就業労働者にたいしてさらなる長時間労働を強制します。このような長時間労働はさらなる失業者を生み出すでしょう。こうして、「資本の専制」が完成するのです。

しかし、労働者たちはやがてこのようなメカニズムを見抜き、自分たちの生活を守るには、失業者たちの生活を保障しなければならないということに気づきます。マルクスの時代には、まだ職人や熟練工による労働組合が主流であり、彼らはそれなりの賃金を確保していましたから、彼らは自分たちでお金を出し合って共済制度をつくり、失業者の生活を保障しようとしました。これによって失業者と就業労働者との競争による労働条件の悪化を防ごうとしたのです。

一九世紀の末になり、やがて非熟練労働者が大半になると、自分たちの賃金からお金を出し合うのは難しくなっていきます。それゆえ、非熟練労働者たちの労働組合は、国家の負担で公的な生活保障制度をつくることを要求するようになります。実際、これによって雇用保険が生まれ、さらにはその他の諸々《もろもろ》の「リスク」に対処するための社会保障制度が整備されていきました。こうしてヨーロッパにおいては「福祉国家」あるいは「社会国家」と呼ばれるような資本主義社会が成立することになります。労働者階級は、資本による絶対的剰余価値の追求から身をまもるために労働日の制限の法制化を求め、資本による生産的知の剝奪《はくだつ》に対抗するために公的職業訓練を要求したのと同じように、資本による相対的過剰人口の創出に対抗するために自分たちの生活保障の制度化を要求し、実現していったのです。

もちろん、このような「福祉国家」によって資本主義の矛盾が解決されるわけではありません。労働者階級は「福祉国家」を形成することによって資本主義の矛盾を抑制し、労働力商品の売り手としての生活を守ることはできますが、それはあくまで「福祉国家」が資本主義の存続に寄与するかぎりでしかありません。じっさい、現在のように、利潤率が低下し「長期停滞」に陥ると、日本よりははるかにましだとはいえ、ヨーロッパでも「財政均衡」の名のもとに従来の「福祉国家」的制度が徐々に崩されてきています。国家論については本書の範囲を超えるので詳しく述べることはできませんが、第三章でみた「制度」幻想批判において示唆されていたように、資本主義的生産様式の必然的産物である近代国家の力によってこの資本主義社会の矛盾を根本的に解決することはできないのです。その矛盾を根本的に解決するには資本主義的生産様式そのものの変革が必要であり、第一章や第八章でみたように、それを変革する力の源泉は、なによりも労働する個人による結社、すなわちアソシエーションの形成にあります。

しかし、それでもこのような「福祉国家」的制度に一定の意義があるのは、労働日の制限の場合と同じように、それが労働者階級のアソシエーションの形成にとって積極的な意義を持つからです。じっさい、今の日本をみれば誰でもわかるように、労働者たちが長時間労働に縛り付けられ、生産的な知を奪われて従属的に労働させられ、失業や半失業の恐怖におびえながら資本の専制に屈服しているような状態では、労働者たちがアソシエーションを形成する動きを活性化させていくことは非常に困難です。このような意味で、制度の改良をめざす闘争は資本主義的生産様式の変革にとってきわめて重要な意味を持つと言えるでしょう。

第四節　相対的過剰人口の種々の存在形態　資本主義的蓄積の一般的法則

相対的過剰人口の流動的形態

近代産業の中心——工場やマニュファクチュアや精錬所や鉱山など——では、労働者はときにははじき出され、ときにはいっそう大量に再び引き寄せられて、生産規模にたいする割合では絶えず減って行きながらも、だいたいにおいて就業者の数は増加する。この場合には過剰人口は流動的な形態で存在する。(670)

人手不足と失業者の大量発生が同時に発生するのは資本の運動そのものの矛盾である

本来の工場では、また、機械が要因として加わっているとかまたはただ近代的な分業が行なわれているだけのすべての大きな作業場では、まだ少年期を過ぎていない男子労働者がたくさん使用されている。少年期を過ぎてしまえば、そのまま同じ事業部門で使用されるものは非常に少数で、大半は型どおりに解雇される。これらのものは、流動的過剰人口のうちの産業規模の拡大につれて増大する要素をなしている。……労働者数の自然的増加が資本の蓄積欲求を満足させないで、しかも同時にそれを超過するということは、資本の運動そのものの一つの矛盾である。資本はより多くの年少労働者を必要とし、より少ない成年男子労働者を必要とする。これよりもっとひどいもう一つの矛盾は、分業によって一定の事業部門につながれているために失業しているものが大勢いるというちょうどそのときに人手の不足が訴えられるということである。（670f）

資本が労働力を購買するのは、社会に使用価値を提供するためではなく、あくまで価値増殖のためなのですから、大量失業と人手不足が同時に起こるということがありえます。たとえば、ここで述べられているように、低い賃金で従順に働く労働力にたいしてのみ大きな需要が発生し、相対的に高い賃金の労働力には需要が発生しないという事態が発生しうるのです。いわゆる「経済学」の教科書的な理解では、人手不足になるような状況であれば、それだけ労働力にたいする需要があるので賃金が上昇すると考えられています。しかし、現実には人手不足でありながら、賃金が上がらない、あるいはわずかしか上がらないということが起こるのです。じっさい、今の日本でも人口構造の変化によって「人手不足」になっているにもかかわらず、低賃金の「非正規雇用」が拡大し続けています。もちろん、これは利潤率が低下し、資本蓄積が停滞している状況のもとでは、低賃金でなければ十分な利潤を獲得することが困難になっているからにほかなりません。

相対的過剰人口の潜在的形態

資本主義的生産が農業を占領するやいなや、または占領する程度に応じて、農業で機能する資本が蓄積されるにつれて、農村労働者人口にたいする需要は絶対的に減少するのであるが、ここでは、農業以外の産業の場合とは違って、労働者人口の排出がそれよりも大きな吸引によって埋め合わされることはないであろう。それゆえ、農村人口の一部分は絶えず都市プロレタリアートまたは製造業プロレタリアートに移行しようとしていて、この転化に有利な事情を待ちかまえているのである。……だから、相対的過剰人口のこの源泉は絶えず流れているのである。しかし、諸都市へのその絶えまない流れは、農村そのものに絶えず潜在的過剰人口があることを前提するのであって、この過剰人口の大きさは、ただ排水溝が特別に広く開かれるときだけ目に見えるようになるのである。それゆえ、農村労働者は、賃金の最低限度まで押し下げられて、片足はいつでも貧困の泥沼につっこんでいるのである。（671f）

相対的過剰人口の停滞的形態

相対的過剰人口の第三の部類、停滞的過剰人口は、現役労働者軍の一部をなしているが、その就業はまったく不規則である。したがって、それは、自由に利用できる労働力の尽きることのない貯水池を資本に提供している。その生活状態は労働者階級の平均水準よりも低く、そして、まさにこのことがそれを資本の固有な搾取部門の広大な基礎にするのである。労働時間の最大限と賃金の最小限とがそれを特徴づけている。われわれは家内労働という項のなかですでにそのおもな姿を知った。この過剰人口は、絶えず大工業や大農業の過剰労働者から補充され、また、とりわけ手工業経営がマニュファクチュア経営に敗れ後者がまた機械経営に敗れ、滅びつつある産業部門からも補充される。(672)

受救貧民

最後に、相対的過剰人口のいちばん底の沈澱物が住んでいるのは、受救貧民の領域である。浮浪者や犯罪者や売春婦など、簡単に言えば本来のルンペンプロレタリアートを別にすれば、この社会層は三つの部類から成っている。第一は労働能力のあるものである。

イングランドの受救貧民の統計にざっと目を通しただけでも、その数が恐慌のたびに膨張し、景気の回復ごとに減少しているということがわかる。第二は孤児や貧児である。彼らは産業予備軍の候補で、たとえば一八六〇年のような大興隆期には急速に大量に現役労働者軍に編入される。第三は堕落したもの、零落したもの、労働能力のないものである。ことに、分業のために転業ができなくなって没落する人々、労働者としての適正年齢を越えた人々であり、最後に、危険な機械や鉱山採掘や化学工場などとともにその数を増す産業犠牲者、すなわち不具者や罹病者や寡婦などである。受救貧民は、現役労働者軍の廃兵院、産業予備軍の死重をなしている。受救貧民の生産は相対的過剰人口の生産のうちに含まれており、その必然性は相対的過剰人口の必然性のうちに含まれているのであって、受救貧民は相対的過剰人口とともに富の資本主義的な生産および発展の一つの存在条件になっている。この貧民は資本主義的生産の空費に属するが、しかし、資本はこの空費の大部分を自分の肩から労働者階級や下層中間階級の肩に転嫁することを心得ているのである。(673)

資本主義的蓄積の絶対的な一般的法則

社会的な富、現に機能している資本、その増大の規模とエネルギー、したがってまたプロレタリアートの絶対的な大きさとその労働の生産力、これらのものが大きくなればなるほど、産業予備軍も大きくなる。自由に利用されうる労働力は、資本の膨張力を発展させるのと同じ原因によって発展させられる。つまり、産業予備軍の相対的な大きさは富の諸力といっしょに増大する。しかしまた、この予備軍が現役労働者軍に比べて大きくなればなるほど、固定した過剰人口はますます大量になり、その貧困はその労働苦に反比例する。最後に、労働者階級の極貧層と産業予備軍が増加すればするほど、公認の受救貧民もますます増加する。これが資本主義的蓄積の絶対的一般的法則である。(673f)

資本主義的生産および蓄積のメカニズムは、労働者の数をたえずこの価値増殖欲求に適合させる。この適合の最初の言葉は、相対的過剰人口または産業予備軍の創出であり、最後の言葉は現役労働者軍のますます増大する層の貧困と受救貧民の死重である。(674)

資本主義システムのもとでは労働の社会的生産力を高くするための方法はすべて個々の労働者の犠牲において行なわれるということ、生産の発展のための手段は、すべて、生産者を支配し搾取するための手段に一変し、労働者を不具にして部分人間とし、彼を機械の付属物に引き下げ、彼の労働の苦痛で労働の内容を破壊し、独立の力としての科学が労働過程に合体されるにつれて労働過程の精神的な力を彼から疎外するということ、これらの手段は彼が労働するための諸条件をゆがめ、労働過程では彼を狭量陰険きわまる専制に服従させ、彼の生活時間を労働時間にしてしまい、彼の妻子を資本のジャガノート車の下に投げこむということ、これらのことをわれわれは相対的剰余価値の生産の分析をした第四篇において知った。しかし、剰余価値を生産するための方法はすべて同時に蓄積の方法なのであって、蓄積の拡大はすべてまた逆に剰余価値を生産するための方法の発展のための手段になる。だから、資本が蓄積されるにつれて、労働者の状態は、彼の受ける支払が高かろうと安かろうと、悪化せざるをえないということになる。(674f)

相対的過剰人口または産業予備軍をいつでも蓄積の規模およびエネルギーと均衡を保たせておくという法則は、ヘファイストスのくさびがプロメテウスを岩に釘づけにしたよりももっと固く労働者を資本に釘づけにする。それは、資本の蓄積に対応する貧困の蓄積を必然的にする。だから、一方の極での富の蓄積は、同時に反対の極での、すなわち自分の生産物を資本として生産する階級の側での、貧困、労働苦、奴隷状態、無知、粗暴、道徳的堕落の蓄積なのである。(675)

この部分は、第四章から始まった資本の生産過程の分析のクライマックスです。従来の典型的な解釈では、この「一般的法則」は、資本がますます巨大化する一方で、労働者階級が必然的に経済的に没落していくという傾向を表現したものと考えられてきました。あるいは、たんに相対的過剰人口がたえず増大するという傾向を表現するものだと主張するむきもあります。

しかし、ここまで読んできた読者の皆さんには自明だと思いますが、このような理解は一面的です。ここで言われている「一般的法則」は、まさにこれまで考察してきた資本蓄積の最も根本的なメカニズムを総括的に表現したものにほかなりません。資本蓄積は、それが活性化すればするほど、一方で膨大な労働力の需要を生み出し、賃金労働者を増大させ、他方で、たえず相対的過剰人口を生み出し、資本蓄積の条件を自ら産出します。このような相対的過剰人口の一部は固定化し、受救貧民を必然的に生み出します。まさに「資本の蓄積に対応する貧困の蓄積を必然的にする」のです。それだけではありません。資本蓄積にともなう生産過程の技術的変革は労働者から技術や精神的能力を奪い、彼らを服従させますから、賃金がたとえ上昇しようと、労働苦は増大し、労働者の状態は悪化します。長時間労働や労働の強化はますます少ない労働者で多くの労働を遂行することを可能にしますから、相対的過剰人口がますます増大し、相対的過剰人口の圧力が就業労働者の労働苦をいっそう促進します。こうして、「一方の極での富の蓄積は、同時に反対の極での、すなわち自分の生産物を資本として生産する階級の側での、貧困、労働苦、奴隷状態、無知、粗暴、道徳的堕落の蓄積」となるのです。このような資本蓄積のメカニズム、すなわち「相対的過剰人口または産業予備軍をいつでも蓄積の規模およびエネルギーと均衡を保たせておくという法則」こそが、資本主義的蓄積の一般的、絶対的法則にほかなりません。

じっさい、このような「均衡」がなければ、資本蓄積は賃金の上昇によってやがて行き詰まってしまうでしょう。自動車や家電製品の普及、米国への輸出の拡大、戦争特需などの好条件に恵まれた一九五〇年代、六〇年代の日本の「高度成長期」でさえ、現代の中国のように、農村に膨大な「潜在的過剰人口」が存在し、資本はそれを労働力として吸収することができたのです。もちろん、ヨーロッパの「福祉国家」のように、人々の闘いによってこの法則に一定の修正を加えることはできますが、資本主義的生産様式が剰余価値の取得を目的とするシステムであるかぎり、この法則そのものが変わることはありません。だからこそ、マルクスは「絶対的法則」とまで述べ、たえず人間を貧困に陥れ、競争をつうじて人間に労働苦を強制することによってしか拡大することができない資本主義というメカニズムの根本性格を強調したのです。

本章の第一節で、私たちはかつてみた商品生産、あるいは資本主義的生産過程における物象化が、社会全体における資本主義的生産関係の再生産における物象化にまで発展したことを確認しました。資本主義社会においては、私たちが生み出した富が私たちを豊かに、自由にする手段として存在するのではなく、逆に、私たち自身が、自分たちの生み出したものでありながら自分たちに敵対する富の力、すなわち資本の力をますます拡大する手段として存在するのです。

　生産力の上昇による資本の有機的構成の変化によって、このような転倒がさらに深化します。いまや資本は労働者階級を自分の価値増殖の手段として都合の良いように作りかえるのです。すなわち、たえざる相対的過剰人口の創出により、現役の就業労働者に圧迫を加え、資本蓄積にともなう生産過程の実質的包摂によって労働者を資本の専制のもとへと屈服させようとするのです。

　しかし、労働者はこれに完全に屈服してしまうことはありません。労働者階級はアソシエーションを武器に闘い、さまざまな成果を勝ち取ってきました。マルクスの時代には標準労働日、一九世紀末には一定の社会保障、そして二〇世紀後半には「福祉国家」です。資本主義的蓄積は、社会的生産力を飛躍的に上昇させることをつうじて、変革のための客体的要素とともに、その主体的要素をも生み出すのです。この点については次章においてみることになるでしょう。

第五節　資本主義的蓄積の一般的法則の例証

　この節でマルクスはイングランドにおける急速な富の蓄積、そして他方での貧困の広がりについて膨大な資料を用いて例証しています。数々のデータと証言にもとづいた、たたみかけるような叙述がもつ迫力は、第八章「労働日」と並んで、圧巻です。ここではとくに、労働者の住宅事情に言及した箇所の一部を紹介しておきます。

都市労働者の住宅事情

最も勤勉な労働者層の飢餓的苦痛と、資本主義的蓄積にもとづく富者の粗野または優美な奢侈的消費との内的な関連は、経済的諸法則を知ることによってはじめて明らかにされる。住居の状態についてはそうではない。偏見のない観察者ならばだれでも認めるように、生産手段の集中が大量であればあるほど、それに応じて同じ空間での労働者の密集もますますはなはだしく、したがって、資本主義的蓄積が急速であればあるほど、労働者の住居の状態はますますみじめになる。富の進展に伴って、不良建築地区の取り払い、銀行や大商店などの巨大な建物の建築、取引上の往来やぜいたくな馬車のための道路の拡張、鉄道馬車の開設、等々による諸都市の「改良」が行なわれ、そのために目に見えて貧民はますます悪い、ますますぎっしり詰まった片すみに追い込まれる。(687)

ぎっしり詰まった住宅、あるいはまたとうてい人間の住まいとは考えられない住宅という点では、ロンドンは一位を占めている。ドクター・ハンターは次のように言っている。

「二つの点は確かである。第一に、ロンドンにはおよそ二〇の大きな貧民窟があって、それぞれ一万人強の人間が住んでいるが、その惨状は、これまでにイングランドのどの地方でも見られたことのないほどひどいものである。そして、それはほとんどまったくその家屋設備の悪いことの結果なのである。第二に、これらの貧民窟の家屋の詰めこみすぎたぼろぼろになった状態は、二〇年前よりもずっとひどくなっている。」「ロンドンやニューカースルの多くの地区での生活は地獄のようだと言っても言いすぎではない。」(688)

人々の生活の再生産が資本主義的再生産として、すなわち資本蓄積として行われる社会では、賃労働者たちが自由時間に生活を営む住宅は、資本の都合によって密集させられ、劣悪なものにされてしまう傾向があります。多くの労働者たちが日々、満員電車ですし詰めにされ、建物が密集した都市で狭小な住宅に暮らし、しかもその住宅費に賃金の大きな部分を費やしています。この日本、とりわけ東京において、ここでマルクスが指摘していることが過去のものになったとは到底言うことはできません。

なお、本節では、ほかにも農村労働者の住宅事情や、より劣悪な環境にあるアイルランドの住宅事情も扱っています。本節で挙げられている事例を丹念に読むことにより、マルクスのいう「資本主義的蓄積の一般的法則」が、たんに賃金や失業の量的な変化にだけかかわるものではなく、むしろ資本蓄積の運動が賃労働者たちの現実の生活に与える影響にかかわるものであることが鮮明に浮かび上がってくるでしょう。

第二四章　いわゆる本源的蓄積

本章では、資本主義的生産様式が成立するための条件、言い換えればこれをたえず再生産する賃労働が行われるための条件である、生産者の生産手段からの分離がいかに成立したかについて扱います。これによって一つの特殊な生産システムとしての資本主義的生産様式がいかに始まり、そしていかに終わるのかが示されることになります。この章の第六節までは歴史的な叙述が中心なので、引用を中心に見ていきましょう。

第一節　本源的蓄積の秘密

現実の歴史では暴力が大きな役割を演じている

現実の歴史では、周知のように、征服や圧制や強盗殺人が、要するに暴力が、大きな役割を演じている。おだやかな経済学でははじめから牧歌的生活が支配的であった。はじめから正義と「労働」とが唯一の致富手段だった。もちろん、そのつど「今年」だけは例外だったのであるが。実際には本源的蓄積の諸方法は、他のありとあらゆるものではあっても、けっして牧歌的ではないのである。(742)

本書の「人と作品」では、封建制から資本主義への移行をいわば「教科書的」に説明しましたので、この移行における暴力の役割については強調しませんでした。しかし、物象の力に依拠する資本主義システムが生まれ、独り立ちするまでには長い年月が必要であり、そのプロセスにおいては組織された暴力が大きな役割を果たしました。逆にいえば、資本主義とは、そのような巨大な暴力なしにはけっして成立しえない極めて特異な生産システムであるということです。けっして経済学が想定するような牧歌的な世界、すなわち労働する諸個人が「正義」にもとづいて物々交換をするという世界から発生したのではありません。むしろ、貨幣への際限のない欲望に取り憑《つ》かれた封建貴族の残虐な行為が共同体的な世界を破壊することによって、ある意味では依然として「牧歌的」であった人々の生活を破壊することによって、資本主義という物象化した生産システムが立ち上がってくるのです。

本源的蓄積は生産者と生産手段との歴史的分離過程である

資本関係は、労働者と労働実現条件の所有との分離を前提する。資本主義的生産がひとたび自分の足で立つようになれば、それはこの分離をただ維持するだけではなく、ますます大きくなる規模でそれを再生産する。だから、資本関係を創造する過程は、労働者を自分の労働条件の所有から分離する過程、すなわち、一方では社会の生活手段と生産手段を資本に転化させ他方では直接生産者を賃労働者に転化させる過程以外のなにものでもありえないのである。つまり、いわゆる本源的蓄積は、生産者と生産手段との歴史的分離過程にほかならないのである。それが「本源的なもの」として現われるのは、それが資本の前史をなしており、また資本に対応する生産様式の前史をなしているからである。(742)

封建的な束縛から自由になった労働者は生存の保証を奪い取られる

直接的生産者、労働者は、土地に縛りつけられていて他人の農奴または隷農になっていることをやめてから、はじめて自分の一身を自由に処分することができるようになった。自分の商品の市場が見つかればどこへでもそれをもって行くという労働力の自由な売り手になるためには、彼はさらに同職組合の支配、すなわちその徒弟・職人規則やじゃまになる労働規定からも解放されていなければならなかった。こうして、生産者たちを賃労働者に転化させる歴史的運動は、一面では農奴的隷属や同職組合強制からの生産者の解放として現われる。そして、われわれのブルジョア的歴史家たちにとっては、ただこの面だけが存在する。しかし、他面では、この新たに解放された人々は、彼らからすべての生産手段が奪い取られ、古い封建的な諸制度によって与えられていた彼らの生存の保証がことごとく奪い取られてしまってから、はじめて自分自身の売り手になる。そして、このような彼らの収奪の歴史は、血に染まり火と燃える文字で人類の年代記に書きこまれているのである。(743)

本源的蓄積の画期をなすのは農民からの土地収奪である

本源的蓄積の歴史のなかで歴史的に画期的なものといえば、形成されつつある資本家階級のために梃子として役だつような変革はすべてそうなのであるが、なかでも画期をなすのは、人間の大群が突然暴力的にその生活維持手段から引き離されて無保護なプロレタリアとして労働市場に投げ出される瞬間である。農村の生産者すなわち農民からの土地収奪は、この全過程の基礎をなしている。この収奪の歴史は国によって違った色合いをもっており、この歴史がいろいろな段階を通る順序も歴史上の時代も国によって違っている。それが典型的な形をとって現われるのはただイングランドだけであって、それだからこそわれわれもイングランドを例にとるのである。(744)

第二節　農村民からの土地の収奪

かつてのイングランドの農民たちは共同体における権利を保持していた

イングランドでは農奴制は一四世紀の終わりごろには事実上なくなっていた。当時は、そして一五世紀にはさらにいっそう、人口の非常な多数が自由な自営農民からなっていた。たとえ彼らの所有権がどんなに封建的な看板によって隠されていたにしても。いくらか大きな領主所有地では、以前は自分自身農奴だった土地管理人は自由な借地農業者によって駆逐されていた。農業の賃労働者は、一部は、余暇を利用して大土地所有者のもとで労働していた農民たちから成っており、一部は、独立の、相対的にも絶対的にもあまり多数でない、本来の賃労働者の階級からなっていた。後者もまた事実上は同時に自営農民でもあった。というのは、彼らも自分たちの賃金のほかに四エーカー以上の大きさの耕地と小屋とをあてがわれていたからである。そのうえに、彼らは、本来の農民といっしょに共同体に所有された土地の用益権を与えられていて、そこには彼らの家畜が放牧されていたし、また同時にそれは彼らの燃料になる木や泥炭なども供給していた。（744f）

忘れてはならないのは、農奴でさえも、たとえ貢租の義務を負う所有者だったにせよ、自分の家に付属する零細地の所有者だっただけではなく、共有地の共同所有者でもあったということである。「農民はそこ」（シュレージェン）「では農奴である」〔ミラボー『プロイセン王国について』ロンドン、一七八八年〕。それにもかかわらず、これらの農奴は共有地をもっている。（745）

大封建領主による農民の共有地の収奪と耕地の牧羊場への転化

資本主義的生産様式の基礎をつくりだした変革の序曲は、一五世紀の最後の三分の一期と一六世紀の最初の数十年間に演ぜられた。サー・ジェームズ・スチュアートが正しく言っているように「どこでもいたずらに家や屋敷をふさいでいた」封建家臣団の解体によって、無保護なプロレタリアの大群が労働市場に投げ出された。それ自身ブルジョア的発展の一産物だった王権は、絶対的主権の追求にさいしてこの家臣団の解体を強制的に促進したとはいえ、けっしてその唯一の原因ではなかった。むしろ、王権や議会に最も頑強に対抗しながら、大封建領主は、土地にたいして彼自身と同じ封建的権利をもっていた農民をその土地から暴力的に駆逐することによって、また農民の共有地を横領することによって、比べものにならないほどより大きなプロレタリアートをつくりだしたのである。それに直接の原動力を与えたものは、イングランドでは特にフランドルの羊毛マニュファクチュアの興隆とそれに対応する羊毛価格の騰貴だった。古い封建貴族は大きな封建戦争に食い尽くされていたし、新しい貴族は、貨幣が権力中の権力になった新しい時代の子だった。だから、耕地の牧羊場への転化は新しい貴族の合い言葉になったのである。(745f)

宗教改革をつうじての教会領の横領

民衆の暴力的な収奪過程は一六世紀には宗教改革によって、またその結果としての大がかりな教会領の横領によって、新たな恐ろしい衝撃を与えられた。カトリック教会は宗教改革の時代にはイングランドの土地の一大部分の封建的所有者だった。修道院などにたいする抑圧は、その住人をプロレタリアートのなかに投げこんだ。教会領そのものは大部分は国王の強欲な寵臣に与えられるか、または捨て値で投機師的な借地農業者や都市ブルジョアに売り渡され、彼らは旧来の世襲領民を大量に追い出して、領民たちの農場をひとまとめにした。法律によって貧困農民に保証されていた教会十分の一税の一部分にたいする所有権は、ことわりなしに没収された。(748f)

教会領は古い土地所有関係の宗教的堡塁になっていた。その崩壊とともに、この関係ももはや維持できなくなったのである。(749f)

土地の近代的私的所有権の確立

スチュアート王朝復古のもとでは、土地所有者たちは法律によって横領をなし遂げたが、このような横領は大陸ではどこでも法律的な回り道なしでも行なわれた。土地所有者たちは封建的土地制度を廃止した。すなわち、国家にたいする土地の義務を振り落とし、農民やその他の民衆への課税によって国家への「償い」をし、彼らがただ封建的権利をもっていただけの土地の近代的私的所有権を要求し、そして、最後にかの定住法を押しつけた……。(751)

「名誉革命」は、オレンジ公ウィリアム三世〔(一六五〇―一七〇二)〕といっしょに地主的および資本家的利殖者たちをも支配者の地位につけた。彼らは、それまでは控えめにしか行なわれなかった国有地の横領を巨大な規模で実行することによって、新時代の幕をあけた。これらの地所は贈与され、捨て値で売られ、または直接的横領によっても私有地に併合された。すべてが法律上の慣例などは少しも顧慮しないで行なわれた。このように詐取的に横領された国有地は、共和革命のときになくならなかったかぎりでの教会からの盗奪地といっしょになって、イングランドの寡頭支配の今日の王侯的所領の基礎をなしている。ブルジョア的資本家たちはこの処置を助けたのであるが、その目的は、とりわけ、土地を純粋な取引物品に転化させること、農業大経営の領域を拡大すること、農村から彼らへの無保護なプロレタリアの供給をふやすことなどにあった。(751f)

共有地……は一つの古代ゲルマン的制度であり、それが封建制の外皮の下で存続した。すでに見たように、この共有地の暴力的横領が、多くは耕地の牧場への転化を伴って、一五世紀末に始まり一六世紀にも続けられるのである。しかし、当時はこの過程は個人的な暴行として行なわれたのであって、これにたいして立法は一五〇年にわたって無駄な抗争を続けたのである。一八世紀の進歩は、法律そのものが今では人民共有地の盗奪の手段になるということのうちに、はっきりと現われている。といっても、大借地農業者たちはそのほかに彼ら自身としての小さな個人的な方法も用いるのではあるが。この盗奪の議会的形態は「共有地囲い込み法案」という形態であり、言い換えれば、地主が人民共有地を私的所有物として自分自身に贈与するための法令であり、人民収奪の法令である。(752f)

ここで重要なのは、本源的蓄積のプロセスにおいては、封建領主たちがたんに耕地を牧場地として利用するために物理的に農民たちを追い出しただけではない、ということです。生産者たちからの生産手段の収奪を完遂するには、それ以前の所有のあり方とはまったく異なる近代的私的所有という所有権のあり方を確立する必要があったのです。

すでに私たちは第二章において前近代社会の所有が資本主義社会の所有とはまったく違う原理で成り立っていたことを確認しました。資本主義社会では、人々は物象の力にもとづいて互いを所有者として承認しますが、前近代社会の所有はいずれも共同体的な人格的関係にもとづいて成り立っていたのです。

たとえば、文明の初期に見られた原初的な共同体においては、人々ははじめから土地の所有者でした。つまり、人々は生まれながらにして共同体のメンバーであり、この人格的紐帯《ちゅうたい》にもとづいてはじめから土地にたいしてそれを自分の所有物とするようにして関わることができたのです。つまり、人々は共同体が認めるかぎりにおいて本源的に所有者であることができました。古代のローマ人は彼が国家共同体に所属しているかぎりで、土地の私的所有を本源的に認められていたのです。

とはいえ、人格的関係にもとづく共同体社会は、歴史とともに、奴隷制や農奴制を生み出しました。奴隷や農奴は本源的な所有を認められていなかったのではないかと考える方もいるかもしれません。しかし、マルクスも強調しているように、奴隷や農奴は、たとえ従属的で不自由な立場に置かれていたとしても、共同体のなかで承認された存在であり、生産手段の使用権や共有地の利用権も事実上認められていました。それゆえ、彼らは既存の支配従属関係に縛り付けられ、搾取されていましたが、それでも生産手段や生活手段の本源的な所有から完全には切り離されてはおらず、生存も保証されていたのです。

ところが、本源的蓄積は、このような共同体の成員としての農民たちの権利を根こそぎ剝奪《はくだつ》します。彼らを暴力的に土地から追い出すだけではなく、法律の力も借りながら、近代的私的所有権という物象の力にもとづく排他的な所有権を確立し、これによって農民たちを完全に土地所有から排除するのです。前近代の奴隷や農奴は、法律的に所有者でなくとも、土地や生産手段の事実上の所有者であることは可能でした。しかし、近代的所有においては物象の力によってのみ所有が認められるので、所有は排他的性格を帯び、生産手段はそれを買った資本家が排他的に所有するものとなります。こうして、生産手段の実際の使用者である賃労働者が事実上の所有者であることは不可能になるのです。

前近代的土地所有の収奪の結果

一七世紀の最後の数十年間にも、独立農民層であるヨーマンリは、まだ借地農業者の階級よりも人数が多かった。……農村賃労働者でさえも、まだ共有地の共同所有者だった。一七五〇年頃にはヨーマンリは消滅していたし、また一八世紀の最後の数十年間には農民の共有地の最後の痕跡も消滅してしまった。（750f）

一九世紀には、もちろん、農耕者と共有地との関連の記憶さえもなくなってしまった。もっとあとの時代のことは言わないにしても、一八〇一年から一八三一年までに農村民から取り上げられて議会によって地主から地主へと送られた三、五一一、七七〇エーカーの共有地の代わりに、どんなわずかな補償でも農村民に与えられたことがあるだろうか？（756）

教会領の横領、国有地の詐欺的な譲渡、共有地の盗奪、横領と容赦ない暴行とによって行なわれた封建的所有や氏族的所有の近代的私的所有への転化、これらはみなそれぞれ本源的蓄積の牧歌的な方法だった。それらは、資本主義的農業のための領域を占領し、土地を資本に合体させ、都市工業のためにそれが必要とする無保護なプロレタリアート

の供給をつくりだしたのである。(760f)

第三節　一五世紀末以後の被収奪者にたいする血の立法　労賃引き下げのための諸法律

被収奪者にたいする血の立法

封建家臣団の解体や断続的で暴力的な土地収奪によって追い払われた人々、このような無保護なプロレタリアートは、それが生みだされたのと同じような速さでは、新たに起きてくるマニュファクチュアによって吸収されることができなかった。他方、自分たちの歩き慣れた生活の軌道から突然投げ出された人々も、にわかに新しい状態の規律に慣れることはできなかった。彼らは群をなして乞食になり、盗賊になり、浮浪人になった。それは一部は性向からでもあったが、たいていは事情の強制によるものだった。こういうわけで、一五世紀の末と一六世紀の全体とをつうじて、西ヨーロッパ全体にわたって浮浪にたいする血の立法が行なわれたのである。今日の労働者階級の祖先たちは、なによりもまず、彼らに強要された浮浪民化と窮民化とにたいする罰を受けたのである。立法は彼らを「自由意志による」犯罪者として取り扱った。そして、もはや存在しない古

い諸関係のもとで労働を続けるかどうかも彼らの善意によって定まるものと想定したのである。(761f)

エリザベス、一五七二年。鑑札をもっていない一四歳以上の乞食は、二年間彼らを使おうとする人がいなければ、ひどくむち打たれて左の耳たぶに焼き印を押される。再犯の場合は、一八歳以上ならば、二年間彼らを使おうとする人がなければ死刑にされるが、三回累犯の場合には国にたいする反逆者として容赦なく死刑にされる。(764)

ジェームズ一世。放浪して乞食をしているものは無頼漢で浮浪者だという宣告をうける。小治安裁判所の治安判事は、彼を公然とむち打たせる権限と、初犯は六か月、再犯は二年投獄する権限とを与えられている。入獄中は、治安判事が適当と考える回数と打数だけむち打たれる。……矯正不可能な危険な浮浪者は、左肩にR字を焼き付けられて強制労働を課され、再び乞食をして逮捕されれば、容赦なく死刑にされる。これらの規定は、一八世紀の初期まで有効だったが、アン第一二年の法律第二三号によってやっと廃止された。(764f)

こうして、暴力的に土地を収奪され、追い払われ、浮浪人にされた農村民は、グロテスクでテロリズム的な法律によって、賃労働システムに必要な規律を身につけさせるためにむち打たれ、焼き印を押され、拷問されたのである。（765）

賃労働者の馴致は本源的蓄積の本質的契機である

一方の極に労働条件が資本として現われ、他方の極に自分の労働力のほかには売るものがないという人間が現われることだけでは十分ではない。このような人間が自発的に自分を売ることを余儀なくされるだけでも十分ではない。資本主義的生産が進むにつれて、教育や伝統や慣習によってこの生産様式の諸要求を自明な自然法則として認める労働者階級が発展してくる。完成した資本主義的生産過程の組織はいっさいの抵抗をくじき、相対的過剰人口の不断の生産は労働の需要供給の法則を、したがってまた労賃を、資本の増殖欲求に適合する軌道内に保ち、経済的諸関係の無言の強制は労働者にたいする資本家の支配を確定する。経済外的な直接的な暴力も相変わらず用いられはするが、しかし例外的でしかない。事態が普通に進行するかぎり、労働者は「生産の自然法則」に任されたままでよい。すなわち、生産条件そのものから生じてそれによって保証され永久化されているところの資本への労働者の従属に任されたままでよい。資本主義的生産の歴史的生成期にはそうではなかった。勃興しつつあるブルジョアジーは、労賃を「調節する」ために、すなわち利殖に好都合な枠のなかに労賃を押しこんでおくために、労働日を延長して労働者自身を正常な従属度に維持するために、国家権力を必要とし、利用する。これこそは、いわゆる本源的蓄積の一つの本質的な契機なのである。（765f）

マルクスが強調するように、労働力商品の人格的担い手となるためには、生産手段を奪われ、自らの労働能力以外には商品として販売するものをもたない、という外的条件だけでは十分ではありません。無所有者が資本の要求を自明なものとして受け入れ、自ら資本家に従属して労働することが必要となります。このような従属的態度は、多少、商品生産が発展し、貨幣が力をもつようになったからといって、自然に生まれてくるものではありません。これまで、名義は封建領主のものであったとしても、事実上自分の土地をもち、自分の意志で労働していた人々が、わずかな賃金で労働力を売り渡し、他人の命令に従って労働するという新たな規律に従うことは容易ではありませんでした。それゆえ、賃労働に必要な従属的態度の形成は、国家暴力にもとづく規律訓練によってなされたのです。

このような規律訓練のための法律には、先に引用した労働の強制に加え、最高賃金を規制し、それ以上の賃金を受け取った労働者を罰する法律、さらには労働者の団結にたいして重罪を科す法律もありました。賃労働という特殊な形態での労働こそが資本主義的生産関係をたえず再生産するわけですから、この賃労働に必要な規律を生み出すことは本源的蓄積にとって、農民の土地の収奪と並ぶ、本質的な契機となります。

第四節　資本主義的借地農場経営者の生成

当時［一六世紀］は借地契約が長期で、九九年にわたるものも多かった。貴金属の価値、したがってまた貨幣の価値が引き続き低落したということは、借地農業者のために黄金の果実を結んだ。この低落は、前に論じた他の事情はすべて別にしても、労賃を低落させた。労賃の一部分は借地農業利潤につけ加えられた。穀物や羊毛や肉類など、要するにすべての農業生産物の価格の継続的な上昇は、借地農業者がなにもしないでも彼の貨幣資本を膨張させたが、他方、彼が支払わなければならなかった地代は以前の貨幣価値で契約されていた。こうして、借地農業者は、賃労働者と地主とを同時に犠牲にして、富をなしたのである。だから、一六世紀末のイングランドに当時の事情から見れば富裕な「資本家借地農業者」という一階級があったということは、少しも不思議ではないのである。(771f)

第五節　農業革命の工業への反作用　産業資本のための国内市場の形成

じっさい、小農民を賃労働者に転化させ、彼らの生活手段と労働手段を資本の物的要素に転化させる諸事件は、同時に資本のためにその国内市場をつくりだすのである。以前は、農家は生活手段や原料を生産し加工して、あとからその大部分を自分で消費していた。これらの原料や生活手段は今では商品になっている。大借地農業者がそれを売るのであり、彼はマニュファクチュアに自分の市場を見いだすのである。糸やリンネルや粗製毛織物など、その原料をどの農家でも手に入れることができて各農家によって自家消費のために紡がれ織られていた物――このようなものが今ではマニュファクチュア製品にされてしまって、まさにその農村地方そのものがそれらの販売市場になるのである。これまでは自分の計算で労働する多数の小生産者に依存していた多数の分散した買い手が、今では集中されて、産業資本によってまかなわれる一大市場になる。このようにして、以前の自営農民の収奪や彼らの生産手段からの分離と並んで、農村副業の破壊、マニュファクチュアと農業との分離過程が進行する。そして、ただ農村家内工業の破壊だけが、一国の国内市場に、資本主義的生産様式の必要とする広さと強固な存立とを与えることができるのである。(775f)

とはいえ、本来のマニュファクチュア時代には根本的な変化はなにも現れない。……大工業がはじめて機械によって資本主義的農業の恒常的な基礎を与え、巨大な数の農村民を徹底的に収奪し、家内的・農村的工業――紡績と織物――の根を引き抜いてそれと農業との分離を完成するのである。したがってまた、大工業がはじめて産業資本のために国内市場の全体を征服するのである。(776f)

第六節　産業資本家の生成

産業資本家の発生は、すでにみた借地農場経営者の発生のようにゆっくり進んだのではありません。いわゆる「大航海時代」が生み出した世界市場の要求に応じるために、非常に残虐な暴力が巨大な規模で用いられました。資本はこれによって自らの手に膨大な富を急速に集中していったのです。

本源的蓄積の主要契機としての植民地主義と奴隷制

アメリカの金銀産地の発見、原住民の絶滅と奴隷化と鉱山への閉じ込め、東インドの征服と略奪との開始、アフリカの商業的黒人狩猟場への転化、これらのできごとは資本主義的生産の時代の曙光を特徴づけている。このような牧歌的な過程が本源的蓄積の主要契機なのである。これに続いて、全地球を舞台とするヨーロッパ諸国の商業戦が始まる。それはスペインからネーデルランドのスペインからの離脱によって開始され、イングランドの反ジャコバン戦争で巨大な範囲に広がり、中国にたいするアヘン戦争などで今なお続いている。

いまや本源的蓄積のいろいろな契機は、多かれ少なかれ時間的な順序をなして、ことにスペイン、ポルトガル、オランダ、フランス、イングランドのあいだに分配される。イングランドではこれらの契機は一七世紀末には植民システム、国債システム、近代的租税システム、保護貿易システムとして体系的に総括される。これらの方法は、一部は、残虐きわまる暴力によって行なわれる。たとえば、植民システムがそうである。しかし、どの方法も、国家権力、すなわち社会の集中され組織された暴力を利用して、封建的生産様式から資本主義的生産様式への転化過程を温室的に促進して過渡期を短縮しようとする。暴力は、古い社会が新たな社会をはらんだときにはいつでもその助産婦になる。暴力はそれ自体が一つの経済的な力なのである。(779)

原住民の取扱いが最も狂暴だったのは、もちろん、西インドのように輸出貿易だけを使命とした栽培植民地であり、メキシコや東インドのように豊かな富と稠密な人口をもちながら強盗殺人の手に任されていた国々だった。とはいえ、本来の植民地でも、本源的蓄積のキリスト教的性格は争われないものがあった。あの謹厳な、プロテスタントの先達、ニュー・イングランドの清教徒も一七〇三年には彼らの州議会の決議によって、インディアンの頭の皮一枚または捕虜一人につき四〇ポンドの賞金をかけ、一七二〇年には頭の皮一枚に一〇〇ポンドの賞金をかけ、一七四四年、マサチューセッツ・ベーがある一つの種族を反徒と宣言してからは、次のような賞金をかけた。一二歳以上の男の頭の皮には新通貨一〇〇ポンド、男の捕虜には一〇五ポンド、女と子供の捕虜には五〇ポンド！　それから数十年の後に、この植民システムは、その間に反逆者になった敬虔なピルグリム・ファーザーズの子孫に仕返しをした。彼らは、イングランド人にそそのかされて報酬をもらっていた土着民の斧で殺された。英国議会は、ブラッドハウンドと頭の皮はぎとは「神と自然からわが手に与えられた手段」だと宣言した。(781)

国債と近代的租税システム

公債は本源的蓄積の最も力強い梃子の一つになる。それは、魔法の杖で不妊の貨幣に生殖力を与えてそれを資本に転化させ、しかもそのさいこの貨幣は、産業投資にも高利貸的投資にさえもつきものの骨折りや冒険をする必要がないのである。国家の債権者は現実にはなにも与えはしない。というのは、貸し付けた金額は、容易に譲渡されうる公債証書に転化され、それは、まるでそれと同じ額の現金であるかのように、彼らの手のなかで機能を続けるからである。しかし、このようにしてつくりだされる有閑金利生活者の階級や、政府と国民とのあいだに立って仲介者の役を演ずる金融業者たちの即製の富は別としても――また、いつでも国債のかなりの部分を天から降ってくる資本として利用する徴税請負人や商人や私的工場主の即製の富は別としても――国債は、株式会社や各種有価証券の取引や株式売買を、一口に言えば、証券投機と近代的銀行支配とを、興隆させたのである。(782f)

国債は国庫収入を後ろだてとするものであって、この国庫収入によって年々の利子などの支払がまかなわれなければならないのだから、近代的租税システムは国債システムの必然的な補足物になったのである。国債によって、政府は直接に納税者にそれを感じさせることなしに臨時費を支出することができるのであるが、しかしその結果はやはり増税が必要になる。他方、次々に契約される負債の累積によってひき起こされる増税は、政府が新たな臨時支出をするときにはいつでも新たな借入れをせざるをえないようにする。それゆえ、最も必要な生活手段にたいする課税（したがってその騰貴）を回転軸とする近代的財政は、それ自体のうちに自動的累進の萌芽をはらんでいる。過重課税は偶発事ではなく、むしろ原則なのである。それだから、このシステムを最初に採用したオランダでは、偉大な愛国者デ・ウィット〔(一六二五―一六七二)〕が彼の箴言のなかでこのシステムを称賛して、賃労働者を従順、倹約、勤勉にし……労働者に労働の重荷を背負わせるための最良のシステムだとしたのである。(784)

保護貿易

保護貿易システムは、製造業者を製造し、独立した労働者を収奪し、国民の生産手段と生活手段を資本化し、古風な生産様式から近代的生産様式への移行を強制的に短縮するための、人工的な手段だった。ヨーロッパ諸国は先を争ってこの発明の特許を取ろうとし、そしてひとたび利殖家に奉仕するようになってからは、間接には保護関税により、直接には輸出奨励金などによって、この目的のためにただ単に自国民からしぼり取っただけではなかった。……ヨーロッパ大陸ではコルベールの先例にならってこの過程はもっとずっと単純化された。産業家の本源的資本はここでは一部分は直接に国庫から流れ出てくる。

ミラボー〔(一七四九―一七九一)〕は叫ぶ、「七年戦争の前のザクセンの工業の繁栄の

原因を、なぜそんなに遠くに求めようとするのか？　一億八〇〇〇万の国債だ！」（784f）

資本はあらゆる毛穴から血と汚物をしたたらせながら生まれてくる

資本主義的生産様式の「永久的自然法則」を解き放ち、労働者と労働諸条件との分離過程を完成し、一方の極では社会の生産手段と生活手段を資本に転化させ、反対の極では民衆を賃労働者に、自由な「労働する貧民」に、この近代史の作品に、転化させるということは、こんなにも骨の折れることだったのである。貨幣が、オジエの言うように、「ほおに血のあざをつけてこの世に生まれてくる」のだとすれば、資本は、頭から爪先まで、あらゆる毛穴から血と汚物をしたたらせながら生まれてくるのである。（787f）

第七節　資本主義的蓄積の歴史的傾向

いよいよ『資本論』第一巻の結論部分に到達しました。資本主義的生産様式の変革という非常に重要なテーマを扱っていながら、叙述は非常に簡潔です。そのため、理解するのがなかなか難しい箇所で、数々の誤った解釈が生み出されてきました。しかし、ここまで本書を読み進めてきた読者の皆さんにはそれほど難しくないはずです。

本源的蓄積は自己労働にもとづく私的所有の収奪にほかならない

資本の本源的蓄積、すなわち資本の歴史的生成は、どういうことに帰着するであろうか？　それが奴隷や農奴から賃労働者への直接の転化でないかぎり、つまり単なる形態変換でないかぎり、それが意味するものはただ直接的生産者の収奪、すなわち自分の労働にもとづく私的所有の解消にほかならない。（789）

私的所有は小経営の基礎であり、小経営は社会的生産と労働者の自由な個性の発展のための必要条件である

労働者が自分の生産手段を私的に所有しているということは小経営の基礎であり、小経営は、社会的生産と労働者自身の自由な個性との発展のための一つの必要条件である。たしかに、この生産様式は、奴隷制や農奴制やその他の隷属的諸関係の内部でも存在する。しかし、それが繁栄し、全エネルギーを発揮し、十全な典型的形態を獲得するのは、ただ、労働者が自分の取り扱う労働条件の自由な私的所有者である場合、すなわち農民は自分が耕す畑の、手工業者は彼が老練な腕で使いこなす用具の自由な私的所有者であ

る場合だけである。(789)

ここでいう私的所有が、文字通り、自分で労働する生産者による生産手段の私的所有であることにご注意ください。ここまで読んできた私たちには自明のことですが、このような私的所有には、前近代社会における、すなわち、なんらかの意味で前近代的共同体のメンバーであった農民や手工業者による生産手段の私的所有、さらには事実上の生産手段の私的所有が含まれます。たとえば、ヨーマンリのような最も自由な独立自営農民も共同体の共有地への権利をもっており、やはり前近代的秩序のなかで自分たちの地位を確保していました。一部の研究者には、前近代社会には生産者による土地の私的所有は存在しないという思い込みが存在するようですが、古代ローマにも、封建制社会にもそれは存在したのです。その私的所有は、近代的私的所有とは異なり、共同体によって承認され、成立するものであり、それらの私的所有者も国家所有地や共有地などとの関わりによって共同体秩序と深く結びついていました。本源的蓄積によって暴力的に収奪しなければならなかったのは、まさにこのような前近代的な私的所有なのです。というのも、それは、共同体的な所有権に立脚しているために、近代的な関係のもとでの自営業者の私的所有などと比べて生産者と生産手段と結びつきがより強固だからです。

このように労働者が自分自身で生産手段を所有し、生産活動をおこなうところでは、必然的に経営規模が小さくなります。この小経営においては、第一二章「分業とマニュファクチュア」でみたように、生産者が自分たちで「知識、洞察、および意志」を働かせ、生産活動を構想し、労働を遂行することができるので、小経営は「労働者自身の自由な個性の発展のための必要条件」となります。こうして、封建社会の崩壊期にこの小経営が繁栄し、エネルギーを発揮することによって、それは必然的に「社会的生産」を準備することになるのです。

自己労働にもとづく私的所有は滅ぼされ、分散的な生産手段は資本のもとに集中される

この生産様式は、土地やその他の生産手段の分散を前提する。それは、生産手段の集積を排除するとともに、同じ生産過程のなかでの協業や分業、自然にたいする社会的な支配や規制、社会的生産諸力の自由な発展を排除する。それは生産および社会の狭い自然発生的な限界としか調和しない。……。ある程度の高さに達すれば、この生産様式は、自分自身を破壊する物質的手段を生みだす。この瞬間から、社会の胎内では、この生産様式を桎梏と感ずる力と熱情とが動きだす。この生産様式は滅ぼされなければならないし、それは滅ぼされる。その絶滅、個人的で分散的な生産手段の社会的に集積された生産手段への転化、したがって多数人の少量所有の少数人の大量所有への転化、したがっ

てまた民衆の大群からの土地や生活手段や労働用具の収奪、この恐ろしい重苦しい民衆収奪こそは、資本の前史をなしているのである。……自分の労働によって得た、いわば個々独立の労働個人とその労働諸条件との癒合にもとづく私的所有は、他人の労働ではあるが形式的には自由な労働の搾取にもとづく資本主義的私的所有によって駆逐されるのである。(789f)

本章で見てきたように、労働者の生産手段の私的所有は収奪され、生産手段は資本のもとに集中されていきます。分散されていた小規模の生産手段は、集中され、大規模なものになっていきます。しかも、前章でみたように、資本蓄積に加え、資本の集中がすすんでいきますから、競争に敗れた資本家は淘汰《とうた》されていき、ますます少数の資本のもとに生産手段が集中していくことになります。このようにして、資本主義的生産様式のもとで生産の社会化がいっそう促進されていきます。

生産手段の集中と労働の社会化は資本主義的な外皮とは調和できなくなる一点に到達する

この集中、すなわち少数の資本家による多数の資本家の収奪と手を携えて、ますます大きくなる規模での労働過程の協業的形態、科学の意識的な技術的応用、土地の計画的利用、共同的にしか使えない労働手段への労働手段の転化、結合的社会的労働の生産手段としての使用によるすべての生産手段の節約、世界市場の網のなかへの世界各国民の組入れが発展し、したがってまた資本主義体制の国際的性格が発展する。この転化過程のいっさいの利益を横領し独占する大資本家の数が絶えず減ってゆくのにつれて、貧困、抑圧、隷属、堕落、搾取はますます増大してゆくが、しかしまた、絶えず膨張しながら資本主義的生産過程そのもののメカニズムによって訓練され結合され組織される労働者階級の反抗もまた増大してゆく。資本独占は、それとともに、またそれのもとで開花したこの生産様式の桎梏となる。生産手段の集中も労働の社会化も、それがその資本主義的な外皮とは調和できなくなる一点に到達する。そこで外皮は爆破される。資本主義的私的所有の最期を告げる鐘が鳴る。収奪者が収奪される。（790f）

この一節は、かつて「マルクス主義者」たちが決まり文句のように好んで引用した箇所ですが、現代の学者たちには評判が悪い箇所です。この一節を読むと、まるで「黙示録」のように感じてしまうという人もいます。

しかし、これまで丁寧に読んできた読者のみなさんは、おそらくそのようには感じないのではないでしょうか。生産手段が集中し、労働の社会化が進み、社会的労働の生産力が上昇すればするほど、この社会的労働の生産力の発展が、資本主義的「外皮」と矛盾するようになっていくというのは、まさにいまこの瞬間にも観察することができる事実です。これまでみてきたように、剰余価値の獲得だけを目的とする資本主義的生産は、労働を節約するための機械の使用可能性と衝突し、「全体的に発達した個人」を要請する大工業の原理と衝突します。さらには、生産活動の本来の目的である人間と自然との物質代謝の正常な制御とも衝突し、人間を含む自然が破壊されていきます。生産力の上昇とともに利潤率が低下し、そのなかで行われる加速的な資本蓄積は、周期的に恐慌を引き起こし、社会の生産活動を混乱に陥れます。また、生産力の発展による可変資本部分の相対的減少は、必然的に相対的過剰人口を生み出し、人々を貧困に陥れ、就業労働者の労働条件も悪化していきます。現代の資本主義システムは、マルクスの時代とは比べものにならないような規模にまで拡大し、生産力の発展もすさまじい水準に到達しています。にもかかわらず、というよりむしろ、そのように発展したからこそ、マルクスがここで描き出した資本主義と生産力との矛盾、資本主義と科学との矛盾、資本主義と人間との矛盾、資本主義と物質代謝との矛盾が、世界レベルでの極端な格差の拡大、貧困の拡大、世界中で周期的に発生する金融危機、地球規模での気候変動などとして、未曾有《みぞう》の規模で私たちの眼前に現れてきているのです。

しかし、資本主義システムは、たんに生産力の発展との矛盾を深めていくだけではありません。これを変革する主体を生み出し、鍛え上げていきます。これについても、いままで私たちが見てきたとおりです。日本の社会だけを見ていてはイメージしにくいですが、労働者階級は自分たちの生活を守り、ひいては自分たちの生きる社会を守るために闘い、自分たちのアソシエーションを労働組合などの形で拡大し、さまざまな権利を勝ち取り、それを国家の制度のなかに埋め込んできました。その典型がヨーロッパの「福祉国家」にほかなりません。もちろん、このプロセスは一進一退ですが、こうした労働する諸個人の闘いなしには、現在のような社会はけっして存在しなかったのです。

とくに、引用した一節の文脈で重要なのは、生産手段の集中と労働の社会化により、それ以前の小経営時代とは全く異なる連帯の可能性が発生しているということにマルクスが注目していることです。マルクスは労働が社会化することをつうじて、より大きな規模でアソシエーションを形成し、それによって物象の力の根底にある私的労働を克服する可能性をみたのです。もちろん、現代では情報テクノロジーの発展などによるさらなる生産力の増大により、「シェアリング・エコノミー」と言われるような労働形態、あるいは経営形態も発生してきており、一方での生産手段の集中と他方での分散化が同時に進んでいますので、マルクスの言っていることを機械的に現代にあてはめる必要はないでしょう。とはいえ、こうした生産力の発展のなかでインターネットなどを媒介とした新しいアソシエーションの可能性が生まれてきていることは注目に値します。いずれにしても、私たちは、資本が人類にその発展を強制した生産力のもとで、小経営の時代には、あるいは、マルクスの時代にも想像がつかなかったような、人々との連帯の可能性、アソシエーションの可能性を手に入れているのです。

もちろん、「資本主義的私的所有の最期を告げる鐘が鳴る」のがいつになるのかはわかりません。しかし、資本主義的生産様式がこれほど巨大な矛盾を抱えたまま、このまま未来永劫《えいごう》続くことがないのは確実です。先進資本主義国が軒並み「長期停滞」に陥り、そこから抜け出せないという現在の状況をみて、資本主義の「終わり」が始まりつつあるという評論家や研究者もいます。だとすれば、マルクスがやろうとしたように、資本主義にかわる新しい社会が生まれる際の「産みの苦しみ」を短くし、やわらげるためにはどうしたらよいか、いまこそ考え、実践していくべき時代なのではないでしょうか。

生産手段の共同占有のもとに個人的所有を再建する

資本主義的生産様式から生まれる資本主義的取得様式、したがってまた資本主義的私的所有も、自分の労働にもとづく個人的な私的所有の第一の否定である。しかし、資本主義的生産は、一つの自然過程の必然性をもって、それ自身の否定を生みだす。それは否定の否定である。この否定は、私的所有を再建しはしないが、しかし、資本主義時代の成果——すなわち、協業と土地の共同占有と労働そのものによって生産される生産手段

の共同占有――を基礎とする個人的所有を再建する。(791)

すでにみたように、封建制の末期に現れた自営農民たちは、事実上、土地の私的所有者でした。その意味で彼らは生産手段と自由に結びついており、ちょうど「楽器の名手が楽器の自由な所有者である」のと同じように、「手の熟練や工夫の才や自由な個性」を磨くことができたのです。資本主義的生産様式は、この結びつきを本源的蓄積によって破壊し、賃労働に従事する無所有の私的個人を生み出すことによって誕生しました。

ところが、この資本主義じたいが再びそれじしんのメカニズムによって、賃労働者を結合させ、彼らの労働のあり方を社会化していきます。資本主義が生み出す矛盾と闘うための労働者の反抗も増大し、自由な結社、すなわちアソシエーションを形成しようとする動きも活発になります。そして、労働環境の悪化、環境破壊、利潤率の傾向的低下、恐慌による社会的再生産の攪乱《かくらん》が著しくなり、資本主義のもとでの社会の存続が困難になるほどまでに生産力が増大すると、やがて資本主義的生産様式は変革されざるをえなくなります。

こうして、資本主義時代の生産力の発展、労働の社会化、そして資本主義への対抗をつうじて生み出されたアソシエーションを基礎として、個人的所有が再建されます。所有の主体は国家や社会ではなく、自由なアソーシエイトによって人格的に結びついた自由な諸個人です。これが、マルクスが「個人的所有の再建」という表現によってポスト資本主義社会を言い表した理由です。彼らは、あたかも前近代の独立自営農民や職人のように、生産手段との自由な結びつきを回復するのです。こうして、私的労働と賃労働という労働形態は廃絶され、したがって資本主義的生産様式も廃絶されます。誕生するのは、自由な諸個人のアソシエーションにもとづく社会です。

第二五章　近代植民理論

この章はいわば、前章の補論のようなものです。簡単にポイントを見ておきましょう。

資本主義的私的所有と非資本主義的私的所有

経済学は二つの非常に違う種類の私的所有を原理的に混同している。その一方は生産者自身の労働にもとづくものであり、他方は他人の労働の搾取にもとづくものである。後者は単に前者の正反対であるだけではなく、ただ前者の墓の上でのみ成長するものだということを、経済学は忘れているのである。(792)

すでにみたように、民衆からの土地の収奪は資本主義的生産の基礎をなしている。これとは反対に、自由な植民地の本質は、広大な土地がまだ民衆の所有であり、したがって移住者はだれでもその一部分を自分の私的所有にし、個人的生産手段にすることができ、しかもそうすることによってあとからくる移住者が同じようにすることを妨げないという点にある。これが植民地の繁栄の秘密でもあれば、その宿痾――資本の移住にたいするその抵抗――の秘密でもあるのである。(795f)

本章のテーマは、他人労働の搾取に基づく資本主義的私的所有と自己労働にもとづく非資本主義的私的所有の相違です。すでにみたように、前者は物象の力にもとづく近代的私的所有であり、後者はいまだ前近代的な共同体秩序を基礎にした私的所有です。ところが、植民地においてはやや事情が異なります。というのも、植民者のあいだには共同体的な関係は基本的に存在しないからです。

しかし、他方で、植民地においては土地は資本によって独占されておらず、基本的には公的所有、すなわち近代国家による私的所有という特殊な形態をとっており、本来の近代的私的所有ではありません。そのため、「広大な土地がまだ民衆の所有であり、したがって移住者はだれでもその一部分を自分の私的所有にし、個人的生産手段にすることができ、しかもそうすることによってあとからくる移住者が同じようにすることを妨げない」のです。ここでは、土地の公的所有を媒介として、生産手段に対する個人的な私的所有が成立しており、使用価値を目的とした自給自足的な生産が優位になります。このような状況では、資本にとって不可欠な「無保護なプロレタリアート」が存在しないばかりか、十分な大きさの市場さえも存在しないことになります。ここでも、生産者による生産手段の私的所有は、資本主義的生産様式の成立を妨げるのです。

もちろん、植民地における個人的な私的所有は共同体的所有から完全に切り離されており、やがて近代国家の「植民政策」によって破壊されていきます。しかし、暴力的に強奪した広大な植民地が存在し、移民にたいしてその土地の私的所有を国家が保証するかぎりでは、一時的ではあれ、個人的な私的所有が存立し、資本にとって強力な妨害物となったのです。このような事情が、「資本の追従屋である経済学者に、母国では資本主義的生産様式を理論的にそれ自身の反対物として説明する任務を負わせる利害関係、その同じ利害関係が、植民地では彼をそそのかして「事情を打ち明け」させ、二つの生産様式の対立を声高く宣言」(793)させたのです。

したがって、ここで問題になっているのは植民地そのものの状態ではなく、やはり資本主義的生産様式が成立するための条件です。マルクスは『資本論』第一巻の最後のパラグラフで次のように述べています。

とはいえ、われわれはここでは植民地の状態にかかずらっているのではない。ただ一つわれわれの関心をひくものは、新しい世界で古い世界の経済学によって発見されて声高く告げ知らされたあの秘密、すなわち、資本主義的生産様式および蓄積様式は、したがってまた資本主義的私的所有も、自分の労働にもとづく私的所有の絶滅、すなわち労働者の収奪を条件とするということである。(802)

『資本論』関連年表

年月	事　項
1818年　5月	マルクスがトリーアで生まれる。
1835年 10月	ボン大学に入学する。
1836年 10月	ベルリン大学に移る。
1837年　　夏	青年ヘーゲル派と出会い、ドクトル・クラブに加入する。
1842年10月 〜1843年3月	『ライン新聞』の編集長を務める。
1843年　6月	イェニーと結婚する。
10月	『独仏年誌』を刊行するため、パリに移る。
1844年　2月	『独仏年誌』創刊号を刊行する。
3月〜8月	『経済学哲学草稿』を執筆する。
8月	エンゲルスと再会し、生涯にわたる盟友となる。
1845年　2月	パリから追放され、ブリュッセルに亡命する。
9月 〜1847年4月	『ドイツ・イデオロギー』を執筆する。
1846年　初頭	共産主義通信委員会を設立する。
1847年　1月	義人同盟に加入し、共産主義者同盟への改組に従事する。
7月	『哲学の貧困』が刊行される。
1848年　2月	『共産党宣言』が刊行される。
3月	ベルギー政府によって追放され、パリへ向かう。
4月	ドイツの革命に合流するため、ケルンに移る。
1849年　5月	プロイセン政府によって追放され、翌月パリへ向かう。
8月	フランス政府からパリからの退去を迫られ、ロンドンへ移住する。
1852年 11月	共産主義者同盟を解散する。
1857年　8月 〜1858年5月	『経済学批判要綱』を執筆する。
1859年　6月	『経済学批判』が刊行される。
1861年　8月 〜1863年7月	『61年−63年草稿』を執筆する。
1863年　7月 〜1864年6月	『資本論』第1巻の草稿を執筆する。
1864年　夏〜 1865年 12月	『資本論』第3部の草稿を執筆する（第1稿）。

1864年末～ 1865年前半	『資本論』第3部の草稿の執筆を中断して、第2部の草稿を執筆する（第1稿）。
1864年　9月	国際労働者協会（インタナショナル）の評議員になる。
1866年　1月	『資本論』第1巻の清書作業を始める。
1867年　6月	『資本論』第3部の草稿を執筆する。
9月	『資本論』第1巻初版が刊行される。『資本論』第3部の草稿を執筆する。
1867年　9月 ～10月	『資本論』第3巻の草稿を執筆する（第3稿。一部は1868年春）
1867年秋～冬	『資本論』第2部の草稿を執筆する（第3稿）。
1868年春	『資本論』第3部の草稿を執筆する（第2稿）。
春～年末	『資本論』第2部の草稿を執筆する（第4稿）。
1868年12月 ～1870年半ば	『資本論』第2部の草稿を執筆する（第2稿）。
1871年　6月	『フランスの内乱』が刊行される。
1871年12月 ～1872年1月	「『資本論』第1巻への補足と変更」を執筆する。
1872年　7月 ～1873年4月	『資本論』第1巻第2版が分冊で刊行される。
1872年　9月 ～1875年11月	『資本論』第1巻フランス語版が分冊で刊行される。
1875年　5月	『ゴータ綱領批判』を執筆する。
1876年　秋～ 1880年代前半	『資本論』第2部の草稿を執筆する（第5～7稿）。
1877年　2月 1881年前半	『資本論』第2部の草稿を執筆する（第8稿）。
1883年　3月	マルクス没。
1883年末	エンゲルスの編集によって『資本論』第1巻（第3版）が刊行される。
1885年　7月	エンゲルスの編集によって『資本論』第2巻（第2部）が刊行される。
1890年　12月	エンゲルスの編集によって『資本論』第1巻（第4版）が刊行される。
1894年　12月	エンゲルスの編集によって『資本論』第3巻（第3部）が刊行される。

あとがき——『資本論』を読むための文献案内

さて、以上で『資本論』第一巻の冒頭の商品章から締めくくりの近代的植民理論の章までを見てきました。当初のイメージではもう少し簡潔な本にする予定だったのですが、できるだけ重要な論点をカバーしようとした結果、五百ページを超える大部の本になってしまいました。

とはいえ、本書は基本的には入門書であり、込み入った理論的な問題や個々の専門的な論点には踏み込んでいません。以下では、より深く『資本論』を読みたい方、より専門的な見地から『資本論』を読みたい方にとって有益な文献を紹介したいと思います。

本書は原典を解説するスタイルで執筆しましたが、いわゆる「教科書」スタイルの『資本論』入門としては、

大谷禎之介『図解　社会経済学』（桜井書店、二〇〇一年）

がおすすめです。著者は長年、国際マルクス＝エンゲルス財団編集委員を務めてきた、世界を代表する『資本論』研究者の一人であり、この本は今のところ、世界で最も水準が高く、正確な『資本論』の解説書だと言えるでしょう。また、第一巻だけでなく、第三巻

までの内容をカバーしていますので、第二巻および第三巻を読むときにも参照することができます。

同じように、第三巻までをカバーしている著作として、

ミヒャエル・ハインリッヒ『『資本論』の新しい読み方』（堀之内出版、二〇一四年）

を挙げることができます。こちらはドイツで最も普及している『資本論』入門ですが、やや癖があるので中級者むけです。著者のハインリッヒ氏とは、直接、長時間にわたって議論したこともありますが、俗流的な「マルクス主義」的解釈を批判し、人格と物象の転倒を重視するという点では見解が一致し、他方、価値や抽象的人間的労働といった概念の理解ではまったく見解が対立しました。その意味で、本書の解説と対比させながら読んでみると、理解が深まるかもしれません。

冒頭の第一篇は難解であり、つまずく読者も少なくありません。そのため、本書でもかなり念入りに解説をしました。それでも、より詳細に、より精確に理解したいという方もいらっしゃることでしょう。そこで、第一篇にかんしては以下の文献をおすすめしておきます。

久留間鮫造『価値形態論と交換過程論』（岩波書店、一九五七年）
久留間鮫造『貨幣論』（大月書店、一九七九年）
エフゲニー・パシュカーニス『法の一般理論とマルクス主義』（日本評論社、一九五八年）
佐々木隆治『増補改訂版　マルクスの物象化論』（社会評論社、二〇一八年）

前者二冊は、かつて日本を代表する『資本論』研究者であった著者によるものであり、先駆的な価値形態論研究であると同時に、今でも最高水準の研究の一つであると言えるでしょう。いずれも簡潔な叙述でありながら非常に深い内容が含まれています。

三冊目の本は、ロシア革命後の優れたマルクス研究者の一人でありながら、スターリンの大粛清の犠牲になったパシュカーニスの名著です。物象の人格化から発生する法＝権利と国家によって制定される法律の位置づけを先駆的に明らかにした著作であり、現在でも参照する価値が十分にあります。

四冊目の拙著は、売り切れになってしまった『マルクスの物象化論』の改訂版ですが、とくに第四章の価値形態論の解説には、本書では触れることのできなかったより詳細な議論が含まれていますので、本書の内容を補うことができると思います。また、本書ではテキストの解説に専念しましたので、筆者独自の解釈を強く打ち出すことはしませんでしたが、『マルクスの物象化論』では、私的労働によって成立する経済的形態規定が、賃労働によって資本として主体化することにより、素材的世界（人間と自然との物質代謝の世界）を包摂し、そこにさまざまな軋轢《あつれき》や矛盾を生み出していくという『資本論』第一巻の解釈を展開しています。また、そのような解釈にもとづいて「素材の思想」とも言うべきマルクスの理論的見地を明らかにしています。筆者の理解では、まさにこのような「素材の思想」が、コラムでも触れた晩期マルクスの思想の発展につながっていきます。

このような晩期マルクスの思想の発展については、

佐々木隆治『カール・マルクス』（ちくま新書、二〇一六年）

斎藤幸平『大洪水の前に』（堀之内出版、二〇一九年）

岩佐茂・佐々木隆治『マルクスとエコロジー』（堀之内出版、二〇一六年）

ケヴィン・B・アンダーソン『周縁のマルクス』（社会評論社、二〇一五年）

が参考になるでしょう。拙著の第三章では、晩期マルクスの思想的発展を概観しています。斎藤氏の本では、とくにエコロジーに焦点を当て、マルクスの理論的発展を初期から『資本論』第一巻刊行後まで追跡しています。この著作は、マルクスの研究ノート（専門的には抜粋ノートと呼ばれます）を丹念に読み解いたうえでマルクスのエコロジーにたいする態度の変遷を明らかにしており、たいへん水準の高い、貴重な労作だと言えるでしょう。拙編著『マルクスとエコロジー』所収の諸論文もマルクスのエコロジーを理解するうえで有益です。とりわけジョン・ベラミー・フォスター氏やカール＝エーリッヒ・フォルグラーフ氏の論文が優れています。アンダーソン氏の著作は、マルクスの非西洋世界や前近代的共同体、エスニック・マイノリティにたいする評価の変遷を、初期から晩期にいたるまでの著作、手紙、抜粋ノートの研究をつうじて明らかにしています。この著作も、斎藤氏の著作と同様に、晩期マルクスの思想的発展を明らかにした優れた研究です。

また、晩期マルクス研究ではありませんが、筆者が前掲の拙著で指摘したような晩期マルクスの共同体評価について、いちはやく言及していた著作として、福富正実『経済学と自然哲学』（世界書院、一九八九年）があります。本書も、マルクスの共同体論の核心を見事に剔抉《てっけつ》しており、非常に優れています。

価値論の分野で、価値形態論とならんで論争の的になってきたテーマの一つに「複雑労働論」があります。筆者はこの論点が決定的に重要だとは考えていませんが、理解を深めるために、論争について知っておくのも悪くないでしょう。そのさい役に立つのは、森田成也『価値と剰余価値の理論』（作品社、二〇〇九年）です。森田氏の『資本論』解釈はかなり独特ですが、論争の整理という点では参考になります。

森田氏の著作としては、ほかにも、家事労働をテーマとした、

『家事労働とマルクス剰余価値論』（桜井書店、二〇一四年）

があり、これも論争の整理という点では参考になります。しかし、この著作はかなりマルクスの議論から逸脱してしまっているので、マルクスじしんの家事労働論の理解にはあまり役立ちません。この点では、

中川スミ『資本主義と女性労働』（桜井書店、二〇一四年）

が役立つでしょう。しっかりとした商品論理解にもとづく家事労働論が展開されており、非常に参考になります。いわゆる「マルクス主義フェミニズム」が陥りがちな誤解を『資本論』の堅実な解釈にもとづいて明快に批判しています。

この家事労働の問題とも関連しますが、価値論の分野でもう一つ大きな問題になってきたのが「サーヴィス労働」が価値を生むかどうかという問題です。筆者の見解は、本文でも述べたように価値を生むという見解ですが、これについては様々な論争があります。これらの論争を概観しつつ、問題を適切に考えるために役立つのが、

飯盛信男『日本経済の再生とサービス産業』（青木書店、二〇一四年）

です。労働対象をめぐる議論に混乱がみられますが、最初に読む本としておすすめです。資本主義的生産過程の研究としてもっとも優れているのは、

ハリー・ブレイヴァマン『労働と独占資本』（岩波書店、一九六七年）

です。言及されることが多い、非常に有名な著作ですが、他方で評価される場合であれ、批判される場合であれ、誤読にもとづくものであることが多い著作でもあります。誤読の大半は、『資本論』第一巻の第三篇および第四篇を正確に理解できていないことが原因です。しかし、この著作を正確な『資本論』理解にもとづいて読むことができれば、マルクスの資本主義的生産過程論、とりわけのその実質的包摂論の射程の広さに気づかされ、驚かされることになるでしょう。

労賃論はかつて非常によく取り上げられたテーマでしたが、最近では関連する著作はわずかしか刊行されていません。やや古いので、『資本論』解釈としてはかなり粗削りですが、

岸本英太郎『同一労働同一賃金』（ミネルヴァ書房、一九六二年）

は、『資本論』の賃金論の実践的意義について考えるうえで役に立ちます。
『資本論』第二巻と第三巻については、現行版はエンゲルスの編集によるものなので、そのままでは理解することが難しく、マルクスの草稿を参照した研究を読む必要があるでしょう。第二巻については、第三篇の「再生産表式」がとくに有名ですが、本文でも少し触れたように、非常に誤解の多い領域です。これについては、第二部の最後の草稿である第八稿の翻訳を収めた、
大谷禎之介『資本論草稿にマルクスの苦闘を読む』（桜井書店、二〇一八年）
を参照するのがよいでしょう。第三巻については、とくに難しいのが第三篇における利潤率の傾向的低下と産業循環の関係、第五篇における貸付可能な貨幣資本と現実資本との関係ですが、これについては、
小西一雄『資本主義の成熟と転換』（桜井書店、二〇一四年）
大谷禎之介『マルクスの利子生み資本論』全四巻（桜井書店、二〇一六年）
をそれぞれ参照するのがよいでしょう。前者は、現実の日本経済もふまえつつ、利潤率の低下と産業循環との関連を明快に説明しています。後者は、第五篇の草稿を翻訳し、綿密に研究した大著です。『資本論』第三巻のなかでも一番難解だとされる第五篇を読み進め

るうえで、最も頼りになる著作となるでしょう。

　やや大きなテーマでは、コラムでも触れた、『資本論』と哲学、とりわけヘーゲルの弁証法との関係というテーマがあります。この分野では数多くの哲学者たちによって多くの著作が刊行されてきましたが、めぼしいものは多くありません。しかし、そのなかでも、

有井行夫『マルクスはいかに考えたか』（桜井書店、二〇一〇年）

見田石介『資本論の方法』Ⅰ・Ⅱ（大月書店、一九七六、一九七七年）

はおすすめできます。見田氏の本はわかりやすいのですが、そのぶん、やや図式的なところがあります。それにたいして有井氏の本は非常に優れた弁証法理解を提示してくれるのですが、いかんせん難解です。とはいえ、有井氏が示してくれた弁証法理解は、筆者が『資本論』や他のマルクスの著作を理解する上で非常に有益でした。

　次に、マルクスのポスト資本主義論、社会主義論についてです。『資本論』ではこれらについて明示的に言及されることは多くありませんが、それでも全体としてみれば資本主義的生産様式が、その発展をつうじて、いかにして「各個人の十分な自由な発展を根本原理とするより高度な社会形態」を生み出すかを示している著作ですから、このテーマについて十分に論じることができるということは、本書の読者ならおわかりかと思います。このテーマについては、

大谷禎之介『マルクスのアソシエーション論』（桜井書店、二〇一一年）
パレッシュ・チャトパディヤイ『ソ連国家資本主義論』（大月書店、一九九九年）

を挙げることができます。前者は、『資本論』の正確な解釈にもとづいてマルクスのアソシエーション論を明らかにすることにより、旧来の「マルクス主義」的な社会主義論を根本的に批判しています。じつは、いわゆる社会主義論において問われているのは、資本主義的生産様式そのものの理解なのです。その点で、後者の本は非常に刺激的です。資本主義的生産様式を『資本論』に即して正確に理解することにより、ソ連が国家資本主義にすぎなかったことが説得的に展開されており、マルクス研究者のソ連論としてはもっとも水準の高いものの一つだと言えるでしょう。

最後に、国家論についていくつかの著作を挙げておきましょう。もちろん、『資本論』において国家論は展開されていませんが、それでも『資本論』を基礎にして国家論を展開する試みはいくつか行われてきました。そのなかでもとくに優れているのは、

エレン・メイクシンス・ウッド『民主主義対資本主義』（論創社、一九九九年）
ヨアヒム・ヒルシュ『国家・グローバル化・帝国主義』（ミネルヴァ書房、二〇〇七年）

です。いずれも、通俗的なマルクス主義国家論とは異なり、『資本論』理解にもとづいて

国家論を展開しているところに特長があります。とりわけ後者は、七〇年代の国家導出論争の参加者である著者によるものであり、七〇年代の論争においては不明確であった近代国家の政治的形態規定についてより明確な規定が与えられ、また、本書でも言及した「制度」についても『資本論』に即した位置づけが与えられており、非常に多くのことを学ぶことができます。

ほかにも『資本論』を読む上で有益な著作は数多くありますが、きりがありませんので、代表的なものだけを挙げました。また、翻訳がないものも割愛しています。

本書でみてきたように、『資本論』はたんなる経済学の著作ではありません。あるいは、社会主義の到来を証明する「聖典」でもありません。私たちが『資本論』を依然として読まなければならないのは、それがもっともラディカルな資本主義批判の書であるからにほかなりません。すなわち、『資本論』こそは、資本主義社会のなかで自由を奪われ、差別され、苦しんでいる労働者や社会的マイノリティが手に取ることができる最強の理論的武器なのです。私たちは、『資本論』を読み、資本主義システムを根本から把握することにより、資本主義を人類史の一つのプロセスとして位置づけ、広大な視野からポスト資本主義を展望することができます。私たちはマルクスの力を借りることによって、少なくとも思考のうえでは近代社会システムの束縛から自由になり、創造的にその変革を構想することができるのです。

今日、資本主義システムは、マルクスが『資本論』で予見したように、ほかならぬ自らの発展と拡大によって危機に陥り、「資本主義の終焉《しゅうえん》」さえも囁《ささや》かれ始めています。このような危機の時代において、本書が、最強の理論的武器である『資本論』を手に取る一助になることを心から願っています。

最後に、本書の編集に尽力していただいた編集者の斎藤哲也さん、ＫＡＤＯＫＡＷＡの麻田江里子さん、本書の草稿に目を通し、コメントしていただいた小西一雄先生、翻訳のチェックや年表作成を手伝っていただいた竹田真登さんに、心からお礼を申し上げます。

二〇一八年五月

佐々木隆治

索引

佐々木隆治（ささき・りゅうじ）
1974年生まれ。立教大学経済学部准教授。一橋大学大学院社会学研究科博士課程修了、博士（社会学）。日本MEGA（『新マルクス・エンゲルス全集』）編集委員会編集委員。著書に『カール・マルクス――「資本主義」と闘った社会思想家』（ちくま新書）、『私たちはなぜ働くのか――マルクスと考える資本と労働の経済学』（旬報社）、共編著書に『マルクスとエコロジー――資本主義批判としての物質代謝論』（岩佐茂と共編著、堀之内出版）などがある。

角川選書 1001

マルクス 資本論《しほんろん》
シリーズ世界《せかい》の思想《しそう》

平成 30 年 7 月 20 日　初版発行
令和 3 年 9 月 20 日　7 版発行

著　者　佐々木隆治《ささきりゅうじ》
発行者　青柳昌行
発　行　株式会社 KADOKAWA
東京都千代田区富士見 2-13-3　〒 102-8177
電話 0570-002-301（ナビダイヤル）
装　丁　片岡忠彦　　帯デザイン　Zapp! 白金正之
印刷所　横山印刷株式会社　　製本所　本間製本株式会社

●お問い合わせ
https://www.kadokawa.co.jp/（「お問い合わせ」へお進みください）
※内容によっては、お答えできない場合があります。
※サポートは日本国内のみとさせていただきます。
※Japanese text only

定価はカバーに表示してあります。

ISBN978-4-04-703628-4 C0310

この書物を愛する人たちに

詩人科学者寺田寅彦は、銀座通りに林立する高層建築をたとえて「銀座アルプス」と呼んだ。
戦後日本の経済力は、どの都市にも「銀座アルプス」を造成した。
アルプスのなかに書店を求めて、立ち寄ると、高山植物が美しく花ひらくように、
書物が飾られている。

印刷技術の発達もあって、書物は美しく化粧され、通りすがりの人々の眼をひきつけている。
しかし、流行を追っての刊行物は、どれも類型的で、個性がない。
歴史という時間の厚みのなかで、流動する時代のすがたや、不易な生命をみつめてきた先輩たちの発言がある。
また静かに明日を語ろうとする現代人の科白がある。これらも、
銀座アルプスのお花畑のなかでは、雑草のようにまぎれ、人知れず開花するしかないのだろうか。
マス・セールの呼び声で、多量に売り出される書物群のなかにあって、
選ばれた時代の英知の書は、ささやかな「座」を占めることは不可能なのだろうか。
マス・セールの時勢に逆行する少数な刊行物であっても、この書物は耳を傾ける人々には、
飽くことなく語りつづけてくれるだろう。私はそういう書物をつぎつぎと発刊したい。
真に書物を愛する読者や、書店の人々の手で、こうした書物はどのように成育し、開花することだろうか。
私のひそかな祈りである。「一粒の麦もし死なずば」という言葉のように、
こうした書物を、銀座アルプスのお花畑のなかで、一雑草であらしめたくない。

一九六八年九月一日　　角川源義